Quelques Recherches Historiques Sur Les Origines De Compiègne
by Baron De Bicquilley

Address:
HardPress
8345 NW 66TH ST #2561
MIAMI FL 33166-2626
USA
Email: info@hardpress.net

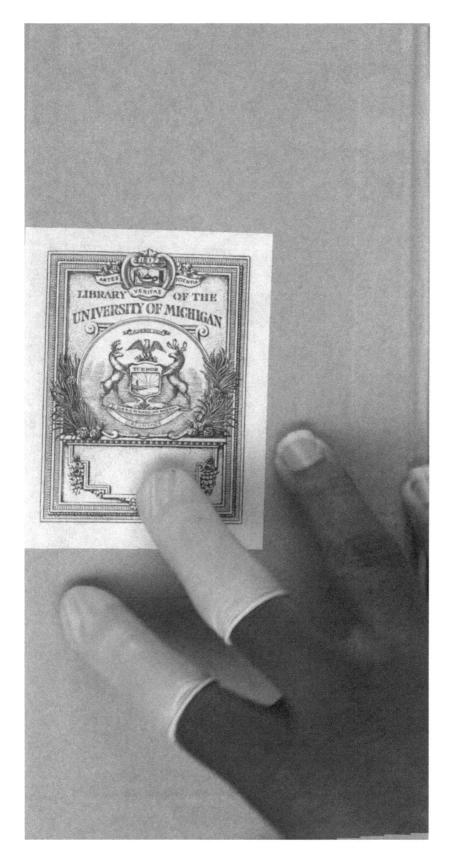

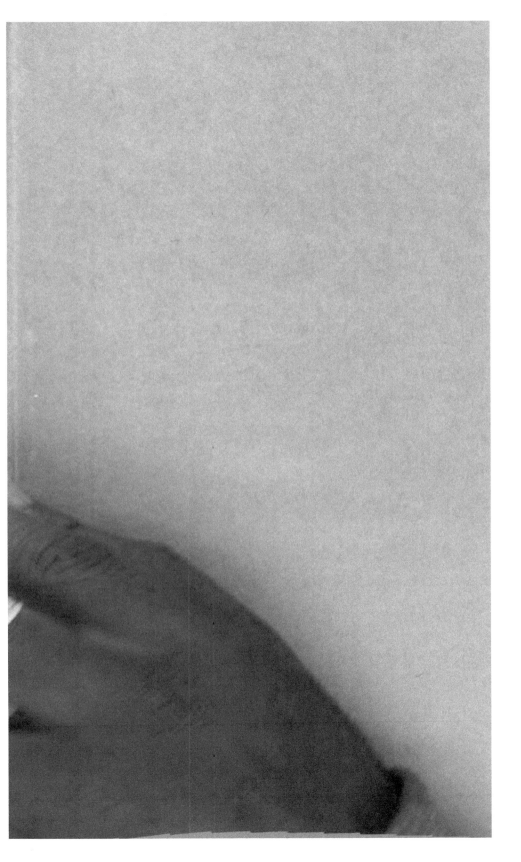

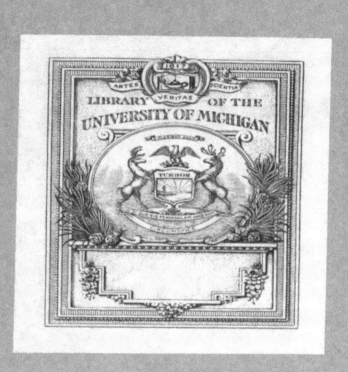

QUELQUES RECHERCHES

HISTORIQUES

SUR LES

ORIGINES DE COMPIÈGNE

QUELQUES RECHERCHES

HISTORIQUES

SUR LES

ORIGINES DE COMPIÈGNE

PAR

M. LE B^{on} DE BICQUILLEY

ANCIEN CAPITAINE D'ARTILLERIE
MEMBRE ET L'UN DES ANCIENS PRÉSIDENTS ANNUELS DE LA SOCIÉTÉ HISTORIQUE
DE COMPIÈGNE

PREMIÈRE DIVISION
ÉPOQUE GALLO-ROMAINE

COMPIÈGNE
IMPRIMERIE ET LITHOGRAPHIE DE V. EDLER
RUE DE LA CORNE-DE-CERF

1875

A C

B O 1

C 7

B 6

PRÉFACE

Je ne suis pas antiquaire et ne m'étais jamais
occupé de recherches de ce genre : c'est par occasion seulement que, sur le désir exprimé par
la Société historique, j'ai voulu essayer quelques
études sur les vieux quartiers qui furent le berceau
de Compiègne. Dès les premiers résultats entrevus,
j'acquis la conviction que, suivant mes impressions,
le vif intérêt historique d'une époque déterminée ne se
fixe que sur les vues d'ensemble et que ces vues
doivent, avant tout, s'appuyer sur l'assiette et la physionomie des lieux au moyen desquels on peut reconnaître les mœurs et les habitudes des populations qui
les ont occupés. Mais alors la reconnaissance de ces
dispositions doit, pour trouver toute sa puissance
d'appréciations successives, remonter à l'origine de
l'histoire locale que l'on considère ; aussi, c'est cette
nécessité logique qui nous a conduit à de longues et
laborieuses recherches sur les premiers fondements
de l'histoire de Compiègne. Dire les labeurs et les
déceptions fréquentes qui accompagnent de tels
travaux est à la fois difficile à exprimer et à comprendre : c'est qu'en effet les données, résultant de

quelques lambeaux de chroniques, doivent trouver leur confirmation et leur commentaire dans les entrailles mêmes du sol qui recèle, la plupart du temps, des vestiges conservés à la faveur des enfouissements souterrains, vestiges qu'on a grande peine souvent à atteindre, toujours à démêler. L'embarras causé par ces appréciations est quelquefois tel, en en poursuivant l'étude, qu'on se trouve contraint à un abandon momentané de points spéciaux quand, à la lueur de nouvelles découvertes, on voit avec découragement s'écrouler, à plusieurs reprises, l'édifice d'hypothèses patiemment conçues et coordonnées. Toutefois c'est alors même que, bientôt après, la difficulté offre le plus d'attrait et ne cesse de captiver l'imagination. Ajoutons qu'à cet attrait il s'en ajoute un autre propre à Compiègne lui-même, c'est le raccordement perpétuel des faits de l'histoire locale avec les faits historiques plus élevés de l'histoire générale en raison des séjours répétés, sur les lieux, de nos Rois dont pas un n'a cessé de fréquenter le palais créé pour leur usage par Clovis, dès le moment même où sa conquête des Gaules fut assurée par la victoire de Soissons. Certes il est possible que nos présomptions nous aient trompé quelquefois et nous prévenons toujours quand elles nous semblent douteuses ; mais nous croyons que les résultats généraux sont irrécusables, et s'il en est ainsi, ils serviront de base à la révision des détails et à l'établissement de compléments utiles. Nous n'en demandons pas davantage.

AVIS IMPORTANT

Nous citerons bien souvent dans ce travail Dom Grenier, tantôt extrait textuellement, tantôt analysé, avec indication des pages du texte; nous nous sommes servi presque toujours pour cela de précieux manuscrits dus à notre vénéré et érudit doyen, M. de Cayrol, dont la mémoire est si chère à tous ceux qui ont connu cet homme de science et de bien, par excellence.

Nous avons cru devoir, pour appuyer nos citations, faire copier la totalité de ces manuscrits, relatifs à Compiègne, après les avoir classés de notre mieux. Le volume in-folio qui en résultera sera offert par nous à la Ville pour être déposé à la Bibliothèque communale afin que chacun puisse le consulter et vérifier nos citations.

Payons ici un tribut de reconnaissance à M. Plommet père, qui a bien voulu copier lui-même, avec un soin scrupuleux, une partie fort importante de ces manuscrits; son nom restera ainsi attaché à leur recueil.

OMISSIONS

Page 17. La chronique citée est tirée du manuscrit Cayrol (2776, p. 253).

Page 18. La première chronique citée est tirée du manuscrit Cayrol (2757, p. 221).

La deuxième chronique citée est tirée du manuscirt Cayrol (2778, p. 270).

Page 24. La chronique citée est à la page 249.

Page 25. La chronique citée est à la page 45.

Page 215. La citation de Tacite est tirée *De moribus Germanorum*, § XIII et XIV.

INTRODUCTION

Nous pensons faire ressortir de l'ensemble des détails historiques dans lesquels nous allons successivement entrer que le
noyau de Compiègne, assis à la place qu'il occupe actuellement,
fût une station romaine dite la *Tour de César*, non, comme le dit
Dom Grenier (1), « qu'elle ait été construite par les ordres de
« Jules César, mais par l'un des empereurs, ses successeurs, aux-
« quels le nom de César n'était qu'une qualité (2). » Du reste à l'é-
poque Gallo-Romaine, pendant laquelle fut construite cette tour
destinée à surveiller la contrée, Compiègne n'était point à la même
place qu'aujourd'hui ; il était contre le pont romain situé à la suite
de la *rue du Moulin de Venette* et se trouvait tout-à-fait distinct
de la *Tour de César* dont il était séparé par une notable épaisseur
de bois. Pour retrouver la position de cette *Tour de César*, il faut
aujourd'hui non-seulement consulter les chroniques qui forment
la seule autorité maintenant décisive, mais encore il faut les appuyer de vestiges observés avec soin et, de plus, il faut aussi faire
disparaître par la pensée la totalité des bâtisses dont pas une
n'existait dans ces lieux solitaires.

Nous allons donc reconnaître du mieux possible :

PREMIÈREMENT, la position de la *tour de César*, station
fortifiée des Romains.

Compiègne restera tout à fait en dehors de cette station fortifiée. Il faut bien comprendre que la population qui l'occupait
n'avait rien de commun avec celle des villes Gallo-Romaines :

(1) Dom Grenier, manuscrit Cayrol, 2776, p. 253.
(2) Nos présomptions réfléchies, dont nous développerons les motifs, sont
toutefois que Jules César fut bien réellement le fondateur de la *Tour de César*.

1 *

elle devait être composée par cette forte race de *milites* tirés par les Romains de leurs légions, à titre de colons à la fois agriculteurs et soldats sédentaires ; ces colons, mêlés d'une certaine quantité d'esclaves et peut-être de Lètes, Germains faits prisonniers de guerre et transformés alors par les Romains en colons (V. p. 153), devaient être attachés au défrichement de la portion de forêt attenant au gué de l'Oise (1) ; ils y habitaient, selon toute apparence, un groupe de métairies ou *villas* romaines, dont la principale, située probablement à *Mercière*, devait servir d'installation au chef ou préfet romain et être accompagnée, on peut le présumer, d'une *villa* secondaire, sorte de succursale sise à *Royallieu*.

Cette *période Gallo-Romaine formera l'objet d'une première Division* répartie en trois subdivisions comprenant : la *Tour de César*, puis *Compiègne proprement dit*, et enfin les *Chemins locaux* du temps, dont plusieurs continuent d'exister, au moins partiellement.

La dite période comprend depuis César, vers 70 avant J.-C., jusques à 481, date de la conquête des Gaules par Clovis.

A la conquête des Francs, nous dirons en son lieu que, dès Clovis, le territoire de Compiègne fut envahi par ce roi qui s'empara de la *Tour de César*, et groupa auprès d'elle des bâtiments en bois, en entourant sans doute ces constructions précaires d'un fossé palissadé. Cet ensemble constitua une *villa* distinguée des autres *villas* romaines, conquises et confisquées par les Francs, en ce sens que celle-ci fut *créée par eux*. Pour éviter toute confusion dans les époques, nous nommerons l'ensemble précédent la *villa Franque*.

DEUXIÈMEMENT, nous aurons à retrouver l'emplacement de cette *villa Franque* et sa position relativement à la *tour de César*.

(1) Avant le barrage actuel de l'Oise, ce gué était toujours, de notre temps, très-facilement praticable, dans les basses eaux. Il était d'autant plus remarquable que le fond est rocheux à cet emplacement, en sorte que le gué ne variait pas de place comme dans les fonds mouvants.

Cette période d'installation de la monarchie des Francs donnera lieu à une *deuxième Division* répartie en trois subdivisions qui comprennent : la *villa Franque* à laquelle est accolée la *tour de César*, ensuite *Compiègne,* puis *les Chemins.*

Compiègne, après la conquête de Clovis, était demeuré à sa place contre le pont Romain et doit rester en dehors de nos recherches ou appréciations sur la *villa Franque.* Sa population, toute agricole, avait passé du domaine des Empereurs romains dans le domaine des Rois Francs. Peu de mutations durent être introduites dans ce domaine par suite de la conquête ; car les vainqueurs, changeant seulement les chefs immolés, subirent plutôt la direction réelle des Lètes en jouissance du sol et assez sympathiques aux nouveaux maîtres. Toutefois le saccage des établissements purement romains fut général : il peut donc être intéressant de rechercher ici quelles durent être les mutations locales et en général quelles furent les mutations introduites dans toute l'étendue du pays. C'est l'un des points les plus obscurs de l'histoire, mais c'est aussi le fondement de l'état-civil des familles comme le fondement de l'état social général qui ne tarda pas à se développer. Du reste la *villa Franque,* résidence désormais constituée des Rois, devint le siége de la domination Royale sur tout le domaine compris dans l'ensemble du territoire de Compiègne ; mais le lieu où se trouvaient concentrés les intérêts agricoles ou civils était l'assiette du groupe de *villas,* autrement dit le *hameau* qui devint rapidement le *village,* puis le bourg, *oppidum* (1) placé contre le pont romain de Venette.

La durée de cette période paraît devoir être de 480 à 630 environ.

Elle donne lieu, nous l'avons dit, à une DEUXIÈME DIVISION.

(1) *Oppidum* après la chute de la liberté gauloise, n'a plus de signification militaire. Il correspond plutôt à *bourg*.

Plus tard, vers 630 ou à peu près, nous présumons (1) que
ce fut Dagobert I⁰ᵉʳ qui exécuta ou acheva la transformation des
abris provisoires mentionnés plus haut en constructions permanentes entourées d'un rempart solide auxquelles fut adjointe une
place fermée, connue dans l'histoire sous le nom de *Cour-le-Roi*,
pour y tenir les Assemblées d'État. Ce fut là le PREMIER PALAIS
FORTIFIÉ.

TROISIÈMEMENT, nous aurons ainsi à nous occuper dans une
troisième division répartie encore dans trois subdivisions distinctes, d'abord du premier palais fortifié qui formera la première subdivision. Cette première subdivision comprendra
deux sections spéciales ; l'une s'occupera très-succinctement
de l'ensemble du palais ; l'autre traitera de l'établissement de
la *Cour-le-Roi* attenante à ce palais attribué à Dagobert.

La section relative à la *Cour-le-Roi* formera ici la période la
plus minutieusement étudiée. L'importance de son but politique, l'étendue de ses constructions, le rôle qu'elle a joué
non-seulement dans l'histoire générale mais aussi dans l'as-

(1) NOUS PRÉSUMONS !.... La certitude ne naît pour nous dans cette étude :
1· Que de faits matériels constatés pour les constructions ;
2º Que de fixations officielles ou réputées officielles pour les dates.
Ainsi, le premier palais a, sans conteste, sa date D'ORIGINE *en 480* à la
conquête de Clovis : sa construction, *en 480*, est aussi, sans conteste, admise
comme faite EN BOIS sur un emplacement dont nous avons essayé de déterminer l'enceinte dans la deuxième division.
Ce premier palais A PRIS FIN *en 877* par son changement en monastère :
la date de 877 est certaine. Mais la construction de ce premier palais était-
elle encore EN BOIS immédiatement avant les travaux exécutés pour le changement indiqué? Nous croyons établir que NON. Le *bois* devait sans doute y
jouer encore un grand et un très-grand rôle ; mais nous croyons pouvoir
montrer que la pierre bien appareillée y jouait aussi un rôle important dont
les vestiges existent, et que l'enceinte elle-même avait été agrandie.
Ici il y a une date incertaine ; c'est celle de l'époque circonscrite entre 480
et 877 et à laquelle les constructions purement *en bois* furent modifiées par
l'emploi de la pierre sur une grande échelle
En fixant cette date au règne de Dagobert, nous avons eu égard à des faits
historiques généraux et particuliers : mais cette opinion émise est très-
controversable et ne doit être considérée que comme moyen de fixer provisoirement les idées.

siette primitive de Compiègne et dans son développement postérieur et progressif, commandaient d'autant plus de soin et
de patience dans les recherches que toute trace de ce passé
lointain était absolument perdue. Or, en archéologie historique comme dans toute science positive, l'enchaînement est
absolu, et l'ignorance de la base fondamentale des constructions du moyen-âge avait fait perdre entièrement la connaissance de ce qui se rapportait aux époques antérieures à la
Renaissance. La deuxième section comprendra donc plusieurs
chapitres divisés eux-mêmes en beaucoup d'articles dont
chacun contiendra un grand nombre de paragraphes.

Quant aux deux autres subdivisions, elles concerneront toujours *Compiègne* d'abord, puis les *Chemins*.

Inutile de répéter que Compiègne, placé contre le pont de
Venette, reste en dehors du premier palais fortifié. Sa position,
comme faisant partie intégrante du domaine Royal, adoucit
pour ses habitants les conséquences qui résultent de l'introduction du vasselage et de la formation d'une noblesse héréditaire, laquelle apparaît déjà sous Dagobert, double motif qui
amène rapidement la puissante Constitution de la féodalité dans
la période qui nous occupe. L'habitation de Compiègne donne
toujours aux vassaux du domaine Royal un grand avantage sur
les vassaux des autres domaines quant à la douceur du régime, à l'ordre relatif dans la gestion, à la protection des intérêts.

Cette période comprendra l'espace de Dagobert vers 630 à
Charles-le-Chauve, vers 877.

Il y aura ici, on le voit, la matière abondante d'une TROI-
SIÈME DIVISION.

Sous l'empereur Charles-le-Chauve, ce prince résolut de con-
vertir son palais héréditaire en un monastère dédié à St-Corneille ;
puis, pour remplacer ce premier palais, il se fit bâtir, à côté du

monastère, un *second palais*, en conservant la *Cour-le-Roi*, énormément modifiée, pour l'adjoindre à ce second palais; renfermant alors les deux grands établissements dans une enceinte fortifiée commune, il donna naissance à ce qui fut appelé la *forteresse de Charles-le-Chauve*, forteresse qui, quoique plus étendue que le premier palais, *n'était nullement destinée à recevoir* A DEMEURE *une population civile*. Cette population civile était tout-à-fait à part, et placée, avons-nous dit, au bourg de Compiègne contre le pont de Venette.

Il y a là l'objet d'une étude si étendue que nous avons dû nécessairement comprendre le tracé de la forteresse de Charles-le-Chauve dans un travail tout spécial, et nous en avons fait autant pour les différentes parties du nouveau palais contenu dans cette forteresse ainsi que pour le nouveau monastère. Aussi nous nous contenterons ici d'un résumé général rapide de ces divers travaux, résumé auquel nous renverrons à l'occasion, et nous mettrons seulement en relief les recherches relatives à la *Cour-le-Roi* telle qu'elle fut modifiée par Charles-le-Chauve. Nous serons de la sorte à même de suivre, pour ainsi dire, pas à pas et de réunir, par devers nous, tout ce qui se rapporte aux mutations historiques de cette *Cour-le-Roi*.

QUATRIÈMEMENT, dès lors, nous aurons à essayer de reconnaître avec le plus d'exactitude possible, dans une *quatrième division*, la position détaillée de la *Cour-le-Roi*, dans sa partie conservée par Charles-le-Chauve. Le résumé sommaire sur le tracé de la forteresse sera l'objet d'une première section dans la première subdivision; la deuxième section s'occupera uniquement de la *Cour-le Roi*.

Compiègne, toujours resté près le pont romain, continuera à être en dehors de nos recherches sur la forteresse et sur le second palais. Sa population a dû subir, à la fin du neuvième siècle, l'influence de la durée de la conquête, des bienfaits relatifs de la seigneurie Royale, des prédications de l'Évangile et de la tranformation de l'esclavage en servage. Toutefois les affranchissements sont rares, et la féodalité, qui est alors dans la plus grande intensité de sa puissance, doit la maintenir encore pendant plus de deux siècles. La Bourgeoisie n'a donc pu encore prendre racine, mais son germe ne tardera pas à apparaître.

Les descriptions contenues dans cette division se rapportent principalement à 877 ou à la fin du neuvième siècle.

La deuxième subdivision sur *Compiègne* et la troisième subdivision sur les *Chemins* auront donc peu de mutations sur les parties correspondantes dans la division précédente.

Quoiqu'il en soit, cet ensemble formera la QUATRIÈME DIVISION.

La *Cour-le-Roi* de Charles-le-Chauve une fois établie, nous aurons ensuite à rechercher les variations de cette place célèbre qui resta dans l'intégrité de sa création jusqu'au règne de Philippe Ier.

Pour bien saisir l'histoire de la *Cour-le-Roi* liée à celle de la forteresse de Charles-le-Chauve depuis son inauguration en 877 jusques à son terme en 1153, il est nécessaire de séparer ici les deux histoires désormais distinctes du palais et du monastère, autrement dit de la seigneurie royale à Compiègne et de la seigneurie de Saint-Corneille créée puissante par Charles-le-Chauve, rendue encore beaucoup plus puissante par une gestion financière et politique habile et livrée par suite à tous les abus excessifs provenant d'une prospérité exhubérante et sans frein. Aussi voit-on, malgré l'esprit religieux des Rois, cette communauté se rendre redoutable à son Royal voisin entravé de toutes parts et souvent paralysé par les liens de la féodalité.

Mais alors un troisième pouvoir, inaperçu à sa naissance, se dégage d'une première enfance, et prend partout position pour chercher à renouer les traditions de ces municipes Gallo-Romains assez respectés d'abord lors de la conquête des Francs, puis bientôt après balayés par la féodalité, quoique toujours vivants dans de vieux souvenirs.

C'est de la sorte que, dans l'intervalle qui nous occupe, *Compiègne* a rompu ses digues. Les affranchis, d'abord enfants, sont devenus des hommes, et les colons primitifs formant déjà des familles patriciennes, tiennent la tête du mouvement : des richesses relatives existent parmi eux et les dévastations plusieurs

fois subies dans une localité ouverte, faisaient naître depuis longtemps des aspirations fiévreuses vers une situation moins précaire.
L'essor donné au commerce général par les *Foires de Champagne*
s'unit à une foule d'autres circonstances développées ailleurs, et
les obstacles sont franchis.

On peut soupçonner que des intelligences avec Saint-Corneille
ne furent pas étrangères à la destruction du pont de Venette et à
sa translation au point de la forteresse occupé par le pont actuel,
malgré l'opposition active du Roi. Toujours est-il que Philippe Ier
se résigna et que, à la même époque, c'est-à-dire vers 1092, la
Cour-le-Roi devint, par sa tolérance, le siège des marchés publics.
Bientôt après, en 1110, Louis VI, à son avènement, conteste de
nouveau à Saint-Corneille la translation du pont, mais il est dé-
bouté en Conseil; puis, en 1112, il autorise les premières libertés
communales. Dès ce moment, les intérêts civils ne tardent pas à
prendre assez de force pour servir d'appui au roi Louis VII afin de
dompter, en 1150, la puissance féodale de Saint-Corneille, puis de
changer le personnel dépravé et la règle désordonnée du monastère.
C'est à cette date et comme don de bienvenue, que Louis VII aban-
donne la *Cour-le-Roi* aux nouveaux religieux. Les intérêts civils ont
acquis, dès ce moment, une telle importance qu'ils vont obtenir, en
1153, une charte communale contractée, sous l'égide du Roi,
entre le Roi, Saint-Corneille et le peuple ; obtenir encore le
démantèlement de la forteresse de Charles-le-Chauve désormais
trop resserrée pour le développement de la nouvelle commune
qui y a pris son siège solide ; obtenir enfin la création d'une
nouvelle enceinte infiniment plus étendue. Si ces résultats furent
décidés en 1150, leur proclamation effective n'eut lieu qu'en
1153 ; c'est donc à cette dernière date qu'aboutit une nouvelle
et CINQUIÈME DIVISION dans l'histoire isolée de la *Cour-le-Roi*.

CINQUIÈMEMENT donc, les faits précédents devront se dérouler
ici dans leurs rapports avec la *Cour-le-Roi* dont nous nous
occupons tout spécialement : ils nous fourniront la matière
d'une *cinquième Division* toujours répartie en trois subdivisions.
La première des subdivisions sera divisée en deux sections
dont la première traitera de généralités sur l'ensemble de la

forteresse, du palais et du monastère. La deuxième section nous permettra de contempler, dans trois époques, la fin de la domination Royale sur la *Cour-le-Roi* et en même temps la fin de la forteresse purement féodale de Charles-le-Chauve. La première de ces époques comprend de 877 à 1092 date de l'introduction *certaine* et large des intérêts civils dans la forteresse et dans la *Cour-le-Roi* ; la deuxième époque comprend de 1092 à 1150 date de la chute féodale de Saint-Corneille *indépendant*, ainsi que de sa prise de possession de la *Cour-le-Roi* donnée en propriété par Louis VII aux nouveaux religieux ; la troisième époque embrasse seulement de 1150 à 1153 date de la création de la commune, qui prend autorité *de police* dans la *Cour-le-Roi*, et obtient la transformation de la forteresse.

Quant à la deuxième subdivision, elle concernera, le vieux bourg de Compiègne placé à Saint-Germain d'abord, puis devenant Compiègne *extra muros* après la translation, dans la forteresse de Charles-le-Chauve, du bourg qui y devient *Ville*; la troisième subdivision s'occupera des Chemins.

On voit qu'il y a, dans ce qui précède, de quoi remplir une CINQUIÈME DIVISION.

Les premiers pas de la commune sont assez fermes et assez intelligents pour mériter la confiance du Roi, et Philippe-Auguste complète la constitution de cette commune comme la transformation de la vieille forteresse devenue alors bien réellement la *ville de Compiègne* : mais le dévouement profond et immémorial des bourgeois au Roi, comme le respect de ses droits, ne se reproduisent point au même degré vis-à-vis de Saint-Corneille vaincu et dont le personnel nouveau est dépouillé du prestige féodal antique et intact La *Cour-le-Roi*, tout en étant devenue propriété de Saint-Corneille, n'en est pas moins désormais soumise à la police communale : des conflits s'élèvent, et la nécessité d'un accord convenable détermine les religieux, sur le conseil de Philippe-Auguste, à rétrocéder cette *Cour-le-Roi* à la commune en 1201.

A l'avenir donc la place, bien que concédée à cens, est bien réellement sortie sans retour du domaine féodal.

Toutefois les destinées de la *Cour-le-Roi* devenue le *Marché-aux-Fromages*, ne laissent pas que d'offrir de l'intérêt à la suite de ces changements de propriétaires. Pendant un demi-siècle le voisinage du palais pouvait encore faire naître l'occasion d'y célébrer certaines fêtes officielles ; mais la vieille *Cour-le-Roi* ressent ensuite le contrecoup de la destruction de fait du deuxième palais par Saint-Louis, abandonnant le logis du Roi aux Dominicains, en 1260, et il allait falloir se résigner, pour elle, aux usages vulgaires qui seraient désormais son apanage exclusif.

Un siècle se passe, siècle de transition insupportable à la commune privée de la cour, comme au Roi réfugié à Royallieu ; et l'effet de cette séparation ne fut sans doute pas étranger à la détresse de cette commune qui, à bout de voies, remit sa charte au roi Philippe V, en 1310, et n'eut plus que la jouissance d'immunités précaires, ne reposant plus sur aucun contrat. Enfin un troisième palais s'élève *au haut* de la ville et détermine un changement radical dans le bas de cette même ville où l'on prend possession des épaves du deuxième palais abandonné complétement désormais, à l'exception de la vieille tour de Charles-le-Chauve, arsenal de la place et résidence officielle du Gouverneur. Le changement n'est pas moins radical dans le *Marché-aux-Fromages* revêtu simultanément d'une belle ceinture d'établissements communaux et de halles pour les corporations commerciales : c'est l'apogée de la prospérité communale au moyen âge. . . . .

SIXIÈMEMENT donc, nous aurons à étudier l'effet de toutes ces mutations dans une sixième division répartie encore en trois subdivisions. La première subdivision sera divisée en deux sections dont la première aura trait aux questions générales, et la deuxième section parlera de la *Cour-le-Roi* dans trois nouvelles époques : l'une de 1153 à 1201, l'autre de 1201 à 1260, la troisième de 1260 à 1370, date de l'inauguration du troisième palais.

C'est là le cœur de la ville, et l'intelligence de tels détails donne la clé de ce qui s'est passé d'important dans les siècles dont il est ici question.

La deuxième subdivision s'occupera de la commune de Compiègne *extra muros* ; une troisième subdivision traitera de ce qui se rapporte aux Chemins.

Ce sera donc encore ici l'occasion d'une SIXIÈME DIVISION.

Tant de prospérité ne devait pas être durable : à la vérité le sage Charles V n'avait rien négligé pour l'établir sur des bases solides ; mais nous arrivons, après lui, au douloureux règne de Charles VI, à la démence de ce malheureux prince, aux guerres civiles qu'elle occasiona, à l'invasion anglaise, à la succession des prises et reprises de Compiègne pillé et dont les annales antérieures à 1400 sont dispersées et détruites. Le désastre est complet; les deux tiers des maisons disparaissent par le fer et le feu accompagnés de pillage et le *Marché-aux-Fromages* en particulier est totalement anéanti : le quinzième siècle n'éclaire que des ruines sur cette place infortunée jadis si brillante, naguère encore si riche. A peine la Halle communale dénaturée reste-t-elle debout : la vieille salle de Justice, dépendance de l'ancien Hôtel du Prévost, annexé au deuxième palais, est abandonnée sous la menace d'un écroulement imminent, et, en 1492, l'antique *tour de César* elle-même s'écroule....

Presqu'en même temps la tour de Charles-le-Chauve, seul vestige échappé à la destruction du deuxième palais, et qui, éventrée par l'ennemi pendant le siége de 1430, a eu bien de la peine à prolonger son agonie pendant tout le quinzième siècle, cette tour, dis-je, disparaît de son côté; mentionnée encore en 1499, le plan de 1509 ne désigne plus que ses ruines . . . .

C'en est fait ! et tout est consommé pour ces vieux restes féodaux, qui, déjà depuis longtemps, n'étaient plus en réalité que des souvenirs . . . .

SEPTIÈMEMENT donc, nous trouverons dans l'exposé de ces faits les éléments d'une *septième Division* répartie toujours en trois subdivisions dont la première divisée en deux sections : la première section s'occupera des questions générales : la deuxième section comprendra trois époques pour le *Marché-aux-Fromages* ou ancienne *Cour-le-Roi*. L'une de ces époques va de 1370 à 1413 date de la première prise de Compiègne par les Bourguignons ; l'autre comprend de 1413 à 1430 date du siège infructueux des Bourguignons, signalé toutefois par la douloureuse prise de Jeanne d'Arc ; la troisième époque embrasse de 1430 à 1500.

La deuxième subdivision concerne encore Compiègne *extra muros*, et la troisième les Chemins.

Tel est l'ensemble de la SEPTIÈME DIVISION.

Enfin l'aurore d'une nouvelle ville se lève avec le seizième siècle instigateur de ce mouvement social connu sous le nom de la Renaissance, et la *Cour-le-Roi* va perdre à ce mouvement jusqu'aux moindres vestiges de sa splendeur disparue qui deviendra dès lors une énigme pour l'antiquaire. Un charmant hôtel-de-ville s'élève sous les auspices de Louis XII, en dehors du *Marché-aux-Fromages*, et l'ancienne Halle communale ne tardera pas à être livrée à l'industrie privée. Saint-Corneille bâtit un nouveau portail, et les communications laborieusement établies par nos pères, sous le nom de *rue des Trois-Piliers*, sont interceptées. Les deux grands travaux dont nous venons de parler, l'hôtel-de-ville et le nouveau portail de Saint-Corneille, joints à la reconstruction presqu'entière de la ville incendiée et encombrée de décombres amoncelés, commandent un exhaussement général qui s'étend du Change à la rue des Domeliers et à la place de l'Hôtel-de-Ville en modifiant profondément sur le parcours les tracés anciens des voies publiques. Le besoin de communications nouvelles et faciles entre la place de l'Hôtel-de-Ville exhaussée et le haut de la rue Jeanne-d'Arc également exhaussé, joint peut-être à des considérations de salubrité publique, entraine, dans le seizième siècle, la mise en déclivité telle qu'elle existe aujourd'hui, sur le *Marché-aux-Fromages*, où *Marché-aux-Herbes....* Tout souvenir ancien s'efface alors dans le nouveau travail, même le tracé de l'antique ordonnance de la place réglée sur la direction primitive des côtés de la *tour de César*, laquelle est ignorée elle-même des nouvelles générations qui ne se doutent pas que la base de cette tour, noyau de leur cité, ainsi que le niveau de la première *Cour-le-Roi*, témoin de tant de splendeurs, était à plus de 7 mètres au-dessous du niveau qu'elles foulent actuellement ! C'est un tracé oblique qui prévaut, lequel se croise, de loin en loin, avec le vieux tracé, en sorte que tout ici désormais devient énigmatique, décousu et vulgaire.

HUITIÈMEMENT donc, ce qui précède sera l'objet d'une HUI-TIÈME DIVISION toujours répartie en trois subdivisions dont la première est consacrée à des matières générales : la deuxième s'occupera du *Marché-aux-Fromages* pour constater ce dernier état de l'emplacement des lieux où fut la *Cour-le-Roi*.

Les deuxième et troisième subdivisions traiteront de Compiègne *extra muros* et des Chemins.

Ce sera ici la HUITIÈME ET DERNIÈRE DIVISION.

La présente étude ne comporte guère, on l'a successivement expliqué, que ce qui se rapporte à la *Cour-le-Roi* dans ses différentes phases : la simple lecture des titres adjoints à l'histoire de cette *Cour-le-Roi*, dans ses différentes divisions, montre quelle serait l'étendue des matières à traiter pour arriver à faire une œuvre complète. Mais chacun des titres en question pourra être repris pour faire l'objet de notices distinctes ; l'étude, alors, devrait comprendre aussi, pour être achevée, les titres de divisions nouvelles correspondantes au démantèlement de la troisième enceinte sous Louis XV, au classement de Compiègne comme ville ouverte et à l'exécution des grands travaux de Louis XV et Louis XVI sur les plans de l'architecte Gabriel ; enfin la même étude devrait comprendre les mutations introduites par la révolution de 89 soit dans les plans dont nous venons de parler, soit en vertu de la suppression des établissements religieux.

Mais toutes ces mutations sont relativement plus ou moins modernes et ne nécessitent que la recherche un peu laborieuse de documents existants. Nous avons donc préféré concentrer nos recherches sur des époques dépourvues de ce moyen d'investigation afin de combler, s'il est possible, quelques-unes des lacunes existantes depuis des temps immémoriaux.

PREMIÈRE DIVISION
ÉPOQUE GALLO-ROMAINE

PREMIÈRE SUBDIVISION
Tour de César

Ier CHAPITRE
CHRONIQUES ET PLANS

Ier ARTICLE

Chroniques sur la Tour de César.

Nous allons donc, dans une première division, nous occuper de la *Tour de César* qui subsista seule, sur l'emplacement de Compiègne actuel, pendant toute l'époque Gallo-Romaine, qui demeura ensuite comme la pièce capitale du premier palais de nos Rois et qui continua encore, après lui, d'élever sa tête dans les airs, avec un rôle plus effacé, jusqu'à ce que la vétusté l'ait condamnée à s'écrouler dans la nuit de Pâques-Fleuri 1491 ou 1492, après avoir duré près de 1500 ans : il y a cette singularité originale que la portion de la tour de Charles-le-Chauve écroulée en 1868 est tombée dans la nuit de la veille de Pâques-Fleuri, après avoir duré près de mille ans.

Consignons d'abord ici quelques recherches relatives à l'existence de la *Tour de César*.

« Cette tour, dit Dom Grenier par la voix des chroniqueurs
« qu'il avait rassemblés (1), fut bâtie pour pourvoir à la dé-
« fense et à la conservation du nouveau pont (sans aucun
» doute, le pont de Venette) par la construction d'une forte
« et puissante Tour que César fit élever du côté du Sois-
« sonnais, à 200 pas (2) environ du même pont, en un lieu
« éminent et élevé, tant pour dominer sur le courant de la
« rivière que pour servir de magasin et d'un lieu d'assurance
« pour retirer l'artillerie et autres munitions de guerre né-
« cessaires pour son dessein.

« C'est ce que nous apprend l'ancienne et commune tra-
« dition et crue universellement de nos pères dans tous les
« siècles postérieurs et capable par conséquent d'affermir
» dans les esprits les plus rebelles la créance de cette vérité,
« touchant cette fameuse Tour conservée soigneusement par
« nos premiers rois, et par eux *réservée expressément à une*
« *extrémité de leur palais*, soit pour marque perpétuelle
« d'une si remarquable antiquité ou pour leur servir de for-
» teresse et de donjon en cas de nécessité, laquelle, après
« avoir longtemps retenu le nom de son auteur, aurait été
« dès lors, pour ce sujet qualifiée du nom de l'ancien pro-
« tecteur de la France, Saint-Michel.

« Du depuis, l'empereur Charles-le-Chauve, ayant converti
« cet ancien palais de nos rois en une autre célèbre église ou
« abbaye, dite de Notre-Dame, autrement de Saint-Corneille,
« cette royale tour de Saint-Michel, demeura désormais par
« changement en la possession de ladite église, comme étant
« des appartenances dudit ancien palais royal, où, pour mieux

(1) Dom Grenier, vol. xx, folio 130. Bibliothèque nationale.
(2) Il y a ici évidemment une erreur de copiste ; car le pont de Venette
était plutôt à *2000* pas et non à *200* pas de la Tour de César.

« dire, faisant une partie ou portion d'icelui ; ce que nous
« avons appris tant des anciens mémoires manuscrits de la
« ville que de ceux de ladite église de Saint-Corneille, où il
« est dit d'abondant que la dite tour de Saint-Michel, *était*
« *située entre l'Eglise de Saint-Maurice et le grand portail*
« *de Saint-Corneille*, c'est-à-dire au même lieu où se voit à
« présent le beau portail de pierres de taille, et *à côté droit*
« *d'icelui en sortant de ladite église; et qu'elle était ancienne-*
« *ment hors de l'enceinte du palais, environnée de fossés sur*
« *lesquels ont été élevés partie des bâtiments et maisons*
« *qui répondent sur la petite rue des Orfèvres, appelée du*
« *depuis des Clochettes ;* qu'elle était haut élevée, et propre
« à découvrir tout ce qui se passait autour de la ville.

« Voilà ce que portent ces manuscrits touchant la dite tour
« de Saint-Michel nommée aussi souventefois la tour de Saint
« Corneille pour les raisons que j'ai touchées ci-dessus. Cette
« grande masse de pierres, après avoir subsisté près de
« 1500 ans entiers, faisant voir par sa ruine qu'il n'y a rien
« ici-bas à l'épreuve du tems, etc. »

Ailleurs nous trouvons encore dans Dom Grenier :

« Cette tour était bâtie *dans ce qu'on appelait la panthière*
« *ouverte.* Il y avait à Compiègne *double panthière :* la signi-
« fication de ce mot, nous est inconnue (1) ; l'une la *pan-*
« *thière fermée* qui était une halle couverte de tuiles entre la
« tour de Saint-Michel et la porte de l'Eglise Notre-Dame (2),
« laquelle halle renfermait les étaux des orfèvres ; l'autre la

(1) Le dictionnaire de Richelet dit au mot *panthière :* sorte de filet à
mailles, à lozanges ou à mailles quarrées, pour prendre des bécasses. — Il
semble que ce mot, appliqué à un établissement communal du moyen âge,
soit une expression figurée, indiquant une enceinte déterminée où un certain
nombre de personnes ont le droit de se ramasser, de s'établir comme dans
une sorte de filet protecteur, plus ou moins ouvert, plus ou moins clos. —
Ainsi en est-il des halles plus ou moins ouvertes, plus ou moins fermées.

(2) La porte dont il s'agit ici était, nous le présumons, celle qui donnait
sur le *Marché-aux-Herbes*, à la seconde arcade *ancienne* de l'Eglise.

2

« *panthière ouverte* ; c'est la rue qui conduit au grand por-
« tail de l'église Saint-Corneille. »

Ailleurs Dom Grenier dit en outre :

« Antoine de la Haye, premier abbé commendataire (de
« Saint-Corneille), eut dessein d'allonger la nef de deux ar-
« cades et la fermer d'un beau portail *à l'endroit où était la*
« *tour de Saint-Michel ;* il en avait jeté les fondements comme
« il parait par un mémoire manuscrit produit en 1512 par le
« trésorier de l'abbaye contre plusieurs bourgeois de la ville.
« L'entreprise en demeura là jusqu'au cardinal de Bourbon.
« Son Eminence, pourvue de l'abbaye en 1535, fit élever l'ou-
« vrage au point où il est resté. »

Antoine de la Haye mourut en 1499; la tour s'était écroulée
en 1491 ou 1492: on voit donc que sa disparition fit naître,
sans tarder, l'idée de la construction d'un portail. Cette conséquence est naturelle : après les désastres inséparables de
l'écroulement, il avait dû rester de vastes emplacements libres, qu'il fallait utiliser. L'idée d'Antoine de la Haye n'était
point nouvelle au reste, car nous voyons dans Dom Grenier
relater « une sentence arbitrale du mois de Juillet 1285 qui,
« contre les prétentions des maire et Jurés de Compiègne,
« adjuge à Saint-Corneille un terrain *entre les piliers de l'é-*
« *glise* de l'abbaye qui avait *servi de cimetière autrefois, avec*
« *la liberté d'y faire construire le portail de l'Eglise.* »

2ᵐᵒ ARTICLE

Plans divers consultés.

A la suite des chroniques que nous avons citées, constatons
l'existence des documents suivants qui ont principalement
servi de base à nos recherches.

En 1er lieu, il existe un plan perspective de Compiègne, en 1509, où se trouve retracée la *tour de César*, par le prestige de l'habitude et d'un souvenir récent ; car la tour s'était écroulée vers 1492. Elle y est désignée sous le nom de *tour de la Monnaie*, comme on verra plus loin.

En 2me lieu, il existe un autre plan perspective de Compiègne, en 1637, plan livré en prime par le *Progrès de l'Oise*, à ses abonnés, il y a quelque trente ans.

Ces deux plans sont très-importants, malgré le vague extrême des plans en perspective : en étudiant ceux-ci minutieusement, on y retrouve l'indication de circonstances relatives à l'édilité et que les documents officiels seuls seraient impuissants à constater.

En 3me lieu, il existe un plan de 1734, plan géométral, beaucoup plus exact et très-précieux, mais aussi beaucoup plus récent que les précédents.

Toutefois on chercherait ici vainement de la précision mathématique dans les détails : dès qu'on veut considérer ces détails pour en faire l'objet d'études comparatives entre diverses époques, on est arrêté court par l'impossibilité de tout raccordement possible entre des plans sans exactitude dans les tracés : de tels plans fournissent très-bien l'aménagement des lieux à un moment déterminé, rien de plus.

En 4me lieu, M. Woillez nous a communiqué un plan de Saint-Corneille en 1654, plan géométral bien fait et des plus précieux pour l'art tant par l'ancienneté que par la perfection des détails.

Nous dirons ici la même chose que pour le plan de 1734. Le plan de Saint-Corneille en 1654 a une valeur considérable pour fixer les idées sur la disposition des lieux lors de 1654 et antérieurement ; mais il n'offre aucune précision quant aux dimensions et à la direction des lignes si on veut les coordonner avec les lieux environnants et en tirer des conséquences historiques. C'est une simple observation à présenter.

En 5ᵐᵉ LIEU, M. Woillez nous a communiqué aussi un autre plan de Saint-Corneille pris en élévation sur le *Marché-aux-Herbes* et tiré de la France chrétienne et monastique publiée par M. Peigné-Delacourt.

En 6ᵐᵉ LIEU, nous citons encore le plan cadastral de 1825 qui est à la disposition de chacun et dont l'exactitude mathématique, très-suffisante, en pareille matière, est d'autant plus utile que ce plan renferme les divisions des propriétés. Cette particularité rend ce plan si éminemment précieux que, sans lui, les recherches suivies, sur le très-vieux Compiègne, seraient impossibles. Malgré les mutations, pour ainsi dire, incessantes des propriétés, le passé laisse sur place, dans leurs divisions, des empreintes en quelque sorte ineffaçables, et la seule absence antérieure d'un plan mathématique tel que le plan cadastral, suffit seule à expliquer comment des archéologues aussi éminents que Mabillon, Dom Berthau ou Dom Grenier ont été impuissants à reconstituer la topographie ancienne du vieux Compiègne malgré les nombreux matériaux historiques possédés par eux et consignés dans leurs œuvres ou leurs manuscrits.

L'exactitude mathématique du plan cadastral permet non point de le faire suppléer aux autres plans historiques, mais de les compléter en ce sens que les lieux se trouvant, à son aide, convenablement délimités partout, les aménagements spéciau : sont en général faciles à y introduire et permettent ainsi des omparaisons claires et incontestables.

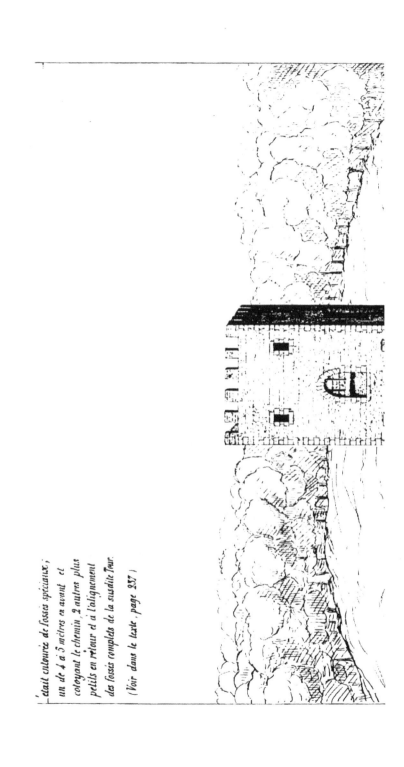

était entourée de fossés spéciaux ; un de 4 à 5 mètres en avant et cotoyant le chemin, 2 autres plus petits en retour et à l'alignement des fossés complets de la susdite Tour.

(Voir dans le texte, page 257)

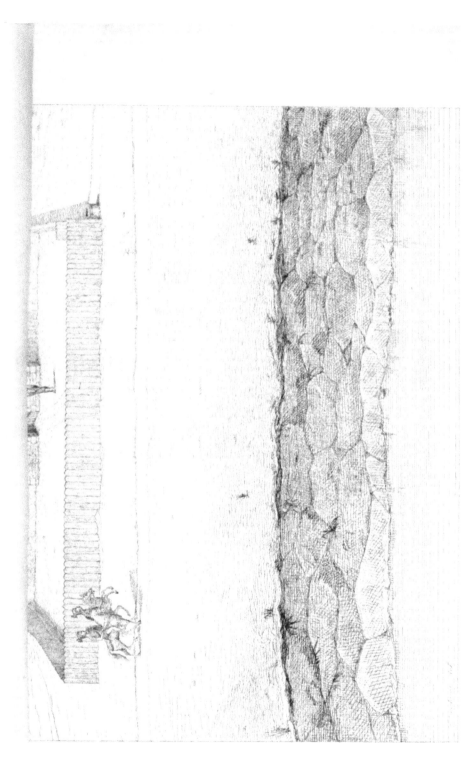

II° CHAPITRE

APPLICATION DES CHRONIQUES ET PLANS

1er ARTICLE

§ 1. *Position détaillée du* NOUVEAU *et de l'*ANCIEN *portail de Saint-Corneille.*

§ 2. *Position présumée par suite de la* tour de César.

§ 1.

Position détaillée du NOUVEAU et de l'ANCIEN portail Saint-Corneille.

Essayons maintenant de tirer quelques conséquences de ce qui précède. Il nous paraît en résulter ce qui suit :

1° Avant la construction faite par le cardinal de Bourbon, à peu près vers 1535, du NOUVEAU portail P' P''' de l'Eglise Saint-Corneille, cette Eglise se terminait sans aucun doute, dans la rue Saint-Corneille, en Q'' Q''' à deux arcades plus haut que le NOUVEAU portail ; or celui-ci était incontestablement assis à hauteur de la clôture sud P' P'' de la maison occupée par M. Aimé, restaurateur; les lieux en font foi comme on va voir. Ce NOUVEAU portail devait englober dans son ensemble toute la maison Aimé qui montre encore, à sa base, et sur le *Marché-aux-Herbes*, les deux premiers contreforts de l'Eglise P'' H'', et à son faîte, une arcade de la dite Eglise démolie en 1792 : cette arcade devait faire partie intégrante de l'ensemble du NOUVEAU portail, en ce sens que ce NOUVEAU portail était profond et formait dans l'Eglise ce que l'on nommait un *atrium* précédant la nef et comprenant ici les deux arcades supplémentaires P'' H'' et H'' Q'' projetées déjà, on l'a vu, par Antoine de la Haye : l'arcade latérale en question P'' H'' de M. Aimé était la première de l'*atrium*, faisait ainsi partie du NOUVEAU portail, et trouvait un répondant au côté latéral opposé et à la suite du cloître de Saint-Corneille où l'on voit encore, dans une arrière-cour, se dessiner en H''', ce répondant sous la forme d'une arcade élevée et isolée dont la construction est relativement moderne : une seconde arcade, dépendant du NOUVEAU portail, existait et existe encore, après la maison Aimé, sur l'emplacement de la maison Barbare en H''Q''. Là se terminaient les *nouvelles* constructions et commençaient les *anciennes*.

La position de l'ANCIEN portail se trouve ainsi nettement indiquée en Q'' Q''' sur le plan de 1654, où il forme séparation entre l'*atrium* et la nef. S'il restait encore le moindre doute à cet égard il serait levé en jetant les yeux sur le plan dessiné en élévation et possédé par M. Woillez : la *première* arcade ancienne Q'' Q'ᵛ répond au restaurant Charles attenant à la maison Barbare ; puis venait ensuite un portail latéral, donnant sur le Marché-aux-Herbes, et sur l'emplacement duquel se trouve aujourd'hui un petit passage couvert ; ce portail latéral était pratiqué dans la *seconde* arcade *ancienne*. Quant à l'ANCIEN *portail* principal qui coupait la rue Saint-Corneille nous venons de voir que sa position était en Q'' Q''', entre la maison Barbare et le restaurant Aimé qui est mitoyen avec elle : la ligne de mitoyenneté donne la situation *précise*.

L'aspect de l'*ancien* portail Q'' Q''' était d'ailleurs des plus simples : placé en arrière de la *tour de César*, cette tour le masquait en partie ; mais le principal motif à l'appui de cette simplicité tient, selon nous, à ce que le mur de *l'ancien portail* servait de clôture au premier palais de ce côté et *surmontait le rempart de ce palais* faisant face au fossé nord de la *tour de César*. Le mur ne devait donc avoir, *du temps du palais*, aucune utilité comme portail et ne présentait qu'un

pignon terminal : les communications du Palais, avec la Chapelle royale, se faisaient par des ouvertures latérales du côté
où fut postérieurement établi le cloître. Si des ouvertures ayant
le caractère d'un portail furent plus tard percées dans ce pignon de clôture, elles ne durent être pratiquées que pour la
commodité du public, après la création du monastère et le
comblement des fossés.

§ 2.

Position présumée par suite de la TOUR DE CÉSAR.

D'après le plan perspective de 1509, la *tour de César*
devait être de forme carrée et contenir plusieurs étages
garnis de baies construites en plein cintre. Cette tour carrée
devait, d'après la chronique citée plus haut, se trouver *au lieu
où se voit le nouveau portail et à côté droit d'icelui,* c'est-
à-dire, qu'elle se trouvait à hauteur de la limite sud P' P'' de
la maison Aimé, limite qui, prolongée en P''', marque la ligne
même du nouveau portail. Cette désignation : *sur le lieu et
sur la droite du nouveau portail* est ici la seule bien précisée :
en dehors d'elle, on voit que la tour, quand elle existait *sur
le lieu et sur la droite du nouveau portail,* pouvait néanmoins n'occuper qu'une portion restreinte et indéterminée de
l'emplacement général de ce nouveau portail, pris à droite en
sortant de l'église.

2ᵐᵉ ARTICLE

Position présumée de l'église Saint-Maurice et de la chapelle Saint-Michel. — Explication à ce sujet. — Présomptions tirées du plan de 1654.

L'indication précédente laisse, comme on voit, une certaine latitude pour chercher à placer la tour, en s'occupant aussi des autres conditions exprimées, afin de tâcher d'y satisfaire, autant que possible, ainsi qu'à d'autres conditions qui, pour n'être point dans les chroniques, n'en sont pas moins essentielles. Ainsi, le côté de la *tour de César* ne doit pas descendre au-dessous de dimensions suffisantes pour une stabilité de longue durée : sa position, relativement au rempart fortifié du premier palais, doit aussi être prise en considération ; car le côté sud du rempart a certainement été tracé, de manière à profiter du flanquement offert par la tour depuis longtems existante en ces lieux.

Parmi les données spéciales de chroniques que nous avons commencé par exposer, on a pu remarquer que la TOUR DE SAINT-MICHEL *était située* ENTRE *l'église de Saint-Maurice et le* GRAND-PORTAIL *de Saint-Corneille.*

Et quant à la position de Saint-Maurice, Dom Grenier dit encore ailleurs (1) :

« ..... On ignore la date de la fondation de l'église Saint-« Maurice : tout ce que l'on a pu découvrir, c'est que l'é-« glise joignait presque le Grand-Portail de l'église Saint-« Corneille..... »

Ce que l'on semble pouvoir déduire de ce qui précède, c'est que le côté nord de la tour devait coïncider avec une portion du côté gauche P' P'' du Grand-Portail nouveau, et que le

(1) Dom Grenier, man. Cayrol. 2772.

côté sud opposé devait être attenant à l'église Saint-Maurice, puisque la tour était *située* ENTRE le Grand-Portail et l'église Saint-Maurice fort rapprochée de ce grand portail.

A la vérité, nous lisons dans une autre chronique (de Dom Berthau) citée par Dom Grenier (1) les lignes suivantes sur une autre chapelle située dans ces mêmes parages :

« La chapelle Saint-Michel était située à un des côtés du
« Grand-Portail de l'église Saint-Corneille, proche l'ancienne
« *tour de César* et les comptes de la ville portent qu'en 1433,
« la petite cloche de la ville étant en la *tour Saint-Michel*
« pour servir au guet et ayant été cassée, elle fut échangée
« avec celle de la chapelle Saint-Michel.

Ces chroniques, l'une sur Saint-Maurice, l'autre sur Saint-Michel seraient de nature, en les rappprochant, à établir quelque confusion dans l'esprit par la réunion de deux sanctuaires situés tous deux aussi près et du *Grand-Portail* et de la *tour de César* : mais c'est ici que la distinction que nous avons établie plus haut entre le *Grand-Portail* ANCIEN et le *Grand-Portail* NOUVEAU devient bien nette et peut porter quelque lumière.

Dom Grenier qui, écrivant dans le dix-huitième siècle, parle de Saint-Maurice, avait en vue, cela est certain, le NOUVEAU *portail*, et en effet, en jetant les yeux sur le plan de 1654, époque où Saint-Maurice subsistait encore, et où le *nouveau portail* était néanmoins érigé, on peut voir sur la droite de ce portail, en sortant de l'église, le tracé d'un sanctuaire placé *sur l'emplacement du magasin actuel de M. Duriez*, et l'autel de ce sanctuaire est même indiqué sur le plan en A'', si bien que, d'après ce que nous avons dit plus haut, on peut parfaitement présumer à l'avance que cet autel était celui de Saint-Maurice et qu'il était adossé contre un mur qui se confondait avec le côté sud de

(1) Dom Grenier, man. Cayrol, 2620.

la *tour de César*, ou du moins avec sa direction, car la *tour
de César* était écroulée depuis 1492 : mais on doit penser, à
première vue, qu'un mur ordinaire fut élevé sur la fondation
du côté sud écroulé et qu'on remplaça ainsi par une reconstruction vulgaire, l'église nécessairement plus qu'endommagée
lors du susdit écroulement.

Quant à ce qui a été cité sur la chapelle Saint-Michel, il
ne doit y avoir ici aucune confusion avec ce qui précède. Dom
Berthau écrivait au dix-septième siècle, et quand il parlait du
Grand-Portail qui avait *à l'un de ses côtés la chapelle Saint-
Michel, proche la tour de César* où l'on faisait *le guet*, il a
nécessairement en vue le *portail* ANCIEN contre l'un des côtés
duquel était placée la chapelle Saint-Michel tout-à-fait au-delà
de la *tour de César*. Il y a deux côtés à ce *portail* ANCIEN, en
sorte que la chapelle Saint-Michel pouvait être située à droite
en Q'' ou à gauche en Q'''. Nous sommes porté à croire que l'emplacement était en Q'', vis-à-vis et *proche la tour de César*, et que
cet emplacement était ainsi identique avec le terrain cité plus
haut comme adjugé par arrêt à Saint-Corneille et placé entre
les piliers de l'église de l'abbaye, lequel terrain avait servi
autrefois de cimetière, dit l'arrêt de 1285. Nous sommes aussi
porté à croire que cette chapelle Saint-Michel était attenante,
sur le côté, à la panthière fermée placée *entre la tour de
Saint-Michel et la porte de l'église Notre-Dame*, latérale (1).
Nous retrouverons plus tard ces appréciations.

Cette chapelle de Saint-Michel disparut donc forcément, soit
qu'elle ait été effondrée lors de l'écroulement de la *tour de
César*, soit qu'elle ait été supprimée sans nul doute pour l'é-
rection du NOUVEAU Portail et de l'*atrium* en 1535, et elle a
dû être négligée dans nos appréciations, d'abord comme n'ayant
jamais été adjacente à la *tour de César*, puis comme n'exis-

(Voir page 22).

tant certainement plus depuis 1535 au plus tard. — Il est donc tout naturel de comprendre comment l'autel A", marqué sur le plan de 1654, a seul fixé notre attention pour nous faire penser qu'il devait être l'autel reconstruit de Saint-Maurice et aussi qu'il devait être adossé à *l'emplacement* de l'ancienne face sud de la *tour de César*.

3ᵐᵉ ARTICLE

§ 1. *Visite dans les caves de M. Duriez — Portion de murailles remarquable; souterrain ; probabilité de l'existence d'une portion du côté sud de la* tour de César. *Côtes de nivellement établies pour les points essentiels.*

§ 2. *Visite de la cave de M. Leradde. Baie de la* tour de César. *Certitude à peu près absolue sur la plus grande partie du côté sud.*

§ 3. *Visite dans la cave de M. Prévost. Constatation d'une grande baie dépendant évidemment du côté ouest de la* tour de César. *Doutes entièrement levés.*

§ 1.

Visite dans les caves de M. Duriez. — Portion de murailles remarquable ; souterrain ; probabilité de l'existence d'une portion du côté sud de la TOUR DE CÉSAR. Côtes de nivellement établies pour les points essentiels.

La forte présomption d'une mitoyenneté ancienne *précise*, entre la clôture du magasin Duriez (ancienne église Saint-Maurice) et la *tour de César*, devait dès lors nous porter à visiter ce magasin et surtout ses caves pour rechercher s'il y existait encore, contre toute probabilité, quelques vestiges de cet ancien état des choses.

Une observation attentive desdites caves nous a conduit à

des remarques qui nous ont paru intéressantes et que nous allons résumer ici ; car l'importance qu'il y a à donner une idée aussi nette que possible de cette première base à laquelle se rattachent par degrés successifs tous les développements des deux premiers palais et, à leur suite, de la ville de Compiègne elle-même, nous impose l'obligation d'insister sur le peu de détails *assurés* propres à élucider un peu des questions par elles-mêmes si obscures.

La cave de M. Duriez se compose de deux parties distinctes :

1° Celle YKX'Y' qui correspond *au magasin*, lequel fut autrefois l'église Saint-Maurice, et

2° Celle KU' U'' D'' qui correspond au *bâtiment d'habitation*, lequel fut autrefois une dépendance de l'église Saint-Maurice.

La cave au-dessous du *bâtiment d'habitation* a 6 mètres de largeur dans le sens de la rue des Clochettes : la première partie comprend, *à un étage inférieur*, un petit caveau auquel on accède par un passage K placé dans la cave en dessous du magasin ; ce caveau a principalement de l'intérêt, relativement à la cave qui nous occupe, et dans le plan de laquelle il est placé. Pour ne point scinder l'exposé des éléments principaux de la tour, nous remettrons au quatrième chapitre les détails relatifs à ce caveau.

Le berceau de la cave en dessous *du magasin* est dans le sens de la rue des Clochettes : la voûte retombe sur le pied droit KY qui longe la dite rue ainsi que sur un piédroit parallèle opposé X'Y' : elle se termine contre la cave au-dessous de *l'habitation* par un arceau bouché KX' ; mais une issue est pratiquée dans cette clôture en X'. On descend par là quelques marches et on se trouve sur le sol de la cave au dessous *du magasin* à environ quatre mètres au dessous du sol de la rue des Clochettes. La largeur YK de la cave, dans le sens du berceau et de la rue, est de 6 mètres comme cela a lieu pour la cave au dessous *de l'habitation* ; mais, dans le sens YY' perpendiculaire à la rue, la cave n'a que quatre mètres : il reste ensuite en dehors, sous le magasin, un massif X' Y' D' D'', sans ouverture et sans vuide intérieur apparent. Ce massif a deux mètres d'épaisseur ; il se termine à la limite KX' D'' entre les deux caves au dessous *de l'habitation* et au dessous *du magasin*. Au bout de cette limite X'D'' se rencontre un puits à l'alignement de la rue Saint-Corneille. Ce qui nous engage à mentionner ce puits, c'est qu'il n'est point revêtu intérieurement si ce n'est à trois ou quatre mètres au dessous du sol supérieur. Le reste est taillé grossièrement dans le roc vif.

Il suit de la disposition du berceau de voûte tel que nous l'avons décrit, que le parement YY' du fond de la cave est droit et qu'il correspond au mur supérieur de clôture du magasin, mur qui, avant l'écroulement de 1492, avait constitué le côté sud de la tour de César et contre lequel l'autel A'' de Saint-Maurice était dressé. Les traces de la tour au-dessus du sol actuel ont disparu : en est-il de même en-dessous ?

Or, le parement YY' du fond présente, à un mètre du piédroit longeant la rue et à un mètre de hauteur au dessus du sol de la cave, une baie carrée de fenêtre ayant quarante centimètres de largeur sur soixante centimètres de hauteur, baie dont l'encadrement en pierre est encore garni de sa feuillure. La maçonnerie du parement YY' est un moëllonage relié par une chaine en pierres de taille vers le milieu du dit parement. Ce premier aspect aurait suffi pour appeler l'attention ; mais celle-ci a redoublé par l'annonce d'un caveau inférieur placé dans la cave au coin droit Y' du parement en question. En l'observant par l'ouverture étroite d'une sorte de trappe, on reconnait qu'il s'agit d'une baie en plein cintre pratiquée dans le coin du parement, et on peut y descendre au moyen d'une échelle.

En pénétrant par cette ouverture vis-à-vis de la baie en question, on se trouve en présence d'une entrée de galerie de deux mètres de diamètre sur plus de deux mètres de hauteur, galerie qui se prolonge directement pendant quatre à cinq mètres au bout desquels elle est effondrée et ne laisse plus voir que des décombres mêlés de cran. A l'origine de la galerie, on en trouve une seconde latérale AB, de mêmes dimensions, qui prend de suite sur la gauche. Cette galerie est immédiatement bouchée en CD, et nous en retrouverons le parcours dans la quatrième Division. En ce moment il nous paraît à propos de nous arrêter un peu ici.

D'abord la maçonnerie de ces galeries est appareillée en bonnes pierres de taille et n'a rien de commun avec le moëllonage du parement YY' antérieurement observé : Ensuite, à l'entrée de la galerie et contre le parement dans lequel l'entrée est pratiquée, on distingue une portion de cintre plaquée contre le parement : la construction de cette portion de cintre paraît contemporaine de celle du parement sur lequel elle est en saillie, comme pour indiquer qu'il s'agissait primitivement d'une baie antérieure à la galerie et percée dans un soubassement plus épais que le mur supérieur.

Les détails précédents semblent bien nous prouver que nous sommes là en présence d'une fraction de la face sud extérieure de la *tour de César*, celle contre laquelle s'adossait l'autel de Saint-Maurice. La vieille porte du soubassement apparaît alors comme une ancienne entrée de poterne qui, endommagée plus tard et peut-être supprimée alors, aura été remplacée par un système de galeries souterraines dont nous avons vu l'amorce et dont nous verrons la suite plus tard. Il semble, en ce cas, probable que le soubassement et la vieille porte de poterne étaient primitivement à jour, en supposant le fond du fossé plus profond que le sol actuel de la cave. En surélevant plus tard le fond du fossé en même temps qu'on construisait les galeries, on peut avoir rendu celles-ci souterraines et peut-être secrètes. Au-dessus de ces galeries devait régner, *dans l'intérieur de la tour*, tel que cet intérieur existait du côté attenant à M. Duriez (c'est-à-dire, du côté de la maison Leradde), une pièce éclairée par la fenêtre signalée plus haut. Le fragment qui précède appartiendrait ainsi au plus ancien monument ayant laissé un vestige à Compiègne, puisqu'il date de l'époque Gallo-Romaine.

Pour servir de base à toutes appréciations futures relativement aux parties énumérées ci-dessus, disons ceci :

1° Le seuil du soupirail Duriez (magasin), pris actuellement *rue des Clochettes*, a une côte de.   40^{m}08

2° Le sol de la cave *du magasin* Duriez est à environ 4 mètres plus bas que le seuil ci-dessus ; sa côte est donc de. . . . . 36^{m}08

3° Le sommet du cintre intérieur du souterrain est à 88 centimètres plus bas que le sol de la cave *du magasin* Duriez, soit. . . . . 35^{m}20

4° La hauteur du souterrain est uniformément, en moyenne de 2^{m}20, ce qui offre ainsi, pour le sol du souterrain une côte de. . , ... 33^m •

La première côte à constater, celle de la cave de *l'habitation* Duriez n'est qu'à 2^{m}40 environ du seuil de l'escalier de cave; or le niveau de ce seuil d'escalier est à peu près le même que celui du seuil du soupirail Duriez, soit 40^{m}08 ; on obtiendra donc la côte du sol de cave de l'habitation par la différence 40^{m}08 — 2^{m}40 = 37^{m}68.

A 60 centimètres plus bas, nous trouvons le palier qui précède les quelques marches conduisant à la cave du magasin : ce palier a donc pour côte 37^{m}08.

Enfin ces quelques marches rachètent 1 mètre de hauteur pour atteindre le sol de la cave *du magasin* Duriez à 36^{m}08.

En prenant 0^{m}30 au-dessous du sol de la cave *du magasin*

Duriez nous atteindrons le niveau du caveau Duriez, auquel nous verrons plus loin qu'on accède par le passage K. La côte du caveau est donc de 35ᵐ78.

On conçoit que toutes ces côtes n'ont qu'une précision approximative que nous avons cherché à équilibrer le mieux possible en nous référant aux diverses observations qui seront présentées successivement dans la suite.

§. 2

Visite de la cave de M. Lerrade. Baie de la TOUR DE CÉSAR. Certitude à peu près absolue sur la plus grande partie du côté sud.

Il y avait maintenant à tâcher de confirmer l'application réelle des vestiges précédents, et pour cela nous sommes descendu dans les deux caves voisines : d'abord, la cave du magasin attenant à M. Duriez et longtemps occupée par M. Leradde ; puis la cave de M. Prévost, dont le magasin est mitoyen avec l'établissement du restaurateur Aimé. La clôture séparative de MM. Prévost et Aimé se confond avec le mur du NOUVEAU *portail* de Saint-Corneille. On voit donc que les emplacements de MM. Leradde et Prévost devaient correspondre, en plein, à l'intérieur de la *tour de César*, si nos prévisions étaient justes.

Eh ! bien, les visites en question ont été toutes les deux fructueuses.

Dans la cave de M. Leradde, le mur mitoyen avec la cave du *magasin* Duriez correspond au remarquable parement YY' reconnue chez ce dernier ; mais il est dénaturé, entamé dans la largeur et sert de piédroit à la voute de la cave Leradde qui n'a que 2ᵐ30 à 2ᵐ40 de profondeur. Il faut remarquer que ce piédroit ne règne pas dans toute la profondeur de la cave : il ne correspond qu'au parement YY' ci-dessus rappelé et s'ar-

rête vis-à-vis de l'encoignure Y' d'où part la galerie souterraine décrite chez M. Duriez. A ce point d'arrêt, le fond
droit de la cave Leradde est percé de deux petites voûtes *modernes* dont la gauche est sans issue : on peut s'engager sous
celle de droite qui, en tournant presque de suite à droite, en
Z', permet de descendre, par un petit escalier, dans un assez
long caveau pratiqué dans l'épaisseur du massif Y' X' D'' D'
que nous avons vu être enclavé dans la cave Duriez où ce
massif paraissait *plein*. Mais ce qui est très-remarquable, c'est
que la descente s'opère à travers une courte voûte en plein
cintre de 1^{m}20 de diamètre, et qu'en examinant cette voûte,
on reconnaît avec un sentiment de *certitude*, qu'elle constitue
l'une des baies en plein cintre percées dans la hauteur des pa-
rements de la *tour de César* sur chacune des faces de cette
tour. Cette baie devait ainsi faire partie de *la même façade que
celle dont nous avons reconnu une fraction du parement* YY'
dans la cave du MAGASIN *Duriez*, et, de plus, on voit ici les
deux faces intérieure et extérieure de la baie Z', ainsi que
son épaisseur de 1^{m}25 dans laquelle est pratiqué l'escalier de
descente dans le caveau. Quant à la hauteur de la baie, l'escalier la dissimule ; en jugeant sur la profondeur du caveau,
on l'évaluerait à 2 mètres sous clé, dont 1 mètre au-dessus du
sol de la cave principale.

Voici donc la face Sud de la *tour de César* à peu près retrouvée.

§ 3.

Visite dans la cave de M. Prévost. Constatation d'une grande baie dépendant évidemment du côté Ouest de la TOUR DE CÉSAR. Doutes entièrement levés.

Maintenant descendons dans la cave de M. Prévost. Elle
est encore profonde seulement de 2^{m}30 à 2^{m}40 et est petite,
mais significative. Le piédroit séparatif d'avec M. Leradde n'a

point de caractère et ne pouvait en avoir : mais la terminaison de la cave sur la *rue des Clochettes,* par un parement droit, est très-nette et très-claire : elle se traduit par une première voûte en plein cintre de 2 mètres de diamètre. Cette voûte F^{IV} s'enfonce droit de 1^{m}20 environ, au bout desquels le parement redevient vertical en laissant apercevoir en retraite un nouveau cintre moins évasé. Dans la situation des choses, il devient impossible de ne pas reconnaître ici l'embrasure bien caractérisée d'une grande baie de la *tour de César* percée dans la face Ouest de cette tour, face dont jusques ici nous n'avions pu juger les dimensions exactes, car les portions correspondantes et situées chez MM. Leradde et Duriez étaient engagées d'une manière indéterminée dans les soubassements de la *rue des Clochettes.* La constatation de la baie que nous venons de mentionner montre sans réplique que l'épaisseur du côté de la face Ouest était :

1° de 1^{m}20 d'embrasure ;

2° de l'épaisseur du reste de la baie elle-même où de son jambage extérieur. Il n'est point probable, d'après les dimensions habituelles de ces jambages, que son épaisseur ait excédé 30 centimètres environ, en sorte qu'on doit être dans la vérité presqu'absolue en donnant en tout 1^{m}50 d'épaisseur au côté Ouest dont nous nous occupons en ce moment.

Notez que toute l'épaisseur de cette face Ouest se trouve ainsi engagée sous la *rue des Clochettes,* en avant de M. Prévost et montre avec évidence que la *tour de César* avançait sensiblement sur l'alignement actuel de la *rue des Clochettes,* et qu'elle se trouvait presqu'au niveau de l'alignement des maisons Aimé et Barbare qui font aujourd'hui saillie sur la même rue. Cet alignement fut même celui de la *rue des Clochettes* pendant un certain temps après la construction du NOUVEAU *portail* exécuté en 1535. Il est facile de s'en assurer en voyant le profil des toits incrusté dans le contrefort du nouveau portail qui fait saillie sur la maison Prévost. Nous reparlerons plus tard de cet état de choses dont nous tenons note au moment actuel.

4ᵐᵉ ARTICLE

§ 1. *Fixation approchée de la longueur du coté Sud ; coté Est enfoui ; coté Nord rasé.*

§ 2. *Dimension semblable à peu près pour le côté Ouest; observations essentielles sur la disparition d'une fraction notable de ce côté.*

§ 1.

Fixation approchée de la longueur du côté Sud. Côté Est enfoui. Côté Nord rasé.

Si l'on a suivi attentivement ce que nous venons d'esquisser sur les faces Sud et Ouest de la *tour de César*, on ne doutera point que les vestiges principaux que nous avons signalés ne soient applicables à la dite tour : toutefois ces vestiges isolés sont insuffisants pour fixer avec certitude les dimensions précises de la tour. Ainsi pour le côté Sud qui est le plus complet, sa face *extérieure* YY' visible dans la cave Duriez, s'arrête, vers l'Ouest, au soubassement YK qui borde la *rue des Clochettes*, soubassement dans lequel elle s'enfonce sans limites connues: l'extrémité opposée de la même face, vers l'Est, s'arrête aussi dans l'arrière cave Y'X'D''D' annexée à la cave Leradde, après une distance de 55 centimètres au-delà de la baie Z' dans laquelle nous avons dit qu'un escalier de descente était pratiqué. La suite de la face Sud et extérieure s'enfonce encore alors, sans limite connue, dans le piédroit de la voûte de l'arrière-cave, lequel piédroit est parallèle à l'alignement de la rue Saint-Corneille et est à peu près totalement engagé sous cette rue, jusqu'en F^{VII}. — Quant à la face *intérieure* du même côté Sud qui se dessine dans la cave Leradde, elle se termine visiblement, vers l'Ouest, en F''', au soubassement qui, dans la cave Leradde, borde la *rue des Clochettes* et est placé au même alignement que la face intérieure de la grande baie reconnue dans la cave Prévost. Ce point fixe F''' de terminaison vers l'Ouest, pour la face intérieure du côté Sud, est important, car il permet de mesurer 7^{m}50 entre ledit point F''' et la joue Est Z' de la baie située sur la même face et dans laquelle se trouve un escalier de descente. On peut présumer que le côté Est de la tour commençait immédiatement au-dessus de la joue Est Z' dont nous venons de parler et qui se trouve déjà située à un bon mètre au-delà de l'alignement actuel de la rue Saint-Corneille. En admettant qu'il en est ainsi, il faudrait ajouter aux 7^{m}50 de dimension intérieure l'épaisseur du côté Ouest évalué plus haut 1^{m}50 et celle du côté Est à peu près semblable ; on atteindrait ainsi à une longueur d'environ 10^{m}50 pour la façade extérieure du côté Sud de la tour ; or, cette dimension est un *minimum,* car il est fort possible et il est même très-probable que le côté Est ne commençait pas *juste à l'alignement* de la joue Est Z' de la baie précitée et qu'il y avait à la suite de cette joue un écoinçon suffisant pour dégager intérieurement les abords de la baie. En évaluant cet écoinçon à 50 centimètres, on arriverait à 11 mètres pour la longueur de la façade *extérieure* du côté Sud, si même on ne dépassait pas cette limite, suivant l'étendue de l'écoinçon. Voilà pour le côté Sud.

Le côté Est de la *tour de César* échappe, comme on peut le voir, à toute recherche, car ses débris, s'il s'en trouve, sont désormais enfouis pour toujours sous le sol de la rue Saint-Corneille, à 2 ou 3 mètres de son alignement actuel.

Quant au côté Nord, il n'en peut rien rester puisqu'il a certainement été rasé tout-à-fait pour établir à sa place le mur P'P''P''' du NOUVEAU *portail*.

§ 2.

Dimension semblable à peu près pour le côté Ouest. Observations essentielles sur la disparition d'une fraction notable de ce côté.

Reste le côté Ouest sur lequel nous avons reconnu la grande baie qui existe dans la cave Prévost. Ce côté demande, pour son ensemble, une attention particulière, car il devait certainement se prolonger sous la *rue des Clochettes* et dans l'alignement du bâtiment Prévost jusques au côté nord remplacé depuis par le mur du NOUVEAU *portail*. Cependant, à 30 centimètres au-delà de la grande baie F^{iv}, la cave Prévost finit, terminée par le piédroit F^v F^{vi}. La partie de la maison Prévost située contre le restaurant Aimé, c'est-à-dire contre le mur du NOUVEAU *portail* est assise sur un sol *dépourvu de cave*, en sorte qu'aucun vestige d'un prolongement du côté Ouest ne peut être reconnu dans cet intervalle.

Cette lacune nous a quelque temps arrêté parce que la *tour de César* semblait ainsi se terminer dans la direction F^v F^{vi}, ce qui était inadmissible. Mais il a été facile de réfléchir que la distance de 3 bons mètres entre le piédroit F^v F^{vi} et le mur du NOUVEAU *portail* a dû aussi être entièrement rasée lors de la construction de ce mur, ne fût-ce que pour le service et l'établissement des échafaudages pour une construction d'une telle importance. Rien n'a donc été conservé dans cet intervalle, et lorsqu'après l'érection du NOUVEAU *portail*, on se détermina à bâtir la maison Prévost, l'intervalle en question fût bâti sans cave : seulement pour la salubrité du bâtiment

sans doute, on jeta une voûte grossière sans issue, et au-
dessous de laquelle les décombres et le cran, résultant de la
construction, restèrent gisants. C'est un effet que nous avons
constaté (p. 30) en remarquant que dans la galerie souterraine
prenant naissance dans la cave du *magasin* Duriez, on arrive
au bout de quelques mètres à un effondrement dans la voûte,
après quoi on n'aperçoit au-delà que du cran et des gravois.

Ainsi tout s'explique ici et s'enchaine facilement : comme
d'ailleurs la face Sud est nettement accusée, on peut mesurer
depuis cette face, 11 bons mètres jusques aux 2/3 de l'épaisseur du mur du NOUVEAU *portail*, ce qui est conforme à la
longueur du côté Sud. L'espace de 3 mètres rasé, au-delà du
piédroit F^v F^{vi} de la cave Prévost, appartient, on le voit, à
l'intérieur de la *tour de César*.

IIIe CHAPITRE

FOSSÉS DE LA TOUR ET MOYEN D'ACCÈS

Ier ARTICLE

§ 1. *Détermination du niveau du sol naturel et de la profondeur des fossés*

§ 2. *Indication probable des contrescarpes des fossés Nord, Est et Sud de la* tour de César.

§ 1.

Détermination du niveau du sol naturel et de la profondeur des fossés.

Les détails dans lesquels nous venons d'entrer sur la tour assurent pleinement son assiette et, autant que possible, ses dimensions en plan, nous le pensons ; ils ne préjugent rien toutefois sur l'état des fossés à l'égard desquels il est maintenant nécessaire d'émettre quelques présomptions.

Et d'abord, une remarque importante : nous avons vu dans la cave du *magasin* Duriez que le sol de cette cave devait régner sans doute à peu près avec le haut du soubassement de la *tour de César* et par suite avec le niveau du rez-de-chaussée de cette tour ; puis qu'au dessous nous pouvions présumer qu'une sorte de sous-sol correspondait par une ancienne poterne avec le dehors que nous pensions, dans ce cas, devoir être le fond des fossés (p. 30.)

Si ces prévisions sont fondées, le niveau du rez de-chaussée nous semble, d'une manière sûre, avoir marqué le niveau du sol naturel à l'époque où la tour était en complète activité. Les communications devaient en effet se faire par là de plein pied avec le dehors, soit qu'il y eut un procédé de traversée fixe, soit que cette traversée s'opérât sur un pont mobile, ce que nous allons discuter tout à l'heure. En nous référant aux côtes établies (p. 31) nous voyons de la sorte que le sol naturel, à l'époque Gallo-Romaine, était devant la *tour de César*, à 36^{m}08, et que les fossés de cette tour étaient à 33 mètres pour le sol de leur fond, ce qui leur donnait 3^{m}08 de profondeur.

§ 2.

Indication probable des contrescarpes des fossés Nord, Est et Sud de la TOUR DE CÉSAR.

Maintenant, pour quelques présomptions autorisées sur la largeur des fossés, il est simplement nécessaire de chercher, à bonne distance *uniforme*, s'il se trouve des lignes qu'on puisse juger, avec une forte probabilité, avoir servi d'assiette aux diverses contrescarpes de la *tour de César*, soit que ces contrescarpes aient été, dès le principe, revêtues en pierres, soient qu'elles aient été simplement taillées dans le roc.

Or, regardons d'abord devant nous, en nous plaçant sur le côté nord de la *tour de César* : que voyons-nous à 12 mètres environ de distance ? Nous voyons la ligne Q'' Q''' de l'ANCIEN *portail*, et nous avons dit (p. 22) que cet ancien portail n'était autre chose que le pignon de la chapelle plantée sur le rempart du premier palais. Mais ce rempart ne forme-t-il pas la plus naturelle et la plus vraie des contrescarpes possibles ? En signalant cette ligne, nous fixons par cela même les idées sur la contrescarpe du côté Nord, placée à 12 mètres environ de distance de ce côté.

Passons au côté Est : n'avons-nous pas encore de Q'' en P''' une ligne en retour précédant l'entrée du palais en H^{IV}.

A la suite de ce rempart Q''' P''' se trouvait, sans aucun
doute, du temps du premier palais, une longue levée venant
aboutir en R'. Un gros mur droit qui est marqué sur le plan
de 1654 sur cette direction P''' R' ne laisse ancun doute sur
l'existence antérieure et continue de cette levée qui, lors du
premier palais, séparait les fossés de la *tour de César* d'avec
les fossés du rempart P'ᵛ Pᵛ, fossés spéciaux au palais et sur
lesquels furent bâties plus tard les maisons de la place du
Change. — On peut même remarquer à ce propos, sur le
plan de 1654, que le côté de la levée opposé à la contrescarpe
de la *tour de César* est signalé par le côté Hᵛ Hᵛⁱ d'un long
couloir, côté dont la direction change brusquement parce
qu'elle devient perpendiculaire à la ligne P'ᵛ Pᵛ du rempart
flanqué par le côté Est de la *tour de César*.

Le côté Sud a pour sa contrescarpe une ligne moins tranchée ; mais en prenant une distance de 12 mètres, nous coïn-
cidons avec la clôture de *l'habitation* Duriez U' U'' qui devait
former, primitivement au moins, la limite des dépendances
de l'église Saint-Maurice ; le reste de la ligne est enseveli
depuis nombre de siècles sous la rue Saint-Corneille. Mais la
clôture précédente U' U'' forme déjà une présomption notable.
Nous verrons dans la suite de ce travail combien cette présomption est confirmée par tous les travaux postérieurs exécutés dans ce fossé et limités par cette contrescarpe.

2ᵐᵉ ARTICLE

§ 1. *Difficultés spéciales au côté Ouest.*
§ 2. *Considérations générales sur les portes donnant entrée dans les places fortifiées des Romains.*
§ 3. *Application actuelle au côté Ouest de la tour de César. Existence presque certaine d'une enceinte palissadée remplaçant le fossé; ses dimensions probables ; son entrée latérale ; puits.*

§ 1.

Difficultés spéciales au côté Ouest.

Reste le côté Ouest. Ce côté est beaucoup plus compliqué relativement aux reconnaissances à faire et aux présomptions à établir. Tant de constructions se sont accumulées et superposées dans cet espace qu'il était impossible de se décider sur une hypothèse avant les plus longues réflexions. Notons seulement qu'à première vue, nous trouvons à 12 mètres du côté Ouest, et parallèlement à ce côté, une ligne fortement assise ; c'est la limite NU entre les caves Mennesson et Jourdain, ligne, dont la rencontre avec la contrescarpe précédente U' R' est signalée par la présence d'un puits J fort ancien et fort solide.

Les difficultés qui se sont présentées dans la suite de ces études ont été telles qu'elles ont fini par nous paraître insolubles avec l'hypothèse d'un fossé pour le côté Ouest, hypothèse à laquelle nous nous étions longtemps rattaché. Comme il est inutile de consigner ici de telles indécisions qui se sont reproduites sur d'autres points non moins importants, nous croyons qu'il est plus opportun d'exposer dès l'abord les motifs qui nous ont porté à fixer notre jugement sur le côté Ouest de la *tour de César* et à les appliquer en d'autres circonstances analogues. Ces motifs se rapportent à la nature des défenses militaires, lors de l'époque Gallo-Romaine, soit pour la *tour de César*, soit pour toute autre place fortifiée.

§ 2.

Considérations générales sur les portes donnant entrée dans les places fortifiées des Romains.

Nous sommes tous, en général, portés à juger, légèrement et de prime abord, le passé par le présent, les idées variables des divers siècles par nos idées propres, et, en fait d'art militaire, par exemple, nous considérons souvent les règles militaires anciennes suivant nos habitudes prises de longue date, même en vertu d'études sérieuses. Ainsi, toute place forte a toujours nécessité une enceinte fermée, des fossés et des portes précédées de ponts ou de levées établis sur les fossés pour leur traversée : mais nos pensées accompagnent toujours ces ponts ou levées de *coupures* au droit des portes afin d'y interrompre efficacement le passage à un moment donné ou de le rétablir à volonté en levant ou abaissant des ponts-levis disposés à cet effet, ou tout au moins en préparant des ponts mobiles destinés à être jetés sur ces coupures. C'est là un point de vue élémentaire que nous sommes souvent portés à appliquer aussi bien aux anciens qu'aux modernes ; et pourtant l'introduction régulière des *coupures* comme défense habituelle n'était nullement usitée par les Romains. Les portes de Nismes, d'Arles, de Langres, d'Autun, toutes romaines ou Gallo-Romaines en font foi. Les Francs, devenus vainqueurs, suivirent longtemps les traditions du peuple conquis, et ce n'est qu'à l'avènement de la féodalité pure que chacun fut forcé de s'ingénier pour se défendre, en sorte que l'art militaire, surexcité par les épisodes incessants de luttes à la fois individuelles, locales et universelles, prit une nouvelle face et entra dans la voie des progrès incessants qui l'ont conduit aux résultats actuels. On peut fixer à la déposition de Charles-le-Gros, en 888, le commencement de cette vaste anarchie féodale qui, pendant plus d'un siècle, présida à la chute des Carlovingiens ; mais, en 877, date de l'inauguration de la forteresse de Charles-le-Chauve appliquée au palais de Compiègne, les traditions militaires Romaines étaient encore, pour ainsi dire, intactes ; aussi inspirèrent-elles la construction militaire de cette forteresse et en se reportant à ce que nous dirons ailleurs sur ladite forteresse, on verra que toutes ses portes sans exception, celles de Paris, Pierrefonds, Choisy, Saint-Germain étaient munies de beaux ponts sur fossés, mais sans aucune *coupure*. Les ventaux des portes étaient leur seule défense habituellement double par suite de l'existence d'une seconde porte au bout d'un passage couvert.

Quant au principe général de la défense des places sous les Romains, il consistait dans la défense par les sommets des murs garnis de créneaux et d'archères et le fossé, quand il existait, avait principalement pour but d'empêcher les approches d'une artillerie balistique qui disparut, de fait, à la conquête des Francs, pour ne reparaître que quand la féodalité eut fondé sa propre puissance.

§ 3.

Application actuel'e au côté Ouest de la TOUR DE CÉSAR. Existence presque certaine d'une enceinte palissadée remplaçant le fossé; ses dimensions probables ; son entrée latérale; puits.

Si tout ce qui précède est applicable aux œuvres militaires entreprises par Charles-le-Chauve au neuvième siècle, à plus forte raison l'est-il à ses prédécesseurs agissant aux précédents siècles ; à plus forte raison encore l'est-il à l'époque Gallo-

Romaine dont les traditions seules continuèrent à régner jusques au dizième siècle. Or, la *tour de César* est, sans contredit, de pleine construction romaine et les règles précédentes y étaient certainement observées, c'est-à-dire, que l'entrée principale de la tour devait être accessible directement, mais pourvue de défenses précédant cette entrée, en réservant les fossés pour le reste de l'enceinte où, l'attention étant moins éveillée, les surprises étaient plus faciles.

Nous verrons plus loin combien cette manière de voir se lie avec les modifications successives des constructions postérieures et facilite des explications rationnelles sur certaines parties des souterrains prolongés de la *tour de César* ; en laissant, en face du côté ouest de cette tour, le *terrain tout à fait vierge*, ces explications deviendront toutes naturelles ; sinon les questions à poser nous eussent paru presqu'insolubles.

Tout nous fait donc penser, après mûres réflexions, que la *tour de César* ne fut, à son origine, entourée de fossés suffisamment profonds que sur trois côtés, le Nord, le Sud et l'Est. A l'Ouest, la grande baie de la cave Prévost, abaissée à 1^{m}75 au-dessous de son niveau actuel, se trouvait à la fois au niveau de la cave du *magasin* Duriez et au niveau du sol naturel primitif, ainsi que nous l'avons dit plus haut (p. 30) et ainsi que nous le concevons dans les études topographiques que nous avons esquissées et qu'on pourra consulter plus loin, études qui mettent le sol naturel primitif à 36^{m}08. La grande baie F^{iv} affleurant ainsi le terrain rocheux, devait servir d'entrée principale et être précédée d'une enceinte fortement palissadée U' J Q^v Q'' qui se développait devant les chemins T' et V' conduisant du défrichement de Compiègne à Choisy. Quant aux limites de cette enceinte, nous présumons qu'elle régnait en avant de la baie F^{iv} à une distance de 12 mètres, semblable à celle qui déterminait les trois contrescarpes Nord,

Sud et Est auxquelles l'enceinte palissadée venait se réunir par deux retours U' Y, P'' Q'' perpendiculaires à droite et à gauche. Un revêtement soutenait probablement ainsi à droite comme à gauche le terre-plein dont on vient de parler pour le séparer des fossés creusés à côté et tout autour du reste de la tour jusques au fond de son soubassement, c'est-à-dire à 3^m08 de profondeur.

Il est en outre un point assez remarquable qui se reliera, d'une manière notable, aux études subséquentes ; c'est que l'entrée de l'enceinte palissadée se faisait très-probablement non en face de la grande baie, mais latéralement, à l'angle de l'enceinte, là où se trouvait un puits J creusé avec un certain luxe, et placé sur la ligne représentée par la clôture U N entre MM. Mennesson et Jourdain. Cette entrée latérale devait répondre à un embranchement J R'' du chemin de Compiègne à Choisy qui se détachait de la voie à peu de distance. On peut voir sur le plan combien était rationnelle cette direction qui continuera à prévaloir non-seulement après la première conquête des Francs et leur villa Franque dont nous ne tarderons pas à nous occuper, mais aussi après la construction du premier palais permanent, et de la *Cour-le-Roi* qui lui fut adjointe.

III° CHAPITRE

EXAMEN D'UN CAVEAU PARTICULIER DANS LA CAVE DE M. DURIEZ
PRÉSOMPTION SUR L'INTÉRIEUR PRIMITIF DE LA *tour de César*

ᶜ ARTICLE

§ 1. *Dispositions du caveau de M. Duriez.*

§ 2. *Existence probable d'une fraction de clôture de l'enceinte palissadée dans la cave Duriez. Causes de l'origine de l'alignement du
côté longitudinal de l'église Saint-Corneille. Motifs de l'alignement
du bouchage de la voûte qui fait suite au caveau Duriez.*

§ 3. *Vestiges antiques correspondants au caveau Duriez.*

§ 1.

Dispositions du caveau de M. Duriez.

Pour interrompre le moins possible la suite de nos explications sur les éléments essentiels de la tour, nous avons
omis de parler du caveau Duriez en décrivant les caves de
M. Duriez. Il est essentiel de compléter maintenant ce détail
important.

En effet, en commençant l'examen de ces caves (p. 28)
nous avons dit que la première partie, c'est-à-dire la cave
sous l'habitation, avait un *étage inférieur* en forme de caveau
auquel on accédait uniquement par un passage K donnant dans
la cave au-dessous du *magasin*. Pour aller de cette cave dans
le caveau en question, on doit passer sous une voûte étroite et
en plein cintre qui traverse le massif d'un escalier de cave moderne et aujourd'hui condamné. Il ne faut donc point s'y
tromper : cette voûte étroite est accidentelle ; il n'y a de sé-

rieux que le mur K L placé à la suite du massif d'escalier, lequel mur est percé pour pénétrer dans le caveau. Le berceau de voûte de ce caveau est perpendiculaire à la *rue des Clochettes* : le parement K A' contre cette rue est donc droit : il contient une baie N" profonde d'environ 2 mètres jusques en l' N' et qui se termine sensiblement sous la *rue des Clochettes* actuelle. La voûte se continuait-elle encore au-delà ? c'est probable. Le sol du caveau n'est que de 30 centimètres, à peu près au-dessous du sol de la cave au-dessous *du magasin* : quant à la baie, elle offre 2^m40 de hauteur au-dessus du sol du caveau et plus de 2 mètres d'ouverture. Qu'était-ce que cette baie ? A quelle époque se rapporte-t-elle ? Nous ne serons à même d'émettre des présomptions à cet égard que dans la Division suivante.

§ 2.

Existence probable d'une fraction de clôture palissadée dans la cave Duriez. Causes de l'origine de l'alignement du côté longitudinal de l'église Saint-Corneille. Motifs de l'alignement du bouchage de la voûte qui fait suite au caveau Duriez.

Mais d'après l'existence de la vieille poterne reconnue en avant du souterrain (p. 30) et d'après ce que nous avons dit ci-dessus du retour U'Y de l'enceinte palissadée, n'est-il point probable, de toutes manières, que la cave en-dessous du *magasin* et le caveau sont des anciennes portions de fossé *remblayées* au niveau du sol naturel, que le mur Y K A' considéré jusques au niveau du sol de la cave, représentait le *retour revêtu* de l'enceinte palissadée, lors de la pleine existence du fossé, et qu'*après le remblaiement*, ce revêtement a servi de base au piédroit KY de la cave au-dessous du *magasin* comme à la tête de voûte K A' partant du caveau pour aller dans le sens N" l' N' ? On devra remarquer que ce mur Y K A' est beaucoup plus distant de l'alignement de la *rue des Clochettes* que ne l'est la face *intérieure* du côté Ouest dans les caves Leradde et Prévost. Entre ce mur Y K A' et la susdite face intérieure, il y a une différence de 50 centimètres à 1 mètre et comme le côté Ouest a 1^m50 d'épaisseur (p. 34), il s'ensuit que le mur Y K A' coupe la face Sud de la *tour de César* à plus de 2 mètres de son encoignure. M. Duriez d'ailleurs, en exécutant des travaux, s'est assuré que le parement Y K est loin d'avoir 2 mètres d'épaisseur, et qu'après un mètre au plus il n'y avait plus que de la terre. C'est une probabilité de plus pour que le mur Y K A' coïncide avec le retour d'enceinte palissadée U' Y, et ce retour dès lors devait couper la face Sud de la *tour de César* à plus de 2 mètres de son encoignure Ouest. La même retraite ne se manifestait-elle pas du côté Nord opposé, et cette ligne de revêtement en retraite du côté Nord n'est-elle pas devenue la base fondamentale du côté Q'' Q^{iv} longitudinal de l'église et par suite de l'ordonnance de la place telle qu'elle a subsisté pendant tant de siècles (1) ? Sinon, pourquoi ne serait-ce pas le côté Ouest lui-même de la tour qui aurait été choisi pour donner le ton à l'ordonnance fondamentale que nous verrons plus loin être adoptée par la *Cour-le-Roi* ?

Il est vrai que tandis que le retour P'' Q'', sur le côté Nord, donnait le ton *d'une manière persistante* à l'ordonnance de la *Cour-le-Roi*, le retour Y U' sur le côté sud n'a laissé de traces que la ligne Y K A' servant à la fois de tête de voûte dans le caveau Duriez et de piédroit à la voûte de la cave du *magasin*. Comme nous l'indiquerons plus tard, le motif de cette diffé-

---

(1) Nous ne serions pas étonné que la forte retraite de la palissade en retour, la saillie du puits J en dehors de la palissade latérale et la distance sensible entre le chemin et la palissade de face, ne soient l'indice que la clôture de la *tour de César* était une MACERIA formée par deux rangs de pieux comprenant entre eux une plantation d'épines. Nous en verrons probablement un exemple saillant, dans la subdivision suivante, à Mercière, au sujet du territoire de Compiègne.

rence tient à ce que la *Cour-le-Roi* ayant été conservée par
Charles-le-Chauve, en 877, rien ne fut alors changé aux dé-
limitations *vers le nord de la* TOUR DE CÉSAR. Mais cette tour,
ainsi que ses dépendances, jusques à la rue Jeanne-d'Arc,
ayant été comprise dans la dotation des religieux, la limite des
possessions royales et religieuses fut marquée *vers le sud de
la* TOUR DE CÉSAR par le prolongement extérieur du côté Ouest
de cette tour. Aussi avons-nous vu tout-à-l'heure que la voûte
N'' était *coupée en I' N'*, *à deux bons mètres* de sa tête
de voûte K A'; aussi avons-nous vu encore (p. 34) que
même après la construction du NOUVEAU *portail* de Saint-Corneille, l'alignement de la *rue des Clochettes* était réglé sur le
côté Ouest de la *tour de César*. Le recul sur l'alignement de la
façade actuelle de M. Prévost est moderne.

§ 3.

Vestiges antiques-correspondants au caveau Duriez.

Nous devons remarquer en outre qu'en envisageant le cintre
qui termine la voûte de cave au-dessous *du magasin* Duriez, dans l'intervalle K X', on le trouve bouché par un mur
ayant un caractère spécial d'antiquité; ce mur aboutit contre
la porte d'entrée X' de la cave du magasin à une encoignure L
au-dessus de laquelle on voit naître une portion de cintre
appropriée à la maçonnerie du mur et placée dans un sens
perpendiculaire à ce mur. La clé de voûte de ce cintre devait
être à 3ᵐ50 environ du sol de la cave *du magasin* Duriez, c'est-
à-dire à peu près à 1ᵐ50 au-dessus de la clé de voûte N''
présumée plus haut avoir servi de passage : les axes de ces
deux voûtes devaient être du reste dans le même plan vertical.

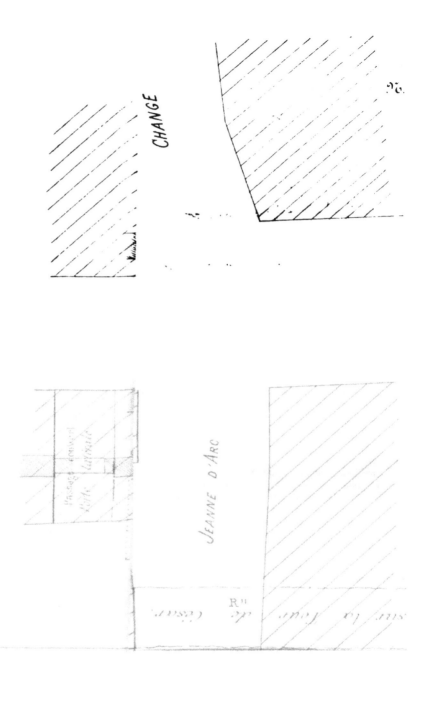

Il faut encore noter ici que, quelles que soient les divisions
et les limites à accepter pour les fossés de la *tour de César*,
les vestiges que nous venons d'énumérer sont *en plein fossé* :
aussi ne semble-t-il pas qu'il soit possible de les adapter à
un moment quelconque de l'existence de la *tour de César*
considérée comme *fort Romain*.

2ᵐᵉ ARTICLE

§ 1. *Vestibule probable à la suite de la grande baie d'entrée.*
§ 2. *Pièce donnant dans le vestibule en face la grande baie.*
§ 3. *Escalier probable longeant le côté Nord.*
§ 4. *Pièce, à droite du vestibule, éclairée par la lucarne Duriez ; autre
pièce dans le fond éclairée par la baie de la cave Leradde.*
§ 5. *Puits de la cave Duriez.*

§ 1.

Vestibule probable à la suite de la grande baie d'entrée.

Les observations utiles sur la *tour de César* étant maintenant développées, il est certaines hypothèses, sur ses dispositions intérieures, qui, même très-hazardées, peuvent présenter quelqu'intérêt, et nous pensons qu'il y a lieu de les produire en examinant l'intérieur de la cave Prévost.

Ainsi le piédroit nord Fᵛ Fᵛᴵᴵ de la cave Prévost commence en Fᵛ contre le côté Ouest de la *tour de César*, à
30 centimètres au-delà de la grande baie Fᴵⱽ. Pendant 2ᵐ50
de parcours, ce piédroit n'a rien de remarquable et est composé par un appareil de pur remplissage qui doit avoir été em-

ployé pour approprier la cave à sa destination actuelle ; mais
à la distance de 2ᵐ50, on observe dans le cintre un arc spécial C'' C''' enclavé tout autour et présentant en certains points
un appareil qui permet de présumer que cet arc a servi de tête
à une porte d'entrée cintrée et spéciale. Dans le haut de la
voûte qui précède le cintre, on aperçoit des traces de voûte
d'arête indiquant qu'il a dû y avoir dans la première partie une
voûte perpendiculaire à la voûte actuelle et qui se prolongeait
plus ou moins à droite et à gauche, surtout vers le côté Nord,
car on ne remarque pas de vestige particulier indiquant une
séparation dans le cintre de la cave Leraddo.

§ 2.

Pièce donnant dans le vestibule en face la grande baie.

Au-delà du cintre C'' C''' qui fait légèrement saillie sur
le remplissage du piédroit Nord de la cave Prévost, l'appareil
change de nature et peut être attribué à une *division intérieure* jadis existante dans la *tour de César*. A 1ᵐ15 se dessine sur le piédroit en Cⁱᵛ une ouverture aujourd'hui bouchée à 80 centimètres de profondeur : cette ouverture étroite,
qui n'a que 55 centimètres de large, descend au-dessous du
sol actuel de la cave. Le cintre de la voûte interrompt sa partie supérieure masquée par un linteau en bois. Après l'ouverture en question, le piédroit reprend pendant 70 centimètres, puis il est tout à coup envahi par un renfort saillant que
l'on a haché pour augmenter l'espace dans la cave. Cette
sorte de pilier, après 70 centimètres de parcours, atteint le fond
de la cave déterminé par le soubassement de la rue Saint-Corneille.

Le soubassement précédent, situé dans la cave Prévost, est

à peu près au même niveau que la façade des petites arcades qui se dessinent au fond de la cave Leradde (p. 33), façade qui répond aussi, à peu près, dans ladite cave Leradde, à l'alignement actuel de la rue Saint-Corneille ; il est facile de s'en assurer en observant le jour des soupiraux qui, dans la cave Prévost, est à 40 centimètres environ du soubassement, et qui est à 40 ou 50 centimètres en arrière des arcades dans la cave Leradde. Quant au côté Est qui ne commence, dans la cave Leradde, qu'après la joue Z' de la baie dans laquelle un escalier est pratiqué, sa direction est toute tracée perpendiculairement au côté Sud, et il en résulte qu'un certain espace, maintenant comblé, était enclavé, dans l'intérieur de la tour, *avant le côté Est* qui, aujourd'hui, a entièrement disparu et est enfoui sous la rue Saint-Corneille.

§ 3.

Escalier probable longeant le côté Nord.

Entre le piédroit Nord $F^v F^{vi}$ de la cave Prévost formant autrefois un mur épais d'environ 1 mètre (à en juger par la profondeur de l'ouverture C^{iv} que ce mur renferme) et le côté Nord épais sans doute de 1^m25 à 1^m50, il devait, on le voit, se trouver un vide formant couloir. Nous ne serions pas étonné que ce vide ait motivé un escalier menant aux étages supérieurs, escalier qui tournant à l'angle Nord-Est de la tour, pour se continuer du côté Est se serait alors appuyé sur les reins du pilier de renfort signalé au bout de la cave Prévost. Un autre escalier parallèle et communiquant au-dessous pouvait ainsi conduire à une pièce du sous-sol inférieur attenant aux galeries souterraines déjà mentionnées et dont il sera question plus loin avec détail.

Si un vestibule régnait en avant du cintre présumé dans la cave Prévost, ce vestibule se serait alors étendu, soit tout le long du côté Ouest, soit plus probablement depuis l'origine de la grande baie F^{iv} jusques au côté Nord : ce vestibule aurait ainsi mené, d'une part à l'escalier ci-dessus décrit, de de l'autre part à la porte cintrée C'' C''' donnant entrée dans la pièce où est le reste de la cave Prévost prolongée jusques au côté Est où était sans doute une baie d'éclairage. Cette pièce devait communiquer elle-même tant avec l'escalier des galeries souterraines qu'avec l'escalier des étages supérieurs. Pour ce dernier la communication était susceptible de s'opérer par l'ouverture de 55 centimètres dans laquelle des marches pouvaient au besoin être placées.

§ 4.

Pièce, à droite du vestibule, éclairée par la lucarne Duriez; autre pièce dans le fond éclairée par la baie de la cave Leradde.

Enfin le même vestibule pouvait fournir une entrée séparée à la pièce représentée par la cave Leradde et ayant un jour distinct par la lucarne donnant dans la cave du magasin Duriez : il pouvait y avoir au fond de cette cave Leradde une seconde partie plus étroite éclairée par la baie aujourd'hui remplie par un escalier ; cette pièce aurait ainsi communiqué à la fois dans la pièce de la cave Leradde et dans la pièce de la cave Prévost.

Il est à noter que, dans la constitution primitive de la *tour de César*, le niveau de ce *rez-de-chaussée* devait correspondre au niveau du soubassement établi de plein pied avec le sol naturel au moyen de l'enceinte palissadée et qu'il se trouva aussi depuis au niveau du sol de la cave du *magasin* Duriez, lequel sol est assis sur un remblaiement de tout le soubassement.... Pour revenir à la *tour de César* primitive, il faut donc abaisser le sol *actuel* des caves Leradde et Prévost au niveau du sol de la cave du magasin Duriez, soit à 36ᵐ08. Comme la côte du sol du magasin Prévost est à peu près de 40ᵐ30 à 40ᵐ40, on voit qu'en tenant compte de l'épaisseur de la voûte de cave, la hauteur du rez-de-chaussée de la *tour de César* était primitivement de 4 mètres, à peu près exactement.

Nous verrons plus loin comment la création de la *Cour-le-Roi* amena la modification du fond des fossés sur l'emplacement de la cave du *magasin* Duriez, puis la construction des souterrains qui n'étaient pas alors *souterrains* proprement dits, et qui représentaient probablement en partie l'entrée *à ciel ouvert* de la *tour de César* dans une petite cour attenant à la *Cour-le-Roi*.

§ 5.

Puits de la cave Duriez.

Nous ne terminerons pas cet exposé sans observer que le puits qui a été mentionné dans la cave de *l'habitation* Duriez (p. 5) semble avoir été creusé par la garnison de la *tour de César*, et pour son usage, en raison de la proximité de la vieille poterne qui faisait communiquer le sous-sol avec le fond des fossés. Comme le puits se trouve aujourd'hui dans la cave de *l'habitation* Duriez et que le sol de cette cave est à environ 1ᵐ60 au-dessus du sol de la cave du *magasin* Duriez (p. 31) qui est lui-même à 3ᵐ08 au-dessus de l'ancien fond du fossé, on voit que, lors de l'exhaussement du fond du fossé jusques au niveau actuel de la cave de *l'habitation* Duriez, on a dû revêtir ce puits dans toute la hauteur remblayée, c'est-à-dire, de 4 à 5 mètres. Ce n'est en effet qu'au-dessous de cette hauteur que le puits est creusé dans le roc vif.

DEUXIÈME SUBDIVISION
Compiègne proprement dit

Ier CHAPITRE

APERÇUS GÉOGRAPHIQUES ET ADMINISTRATIFS

ARTICLE UNIQUE

Des temps Gaulois jusques aux campagnes de César

§ 1. *État géographique de la Gaule en général et des contrées environnant Compiègne en particulier.*

§ 2. *État de la division politique des contrées environnant Compiègne.*

---

§ 1.

État géographique de la Gaule en général et des contrées environnant Compiègne en particulier.

Nous dirons peu de choses de certain dans cette subdivision : cette réserve est commandée à elle seule par l'obscurité qui règne au sujet d'une telle matière sur une foule de points ; néanmoins il nous semble indispensable d'établir ici quelques données qui permettent au moins de ne pas trop fausser les idées premières sur la situation des choses dans nos contrées lors de cette époque Gallo-Romaine à laquelle notre histoire nationale et locale se rattache profondément.

« Avant l'arrivée de César dans les Gaules, dit Carlier, (1),

(1) *Hist. du Val.*, t. I, p. 3, 4.

« et au temps de ses conquêtes, le Parisis et le Laonnais
« étaient aux deux extrémités d'une immense forêt. Il n'y
« avait point d'habitations au centre de ces bois. Les demeures
« des Gaulois étaient distribuées le long des rivières d'Oise,
« d'Aisne et de Marne. C'était, au rapport de César, un
« usage, parmi ces peuples, de placer leurs établissements
« entre un bois et un fleuve.....

« Les Romains, à leur arrivée dans les Gaules, donnèrent
« le nom de Sylvacum à cette longue continuité de forêts...;
« ces bois étaient bordés de quelques bourgades, composées
« de plusieurs chaines de cabanes, couvertes de roseaux et de
« joncs et fermées avec des claies (1). »

On le voit ; rien ne serait plus naturel, à une telle origine
Gauloise, que de placer quelques huttes, sur les deux rives,
au gué de l'Oise qui était situé à Venette (2), puis de concevoir une bourgade à Choisy, « lieu considérable des Ver-
« mandois, dit Dom Grenier (3), situé à l'extrémité de leur
« cité. » Un sentier, du gué de l'Oise à Choisy, s'ensuivrait
déjà logiquement dans les temps les plus primitifs de l'époque
Gauloise.

Toutefois ces questions ne sont pas en réalité aussi simples
qu'elles le semblent en apparence. Carlier s'exagérait beaucoup l'état social des Gaulois, *lors des conquêtes de César*,
et aurait pu singulièrement modifier son opinion ; car César,
dans ses Commentaires (4) et bien des auteurs, même du
siècle dernier, insistent sur la description des mœurs Gauloises
accusant un état de civilisation qui, pour n'être pas avancé,
était néanmoins loin de la barbarie réelle. A la vérité, les
Gaules comprenaient deux divisions distinctes. D'abord *la Cel-*

(1) *Hist. du Val.*, t I, p. 4.
(2) Voir notre note à l'Introduction, p. 2.
(3) Dom Grenier (*Dict. hist.*, art CHOISY, man. Cayrol 2741, p. 453).
(4) *Campagne de J. César dans les Gaules*, par M. de Saulcy, p 5.

tique située au Sud de la Seine, de la Marne et de l'embranchement des Vosges qui aboutit à Mulhouse ; cette partie était habitée par les Gaulois primitifs. Ensuite, la *Gaule-Belgique* située au Nord de la limite précédente et conquise, longtemps avant César, par les Belges (1), peuples d'origine Germaine. Sans doute la partie méridionale de la Gaule Celtique avait profité spécialement, pour sa civilisation relative, de son contact prolongé avec les Romains, qui, depuis 50 ans avant César, avaient réduit cette partie en *province romaine*; mais César, dans ses Commentaires, livre II, ne vante-t-il pas les champs immensément étendus et fertiles des Suessiones (latissimos feracissimosque agros) (2) ? Ne parle-t-il pas maintes fois des chemins Gaulois, voire même de leurs péages (3) ? Une bonne partie des forêts primitives de nos contrées était donc alors défrichée, bien que les défrichements fussent très-loin d'être complets : des chemins nombreux, quoique non perfectionnés, permettaient la circulation et unissaient entr'elles les peuplades distinctes et indépendantes, mais cependant confédérées de fait, plutôt que de droit. Après tant de siècles, des traces de ces routes, avec leurs sections encaissées, se montrent encore aux yeux de l'archéologue attentif, ainsi que cela résulte de bien des travaux modernes parmi lesquels on doit remarquer ceux du savant et infatigable M. Peigné-Delacourt. Un grand nombre de ces chemins, les plus importants, furent distingués par les Romains, et tout en étant presque maintenus par eux dans leurs tracés existants, furent seulement transformés par un bombage empierré à la Romaine, *romanisés*, suivant l'expression consacrée; puis, le temps marchant, des voies nouvelles, qui rectifiaient les tracés, furent placées à côté des anciennes en leur substituant

(1) *Comment Cés.*, l. I, ch. 1.
(2) Peigné-Delacourt. *Rech. sur le pays des Sylvanectes*, p. 6.
(3) Piette. *Itinéraires Gallo-Romains de l'Aisne*, p. 43.

des routes perfectionnées, de diverses classes, directes et dont les plus *solennelles* étaient pourvues de stations avec hôtelleries, bains et théâtres (1). Les vestiges de ces routes semblent encore dominer le temps, par leur solidité, puisque de toutes parts on les retrouve, disparues sans doute des scènes actives de la civilisation moderne, mais étonnant toujours les générations qui se succèdent et fournissant un aliment sans fin aux imaginations les plus fécondes comme aux hommes les plus érudits.

Nous essaierons d'entrer dans quelques détails, au sujet des chemins *Gaulois* de nos contrées, dans la 3ᵉ subdivision : et nous allons tout à l'heure anticiper sur cette étude distincte afin de rendre de suite sensible l'importance du rôle qui fut échu à nos contrées dans les conquêtes de César, et les conséquences presqu'immédiates qui durent s'en déduire. Rien n'est aussi propre à éclairer les origines de notre histoire locale qui se lie de la manière la plus intime avec ces conquêtes, puis trouve là son point de départ pour suivre le courant des grands évènements qui remplirent ensuite le monde en laissant chez nous leur empreinte.

§ 2.

État de la division politique des contrées environnant Compiègne.

Les Romains, à la suite des conquêtes de César, conservèrent, pour cadres secondaires de leur domination, les limites historiquement assez indécises des anciennes peuplades, Gauloises ou Belges, en sorte que, dans nos contrées par exemple, les *Suessionnes* (ou Soissonnais) étaient limitrophes des *Bellovaques* (Beauvaisiens) dont ils étaient séparés par l'Oise,

(1) Peigné-Delacourt. *Rech. sur Noviadunum*, p. 33 et 34.

en aval de l'Aisne, jusques à *Rhuis*, après lequel point les Bellovaques possédaient, sur la rive gauche, une bande de terrain commençant vers *Pontpoint*, et qui leur assurait la navigation de l'Oise. Ils étaient aussi limitrophes des Véromandiens (Saint-Quentinais et Noyonnais) dont ils étaient séparés par l'Aisne coupée par la ligne frontière, aux approches de Soissons (si toutefois le territoire de Soissons n'était pas alors poussé jusques à l'Oise). — L'étendue occupée par ces peuplades se dénommait *Cité* et conserva ce nom sous les Romains, en sorte que les *Cités* devinrent, depuis cette époque Gallo-Romaine, des subdivisions dotées progressivement d'une certaine indépendance administrative, mais enfin des *subdivisions* de grands commandements beaucoup plus étendus.

Le territoire de Compiègne, situé au confluent de l'Oise et de l'Aisne, était ainsi placé à l'extrémité de la *cité des Suessiones*, et séparé de la *cité des Bellovaques* simplement par l'Oise. De son côté, l'Aisne séparait le territoire de Compiègne de la *cité des Véromandiens*.

Aucun nom de *cité* autre que les trois noms ci-dessus n'apparaît, dans l'histoire de nos contrées, comme intercalé entre la *cité des Suessiones* et la *cité des Bellovaques* jusques vers 75, c'est-à-dire vers l'époque de. Vespasien où Pline cite le *peuple des Sylvanectes* (1) dont là *cité* avait Senlis pour capitale. La formation de cette *cité* et le rôle que son territoire a joué, avant sa constitution en *cité*, présente l'un des problèmes archéologiques les moins éclairés : les quelques mots que nous allons dire à ce sujet offriront peut-être des points de vue utiles. En tout cas ces vues sont en rapport avec ce que nous exposerons plus loin relativement aux chemins Gaulois et aux mouvements militaires de César : elles s'accordent aussi convenablement avec les mutations successives de via-

---

(1) Pline. *Hist. nat.*, l. IV, ch. 17. Carlier *Hist. du Valois*, t. I, p. 16, 17

bilité qui se produisirent à la suite de la conquête Romaine
comme à la suite de la conquête des Francs.

Tout nous porte donc à croire que les rives de l'Oise, en
aval de l'Aisne, étaient bien, comme nous l'avons dit, lors de la
conquête de César, la limite primitive et précise des Suessiones
et des Bellovaques jusques à *Rhuis*, et que, malgré la petite
bande de terrain possédée sur la rive gauche par les Bellovaques,
les défrichements ne s'étendaient nullement, à l'époque en
question, sur cette rive gauche de l'Oise qui n'appartenait
au peuple des Bellovaques que dans une faible profondeur.
Nous regardons comme à peu près certain, par conséquent,
que cette rive gauche de l'Oise était alors boisée du côté de
Senlis aussi bien qu'elle l'était et *qu'elle continua de l'être*
du côté de Compiègne où la culture ne prit un peu d'extension sur le territoire même de Compiègne que sous CHARLE-
MAGNE. Toute cette rive gauche de l'Oise, de Compiègne à
Précy et au-delà, devait, nous le répétons, être boisée, sauf
diverses éclaircies intérieures probables (2), et présenter de
puissants massifs consacrés par dessus tout à la chasse qui
était une base essentielle de l'alimentation des Belges. Les
Suessiones appréciaient principalement la richesse agricole de
la rive droite de l'Aisne : il nous semble qu'ils n'avaient
mis en culture, à l'époque susdite, qu'une zône assez restreinte sur la rive gauche de cette rivière ; et, notamment si
l'on se place en face et sur la gauche de Soissons, ils paraissent n'avoir poussé, de ce côté leurs défrichements, que jusqu'à
hauteur de Palesne et de la Haie-l'Abbesse, en limitant ces défrichements à droite et à gauche par les forêts de Cuise et de
Villers-Cotterêts qui formaient là comme elles le forment encore, en partie, un véritable fer à cheval.

(2) L'une de ces éclaircies, avec Vez pour centre, ne contenait-elle pas le
petit peuple des *Vadicassii*, cité par Ptolemée, et qui aurait donné son nom
au Valois? c'est assez le sentiment de Valknaër (*Géogr. des Gaules*, t. II,
p. 270.)

C'est dans cette position des choses que la création d'une grande artère, entre Marseille et Boulogne, fut résolue sous Auguste, successeur de César, et que son exécution fut de suite commencée : sans doute alors, en mettant en balance la fécondité des terres Soissonnaises, le degré d'utilité des chasses et d'autres considérations au moins aussi importantes pour des conquérants colonisateurs, on se décida pour la grande artère, au choix du tracé *par les plateaux*, c'est-à-dire par Soissons, Champlieu, Senlis, Beauvais et Amiens, à travers le massif boisé que nous avons signalé et qui, jusques alors, n'avait dû être traversé que par une où plusieurs voies plus qu'insuffisantes et difficilement praticables.

S'il en est ainsi, il est fort probable qu'on aura confié le défrichement de la partie des forêts ci-dessus indiquées qui était comprise entre Verberie et Précy, un peu peut-être aux indigènes assez nombreux placés dans les éclaircies, quoique, après la victoire, on n'en tint plus guère compte que pour les décimer, mais surtout à des colonies militaires, image naissante de ces colonies de Lètes dont l'importance s'accrut de plus en plus à la fin de la domination Gallo-Romaine et hâta sa ruine. Ce pourrait être alors en récompense des succès de leur œuvre, qu'on aurait fondé *Augustomagus* (Senlis) et détaché de la *cité de Soissons* un canton jusques alors presque improductif pour lui faire prendre rang comme *nouvelle cité*, malgré sa modeste étendue, en lui donnant le nom bien justifié de *cité des Sylvanectes*. On avait ainsi obtenu des habitants dévoués au lieu de tribus inabordables et hostiles.

Disons ici que l'état de la contrée, vue du côté de Senlis, se prête à cet ordre d'idées. C'est en effet encore une sorte de très-vaste fer à cheval qui se dessine de ce côté sur l'ensemble de la carte de Cassini ou de l'État-Major, mais en sens inverse du précédent ; il va de Verberie à Morienval, Villers-Cotterêts, Ormoy, Chantilly et Précy : et il n'est séparé

de l'autre fer à cheval, entre Morienval et Palesne, que par
cette étroite bande de forêt qui contient *l'Allée du Faite*.
Une aussi grande étendue de terres mises en culture de suite,
ne put l'être sans laisser d'ailleurs de nombreuses parcelles
boisées plus ou moins importantes et qui ne furent enlevées
ou amoindries que sous l'action progressive du temps. Le bois
du Tillet, près Crépy et la forêt de Halatte sont les plus considérables de ces parcelles. On peut penser aussi qu'une telle
opération, qui se continua sans doute au-delà de Précy,
dut demander un laps de temps notable avant d'être accomplie,
ce qui explique le retard inévitable mis à la constitution de
cette *cité des Sylvanectes*.

Quoiqu'il en soit, la zone de la grande artère Romaine nouvelle ne s'étendit que jusques à la bordure de forêt qui longe
la vallée d'Automne, contre Verberie (1), et permit de laisser
intacte pour la chasse toute la grande forêt de Cuise. Comme
d'ailleurs la rive gauche de l'Aisne n'avait point subi de
mutation dans ce grand travail, le territoire de Compiègne
n'en dut subir, non plus, aucune et rester fixé dans la
cité de Soissons d'où il est à observer qu'il ne bougea plus
depuis cette époque, ni par conséquent depuis l'origine :
car le territoire de Compiègne, placé sur la rive gauche de
l'Oise et de l'Aisne, n'a jamais cessé, *jusques en 1789*, de
faire partie du *diocèse de Soissons* : or, depuis la reconstitu-
tion des cités sous Honorius, vers 400 (2), le mot *cité* a
toujours été synonyme de *diocèse*, si bien que les divisions
des *diocèses*, ayant survécu à la chute du pouvoir romain, elles
se retrouvèrent, encore à peu de choses près, les mêmes

(1) Jusqu'en 1789, Verberie dépendait du *diocèse de Soissons*, synonyme
comme il sera dit tout à-l'heure de la *cité de Soissons*.
(2) Sous Tibère, le nombre des *cités* était de 64 ; sous Honorius, leur nombre
montait à 115. *(Dict. hist. des Fr.*, t. II, p. 490).
(3) *Hist. du Val.*, t. I, p. 30.

avant 1789 (3), et pouvaient singulièrement aider les archéologues à étudier dans les détails la division administrative des
cités.

Du reste l'Oise, depuis son confluent avec l'Aisne, traçait
la limite, avant 1789, entre le *diocèse de Beauvais* et le
diocèse de Soissons, ce qui s'accordait bien avec ce fait que
vis-à-vis le territoire de Compiègne, la rive droite de l'Oise,
sous l'époque Gallo-Romaine, dépendait de la *cité de Beauvais*.

II° CHAPITRE

RÉSUMÉ ANTICIPÉ DES PRINCIPAUX CHEMINS GAULOIS EXISTANTS DANS LES CONTRÉES AVOISINANT COMPIÈGNE LORS DES CAMPAGNES DE CÉSAR

1er ARTICLE

Conditions générales de la viabilité Gauloise dans les contrées avoisinant Compiègne

Nous croyons devoir maintenant placer ici le résumé dont nous avons parlé plus haut relativement aux chemins Gaulois principaux tels qu'ils devaient exister dans nos pays quand commencèrent les conquêtes de César, afin de pouvoir éclaircir la situation politique et militaire d'alors pour les contrées dont nous nous occupons et en déduire la valeur attachée par César au nom de *Compendium* fixé, dès ce moment, nous le pensons, par le grand capitaine (1) à la rive gauche de l'Oise attenant au gué de ladite rivière placé entre Venette et cette rive, nom d'autant plus remarquable, historiquement parlant, pour le point en question, que la haute importance, attribuée à ce lieu, fut fugitive, et que les grandes voies qui, plus tard, furent établies en *raccourci* (sous le titre d'*Iter per compendium*), le furent en dehors du même lieu nommé *Compendium*, lieu dont l'étiquette, pour ainsi parler, semble alors être, non un effet sans cause, mais une cause problématique sans effet connu. Etablissons notre résumé.

---

(1) On verra plus loin (chap. III) que l'appellation ci-dessus et la construction de la *Tour de César* nous semblent dues à J. César.

5

Nous avons mentionné l'existence des trois peuples juxta-posés contre le territoire de Compiègne, à savoir les *Suessiones*, les *Bellovaques* et les *Véromandiens* ; au-dessous des Sues-siones, et à une distance peu considérable de Soissons se trouvaient les limites de la peuplade importante des *Rémois :* à l'opposé, c'est-à-dire, au-dessus des *Bellovaques* et des *Véromandiens,* commençaient les terres du peuple Belge dis-tinct des *Ambiani*.

Soissons étant placé contre les Rémois, et en avant d'eux, devait :

1° Servir de trait d'union avec la peuplade la plus éloignée, celle des *Ambiani,* en offrant une communication suffisam-ment rapide avec leur capitale Amiens (*Samarobriva*), puis d'autres communications avec la même capitale, moins rapides, mais succeptibles d'amener d'autres conséquences essentielles à faire remarquer.

2° Offrir encore une autre communication rapide avec la capitale des Bellovaques, c'est-à-dire, Beauvais (plus tard *Cesaromagus*), avec adjonction à cette ligne, d'autres commu-nications également essentielles.

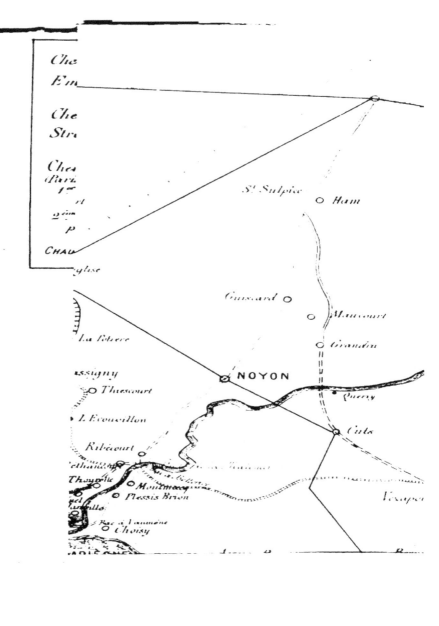

Che
Em

Che
Str

Ches
Part
  1
2em
  P
CHAU

glise

St Sulpice   ○ Ham

Guiscard ○

○   Mancourt

○ Grandru

assigny

La Potiere

○ Thiescourt

NOYON

Querry

L Ecouvillon

Ribécourt

Cuts

Thourotte

Vesperr

Montmacq

Plessis Brion

Pac a l aumône

Choisy

2ᵐᵉ ARTICLE

Double chemin de Soissons à Amiens. Double chemin de Flandre au carrefour des Sept-Voies

§ 1. *Chemin raccourci de Soissons à Amiens par le chemin de Barbarie* romanisé *depuis lors.* Embranchements.

§ 2. *Chemin de Soissons à Amiens par Senlis se bifurquant sur Beauvais et Clermont. Allée du Faîte.*

§ 3. *Chemin gaulois de la Flandre occidentale. Ses affluents sur Paris* (Lutetia) *et sur Meaux* (Jativum).

§ 4. *Chemin gaulois de la Flandre orientale. Sa traversée du Ganelon par Coudun.*

§ 5. *Carrefour des Sept-Voies. Réunion aux Sept-Voies, pour les deux chemins de Flandre, des chemins venant de Clermont et de Beauvais d'une part, puis de Saint-Just de l'autre.*

§ 1.

Chemin raccourci de Soissons à Amiens par le Chemin de Barbarie, ROMANISÉ depuis lors. Embranchements.

Passons à la première condition.

Or, si on mène une ligne droite entre Soissons et Amiens, celle-ci passe à peu près juste par Noyon et Roye. Aussi fut-ce la ligne adoptée quand, plus tard, les Romains créèrent une chaussée romaine perfectionnée, un *raccourci*, un *iter per compendium*. Mais les peuplades Gauloises, quand elles étaient libres, livrées par conséquent à elles-mêmes, devaient préférer une voie plus rapprochée de la frontière des Bellovaques afin de mieux desservir ceux-ci.

Le chemin adopté par ces peuplades, était dénommé par les Romains, *Chemin de la Barbarie*, par cela seul qu'il était l'œuvre des Gaulois considérés par eux comme Barbares ; il a

été très-bien observé et mis en relief par M. Peigné-Delacourt
dans ses *Recherches sur Noviodunum* (1). Ce chemin part de
Laffaux, situé à droite et au-dessus de Soissons. A ce point il
se bifurque pour monter d'une part sur le Nord, puis descendre d'autre part dans la direction de l'Est. Dans sa montée
vers le Nord, il court parallèlement à l'Aisne jusques à l'Oise
qu'il atteint à *Bairi* où il la traversait au moyen d'un bac,
nommé aujourd'hui le *bac à Bellerive*.

Avant d'aller plus loin, observons que cette artère Gauloise
ne passait point par Soissons qui s'y reliait par une ligne
oblique se dirigeant vers *Cuts* par *Epagny ;* cette ligne coupait le chemin de Barbarie vers le point dit le *champ des Lates*
dont le nom se rapporte aux Lètes, colons dont nous parlerons
plus loin et pris par les Romains chez les Barbares pour remplacer la population détruite (2).

Le chemin de Barbarie prolongé au-delà de l'Oise, ne tar-
dait pas à gagner *Béthancourt* et, après diverses sinuosités
dans les montagnes de ces parages, il arrivait au hameau de
l'*Ecouvillon*, près de *Thiescourt*....

De *l'Ecouvillon* le chemin descendait à Thiescourt ; de là
il remontait par *Lassigny* et *la Potière*, puis arrivait à *Royglise,*
au-dessous de *Roye*. Ici il devait suivre à peu près juste la
direction d'Amiens. — Tel paraît avoir été le chemin *raccourci* qui existait, chez les *Gaulois,* entre Soissons et Amiens,
avant la conquête Romaine : ce chemin est aussi celui qui,
aussitôt la conquête, fut employé par le vulgaire, Romains et
Gaulois, et qui, pour le bon service des communications
susdites, fut *alors* ROMANISÉ (p. 58).

Après avoir montré la communication Gauloise de Soissons
avec Amiens par le *raccourci* de *Royglise,* nous pouvons aug-

(1) *Recherches sur Noviodunum*, p. 15 et suivantes.
(2) *Recherches sur Noviodunum*, p. 19.

menter ce réseau en disant que M. Peigné-Delacourt (1) a reconnu qu'un rameau du chemin ROMANISÉ de *Royglise* se détachait vers *l'Ecouvillon*, descendait par le *Plessier de Margny* à *Ressons-sur-Matz* et, continuant par *Lataulle* et *Belloi* allait vers *Vendeuil*, s'y réunissant, sans aucun doute, aux chemins Gaulois arrivant de Beauvais ou de Clermont, et qui devaient alors, de diverses parts, converger sur Amiens.

C'est vers *Vendeuil*, ou, peut être, à peu de distance, vers Grattepanse-lès-Ferrières (2) que la plupart des archéologues placent BRATUSPANCE, le refuge fortifié, autrement dit l'OP-PIDUM suprême, où les Bellovaques se réfugièrent à la suite de leur première déroute par César.

Il nous paraît hors de doute que, au débouché du *bac à Bellerive*, ce réseau devait être complété par un détachement sur le *chemin de Barbarie* d'une ligne de chemins *romanisés* allant par Ribécourt, Noyon et les environs de Ham à VER-MAND, ancienne capitale *Gauloise* des Véromandiens, à en-viron 15 kilomètres à l'Ouest de Saint-Quentin qui, après la conquête, devint, lui, la capitale Gallo-Romaine officielle. M. Peigné-Delacourt signale, sur sa carte, un tel embranche-ment (3) comme *chemin simple;* la même carte en signale un autre *romanisé* partant de Soissons, allant par CUTS passer l'Oise près de Quierzy, et de là gagner VERMAND par *Grandrû* et les environs de Ham. Ces deux chemins *romanisés* égale-ment utiles devaient exister simultanément.

---

(1) *Recherches sur Noviodunum*, p. 24 (Peigné-D.).
(2) Supplément aux *Recherches sur Noviodunum*, p. 6 (Peigné-D.).
(3) Carte des *Recherches sur Noviodunum*.

§ 2.

Le moyen raccourci de jonction qui précède, entre Soissons et Amiens, n'était point le seul dont les Gallo-Belges se fussent ménagé l'usage. Une autre ligne beaucoup plus longue et de plus difficilement praticable traversait une étendue considérable de terrain moins richement développé. Cette ligne permettait encore de gagner Amiens en passant dans le massif boisé que nous avons dit être interposé alors entre Soissons et la rive gauche de l'Oise. Quand on était parvenu à cette rive appartenant aux Bellovaques depuis *Pontpoint* (1) la traversée de l'Oise se faisait au moyen de bacs, et au-delà on arrivait à Clermont et Beauvais d'abord, puis à Amiens, en passant probablement par *Vendeuil* où la plupart des archéologues placent BRATUSPANCE dernier refuge dont on a déjà parlé tout à l'heure.

Les traces d'un passé aussi lointain sont bien plus difficiles à démêler dans le massif boisé qu'ailleurs, tant la face du pays y a été bouleversée depuis le régime Gaulois et à la suite de l'inauguration de la domination romaine signalée par le défrichement des forêts sur le sol desquelles fut constituée la *Cité des Sylvanectes*, comme nous l'avons plus haut exposé. Aussi, dans ce massif boisé, nous éviterons en général la recherche de méandres intérieurs impossibles à retrouver avec quelque sûreté et nous nous contenterons d'établir les présomptions claires dont les conséquences nous sembleront importantes et en même temps sinon certaines, au moins très-probables.

(1) *Rhuis* était le lieu des *Suessiones* qui se trouvait à la *frontière des Bellovaques* dont le territoire commençait à *Pontpoint* (p. 60).

Et d'abord, dans le long espace des rives de l'Oise, compris entre Verberie et Précy, trois points nous paraissent à signaler : *Rhuis* (ou *Pontpoint*), *Pont-Sainte-Maxence* et *Creil*. Ces points sont les lieux de passage de l'Oise qui peuvent être envisagés en cette circonstance ; mais avant d'examiner les conditions propres aux passages qui s'y opéraient ainsi, il faut d'abord voir sinon le détail des trajets qui conduisaient aux lieux ci-dessus, au moins l'origine de ces trajets et la manière dont ils se dessinaient à la sortie de Soissons.

Ici c'est entièrement à l'obligeance de M. Peigné—Delacourt que nous devons d'avoir vu un peu clair de ce côté dans la viabilité Gauloise qui nous paraît d'autant plus intéressante qu'elle se rattache d'une manière toute intime aux bases essentielles des origines de Compiègne et de l'appellation qui lui fut dès lors appliquée.

Les vues de M. Peigné-Delacourt ont pris leur source dans un travail qui doit être incessamment publié sur les chasses auxquelles se livraient d'abord les Gaulois, puis les Romains, puis enfin les Rois Francs de la 1re, de la 2e et aussi de la 3e race, dans les forêts dont les restes couvrent encore une portion importante de notre sol.

L'un des lieux les plus recherchés pour les grandes chasses organisées se dessinait tout le long de l'*Allée du Faite* dont nous avons déjà parlé et qui doit son nom à cette circonstance que, sur tout son parcours, elle suit la ligne de séparation des eaux entre la vallée de l'Aisne et la vallée de l'Oise. En suivant *cette Allée du Faite* de bout en bout, parallèlement à l'Aisne, depuis le point où elle quitte la forêt de Compiègne, au haut de la montée de Saint-Nicolas-de-Courson, jusques au point où, à la croisée des routes de Longpont et de Villers-Cotterêts, elle s'incline pour joindre Soissons, par une ligne oblique à l'Aisne, une série d'enceintes savamment disposées, recevaient successivement des masses de gibier conduites dans ces filets par des rabatteurs dont les mailles serrées assuraient le succès. Aussi cette allée avait-elle été *romanisée* avec soin et offrait-elle en tout temps un parcours facile.

M. Peigné-Delacourt n'eut pas de peine à reconnaître que la section oblique à l'Aisne depuis Soissons, réunie à *l'Allée du Faîte*, formait la première partie d'un chemin dirigé à travers la forêt de Compiègne en descendant de la hauteur du faîte par Saint-Nicolas-de-Courson. Bornons-nous d'abord à cette première partie. — L'extrémité de cette *Allée du Faîte* vers la hauteur de Saint-Nicolas-de-Courson se soude, non loin de Morienval, au chemin de la Haie-de-Damart dont le nom révèle la nature primitive et qui ne tarde pas à conduire dans la vallée de Gilocourt et au-delà. A l'extrémité opposée de l'*Allée du Faîte*, les grands travaux des routes de Soissons à Villers-Cotterêts et à Longpont ont fait disparaître de ce côté les soudures de cette *Allée du Faîte* avec les chemins Gaulois ; mais immanquablement ces chemins descendaient à la position de Crépy, puis menaient à l'*oppidum de Senlis* vers Villevert, un peu au-dessous de la position actuelle de la ville (1).

Qu'il nous suffise de montrer l'origine de telles soudures faites aux deux extrémités de l'*Allée du Faîte* sans essayer de suivre le parcours des lignes à leur suite. Disons seulement que de l'*oppidum de Senlis* partaient *deux chemins Gaulois* (2) l'un, de Senlis à un point un peu au-dessous de Creil ; l'autre, encore de Senlis à un point au-dessous de Pont, vis-à-vis Brenouille. Ces passages Gaulois de *Pont-Sainte-Maxence* et de *Creil* ont été moins scrutés par nous en raison de leur rapport bien plus indirect avec notre his-

(1) Peigné-Delacourt. *Recherches dans le pays des Sylvanectes*, p. 15.
(2) Carte des *Études sur la campagne de César contre les Bellovaques* par M. Peigné-Delacourt.

toire locale. Les chemins ci-dessus, continués de Beauvais et Clermont sur Amiens, complétaient le prolongement des chemins tracés depuis Soissons, vers l'*oppidum* reconnu *près de Senlis*, à travers les massifs boisés qui remplissaient alors la rive gauche, sauf quelques éclaircies.

Nous n'avons point, nous le répétons, essayé même de sonder ces questions de chemins *Gaulois* se continuant sur Amiens au-delà des positions de Clermont et de Beauvais.

Y avait-il, à partir de chacun de ces points, deux lignes distinctes convergeant sur Amiens ?

N'y en avait-il qu'une produite par la concentration vers *Vendeuil* des deux lignes de Beauvais et Clermont se réunissant en outre avec le chemin *romanisé* reconnu plus haut comme venant de *Ressons* ....?

Cet embranchement de *Ressons* ne se réunissait-il pas seulement vers *Vendeuil* au chemin de Clermont sur Amiens en laissant à Beauvais sa ligne séparée et distincte ?

Nous posons ces questions non point pour émettre à leur égard même une simple présomption, mais bien seulement une *possibilité vague* qui nous a porté à tracer sur la carte un simple pointillé.

Ce pointillé indiquera toujours sur cette carte les tracés non étudiés.

§ 3.

Chemin gaulois de la Flandre occidentale. Ses affluents sur Paris (Lutetia) et sur Meaux (Jativum).

Quant à *Rhuis* (ou *Pontpoint)* un chemin devait sans doute descendre de Gilocourt dans cette direction : mais nous nous réservons surtout d'indiquer les affluents présumés de ce ·

passage très-important en traitant ci-dessous des *directions principales* que devait entraîner la traversée de l'Oise sur ce point.

Rhuis est semé de tels indices d'un établissement Gaulois important, qu'il n'y a pas là à se tromper et que sur les trois points précédents, celui-ci peut être hardiment désigné comme ayant été, à coup sûr, sous la période Gauloise (1), le lieu, ou au moins le voisinage très-rapproché, d'un passage de rivière certain. Il s'agissait alors de bacs suppléant aux gués devant exister dans les basses eaux sur un fond doux de sables mouvants qui se rencontrent dans tous ces parages (2).

En raison même de ce passage placé à la frontière du territoire entre les Suessiones et les Bellovaques tel qu'il était délimité sur la rive gauche de l'Oise, la configuration naturelle de Rhuis dut y amener la formation d'un *oppidum* Gaulois dont M. Peigné-Delacourt a indiqué les vestiges à peu près certains, dans ses *Recherches sur les Sylvanectes* (3). L'emplacement de Rhuis et de son *oppidum* était situé sur le *diocèse de Soissons*, à la limite du *diocèse de Beauvais* (4) auquel appartenaient le *vallon de Roberval* et le *vallon de Pontpoint*, marque évidente de la situation de l'*oppidum* de Rhuis à la frontière même des deux peuplades.

Nous appelons tout particulièrement l'attention sur ce passage de l'Oise à *Rhuis* (ou *Pontpoint*) non-seulement parce qu'il prend sa source avec certitude à la période Gauloise, mais surtout parce que le chemin principal, auquel il se rattachait, dût continuer à être en activité pendant la période Gallo-Romaine, puis parce qu'il dût encore servir à la circulation pendant la période du moyen âge *en jouant un rôle*

(1) Graves. *Statistique du canton de Pont-St-Maxence*, art. Rhuis, p. 86.
(2) Ibidem, p. 5.
(3) Peigné-Delacourt *Recherches sur le pays des Sylvanectes*, p. 10.
(4) Ibidem, p. 11.

essentiel dans l'histoire de Compiègne à la viabilité duquel ce chemin principal présida, pour ainsi dire ; car il dût donner naissance à ce *carrefour des Sept-Voies* qui formait le nœud des grandes communications extérieures annexées à Compiègne, tant que le pont entre *Venette* et le *bourg de Compiègne* resta fixé à sa position primitive à la suite de la *rue du Moulin de Venette*.

La direction du chemin traversant l'Oise à *Pontpoint* tout près de l'*oppidum* de Rhuis doit donc d'abord être soigneusement examinée : or, si nous envisageons la position de *Pontpoint* relativement au passage qui s'y opérait ainsi, ne trouvons-nous pas que la position d'ensemble qui y était suivie par le chemin Gaulois nous est révélée : d'abord par les vestiges de la direction donnée à la voie Gallo-Romaine qui, partant de Senlis, se dirigeait entre *Saint-Gervais* et *Pontpoint*, lequel chemin, d'après la tradition (1), passait ensuite l'Oise sur le pont de la Joncquoi placé au rû de Nancy et *à la suite duquel on a reconnu la voie Romaine* à un mètre au-dessous de la tourbe dans les marais de Chevrières (2) ?

Ici nous donnerons un supplément d'indications qui, pour être purement d'observations de précision, peut néanmoins avoir son degré d'utilité. Que de Senlis, et sur la carte de l'Etat-major, on trace, par le rû de Nancy, une ligne droite, puis qu'on prolonge au loin sur la carte cette ligne droite, en avant comme en arrière.... non-seulement cette ligne droite épouse la voie de Senlis à Pontpoint ; mais son prolongement, au-delà de l'Oise, passe à *Chevrières*, rase CANLY, et arrive avec une précision mathématique à la *ferme des Sept-Voies* ; si on regarde au prolongement en arrière de Senlis, on voit

---

(1) Graves. *Notice archéologique du département de l'Oise* (Senlis à Pontpoint).
(2) Ibidem.

qu'il se confond avec la route de Paris jusques à Pontarmé
où existait une chaussée Romaine; l'ensemble du reste de la
route, jusques à Paris, dévie peu du reste de la même ligne
droite.

Assurément il y a dans la précision mathématique des
directions ci-dessus *jusques aux Sept-Voies*, plus que du
hazard. En étudiant, en effet, dans cet ordre d'idées, les cartes
de l'Etat-major, nous suivons parfaitement la ligne indiquée
depuis le rû de Nancy jusques à la *ferme des Sept-Voies* ;
seulement, à partir de ce point, si la direction se continuait
droite, elle marcherait à travers champs sans rencontrer de
route tracée. Si, au contraire, tout en maintenant la direction en ligne droite, on incline un peu cette ligne à gauche,
à partir des Sept-Voies comme sommet de l'angle, elle gagne
alors *Roye* par *Baugy, Marquéglise, Ressons, Roye-sur-Matz,
Canny-sur-Matz* et *Crapeaumesnil*. Cette direction paraît
d'autant plus assurée que les restes d'une chaussée Romaine
se retrouvent d'une manière tranchée entre *Ressons* et *Roye-
sur-Matz* où *la route départementale est assise sur cette
chaussée* qu'on retrouve encore à *Canny-sur-Matz* (1), puis à
Crapeaumesnil de façon à avoir déterminé un pointillé continu,
de *Crapeaumesnil* à *Roye*, sur la carte de Cassini.

Certes nous sommes loin de contester la direction de
Senlis sur Bavai qu'indique timidement M. Graves dans sa
Notice archéologique du département de l'Oise où il se montre
étonné lui-même de ne point trouver de traces de la construction de la chaussée de Pontpoint au-delà de la Croix-de-
Rieul, dans la forêt de Halatte (art. Senlis à Pontpoint). Loin
de contester une telle direction, nous croyons même que cette
chaussée de *Senlis à Bavai* par *Pont*, fut exécutée dans les
conditions que fait entrevoir M. Graves qui, après avoir suivi

(1) Graves. *Notice archéologique de l'Oise* (Senlis à Bavai).

la dite chaussée jusques à la Croix-de-Rieul, y montre sa
déviation vers Pont où elle passe l'Oise. Arrivée à *Longueau*,
il croit la voir prendre la direction de Bavai, passer à *Estrées*,
à *Gournay*, et là M. Graves fait continuer la chaussée par
Ressons et *Crapeaumesnil* sur *Roye* et *Bavai*.

Mais la construction nécessairement tardive de cette voie
militaire, utile surtout aux services officiels des Romains,
n'indique nullement que la route de Flandres, menant chez
les Nerviens *vers* Bavai (1), n'existait pas bien antérieurement
près de l'oppidum de Rhuis, *pendant la période Gauloise*, et
qu'après la conquête, on ne commença pas par *romaniser*
cette route pour la rendre facilement praticable au *vulgaire*,
Romains et Gaulois, ainsi que cela fut fait pour le *chemin de
Barbarie*. Seulement, comme les directions Gauloises passaient par *Royglise* et non par Roye, nous pensons qu'à
Canny-sur-Matz la voie Gauloise ne suivait pas la ligne de
Crapeaumesnil, mais qu'elle se continuait sur *la Potière*
pour y rejoindre le chemin de Barbarie plus haut décrit
qu'elle épousait alors jusques à *Royglise* afin de poursuivre
au-delà par Liancourt jusques chez les Nerviens.

Et ici, pour répondre à l'absence de vestiges observés à
Pontpoint, nous dirons que la *romanisation* ne nous semble
pas avoir dû entraîner la même homogénéité dans le travail
que lorsqu'il s'agissait de chaussées neuves : mille circonstances
en effet purent influer sur la *romanisation* plus ou moins
complète de telle ou telle portion du chemin selon qu'elle était
placée en forêt ou en plaine : des procédés particuliers
pouvaient également être appliqués aux traversées difficiles
comme celle des marais de Chevrières où nous avons dit qu'on
avait retrouvé, à un mètre sous la tourbe, une chaussée
Romaine enfouie et se rapportant évidemment à ce chemin de

(1) Bavai est de création Romaine. La route *Gauloise* de Flandre passait
par *Royglise* et devait aboutir chez les Nerviens *vers* l'emplacement de Bavai.

Flandres passant près de *l'oppidum* de Rhuis, à *Pontpoint*, et qui devait traverser l'Oise, selon la tradition locale, au pont de la Joncquoi, vis-à-vis le rû de Nancy. (*Notice archéologique* de M. Graves, *Senlis à Pontpoint*). Si nous cherchons d'ailleurs d'où ce chemin *Gaulois* pouvait venir, en arrière de *Pontpoint*, nous dirons encore que, probablement selon nous, ce chemin partait de la Croix-de-Frapotel, *signalée par la tradition au-dessus de Pontpoint* (1), et se dirigeait de là par *Saint-Christophe* sur *l'oppidum de Senlis* d'où le même chemin se continuait en ligne à peu près droite vers le pays des *Parisii*. — A la croisée de la route de la Croix-de-Rieul, il devait y avoir une bifurcation se détachant sur *Villers-Saint-Frambourg*, et allant par *Baron*, *Nanteuil* et *Chevreville*, gagner *Jativum* (Meaux), capitale du pays des Meldi.

Ce devait être là le courant commercial et en quelque sorte international entre les peuplades de l'Ouest pour les faire communiquer avec la Flandre occidentale et la mer, courant qui a pu se modifier, mais non cesser d'exister depuis lors.

En ce moment, nous croyons que pour l'intelligence de l'histoire Gauloise, de l'histoire Gallo-Romaine, de l'histoire du Moyen âge et même de l'histoire Moderne, il est utile de remarquer que les grandes directions de nos voies nationales majeures prennent précisément leur source dans les mêmes inspirations que celles dont l'époque Gauloise montre déjà les effets, inspirations qui se sont perpétuées traditionnellement en se pliant simplement aux événements politiques et aux convenances locales.

Ainsi, prenons ce que nous appelons la *route de Flandres* actuelle qui part de Paris. Que voyons-nous ? Cette route arrive droit à Senlis où elle reçoit déjà les affluents de Meaux; puis, après avoir un peu dépassé Senlis, elle se bifurque, à

(1) Graves. *Notice archéologique du département de l'Oise* (Senlis à Pontpoint).

une patte d'oie, en *deux routes de Flandres distinctes* ; l'une de ces routes passe l'Oise à Pont, d'où montant par Estrées, Gournay, Roye et Péronne, elle gagne Lille et Bruxelles en rayonnant dans son parcours : sur la gauche, vers la mer, et sur la droite, vers la Flandre centrale. On peut l'appeler la *route de Flandre occidentale*.

La seconde route de Flandres arrive à Compiègne où elle passe l'Oise ; elle parcourt ensuite jusques à Clairoix une longue levée de terres qui se continue en tranchant la croupe Sud du Ganelon jusques après Janville. Au-delà la route se poursuit, sans obstacle majeur, sur Noyon, Saint-Quentin, Maubeuge et Aix-la-Chapelle, rayonnant dans son parcours : sur la gauche, vers la Flandre centrale, et sur la droite vers l'Allemagne. On peut l'appeler la *route de Flandre orientale*.

L'exposé que nous venons de faire du chemin *actuel* de la Flandre *occidentale* se rapporte encore aujourd'hui parfaitement au chemin *Gaulois* de Pontpoint passant l'Oise au rû de Nancy ; car, *sauf cette traversée de l'Oise qui a lieu à* Pontpoint *et* non *à* Pont, le chemin Gaulois vient aussi en arrière de chez les Parisii ; il reçoit également les affluents de Meaux près de la Croix-de-Frapotel, et, après avoir passé l'Oise, il va aussi aboutir chez les Nervii dans la *Flandre occidentale*.

Ainsi donc les deux chemins ci-dessus de la *Flandre occidentale*, à savoir le chemin *Gaulois* et le chemin *actuel* ne diffèrent *en somme* sensiblement que par suite du passage de l'Oise ayant lieu à Pontpoint chez les *Gaulois*, à Pont de *notre temps*. — L'inconvénient grave du passage de l'Oise à Pontpoint résidait dans la traversée, à la suite, du marais de Chevrières. — Cet inconvénient n'échappa point aux Romains après expérience acquise de leur conquête : aussi, jugeant le fait irrémédiable, ils laissèrent la vieille route *romanisée* au vulgaire, et construisirent leur chaussée purement Romaine par *Pont*, vis-à-vis duquel un relèvement léger, mais solide, du terrain permettait l'établissement de leur voie dans de bonnes conditions.

Mais quand les Francs succédèrent aux Romains, la chaussée Romaine fut détruite et la vielle voie par *Pontpoint* ou *Rhuis* prévalut SEULE pendant tout le Moyen âge et bien au-delà. C'est en effet seulement, vers 1680, que la France moderne reprit l'idée Romaine, et construisit la *route de Flandres occidentale actuelle* par *Pont*, ce qui fit abandonner définitivement l'ancienne route *Gauloise* dont nous suivrons toutefois les modifications en leur lieu.

Faisons ici une remarque incidente qui peut être sans fondement, mais qui, en elle-même, ne manque point, en tout cas, d'originalité. — Nous avons dit que, conformément à la présomption de M. Graves, les Romains nous semblaient avoir désespéré, comme route d'avenir, du chemin de Flandres passant par *Pontpoint* pour aller s'entourber dans les marais de Chevrières, et qu'alors, laissant le vulgaire suivre la vieille voie, ils en avaient créé une nouvelle par *Pont*, Estrées et Gournay, *exactement comme aujourd'hui*, si ce n'est qu'à partir de Gournay, au lieu d'aller droit sur Roye, ils allaient *épouser la voie Gauloise à Ressons pour remonter à Roye-sur-Matz et Canny*, où, abandonnant la vieille direction de *Royglise*, ils se dirigeaient par Crapeaumesnil sur Roye.

Soit que les Romains aient usé de leur dureté autoritaire pour forcer les Gaulois à prendre une route latérale à dater de Ressons jusques à Canny, soit que ceux-ci aient obéi à une répulsion née de leurs habitudes séculaires, ils nous paraissent avoir obstinément repoussé le nouveau tracé : du moins, vienne la conquête des Francs, et l'on voit les traces d'une colère de réaction qui s'exerce et s'acharne sur toute la partie de la chaussée entre Pont-Sainte-Maxence, Estrées et Gournay *jusques à Ressons*. A peine, dans cet intervalle, les investigations les plus minutieuses font-elles retrouver quelques pelletées de terre en forme de mottes qui permettent aux yeux exercés, comme ceux de M. Graves, de concevoir des soupçons de voie Romaine. Mais de *Ressons* à *Roye-sur-Matz* (direction Gauloise), c'est *de suite* autre chose: la voie Romaine est si intacte qu'elle a servi de nos jours, comme nous l'avons déjà dit, à former l'assiette de la route départementale. On la retrouve encore au-delà jusques à Canny, puis au-delà encore, à Crapeaumesnil.

Il nous semble à présumer que les habitués de la vieille voie *Gauloise*, une fois parvenus à *Ressons*, apprécièrent bien vite, quand ils furent les maîtres, quels étaient les avantages de la chaussée Romaine établie *sur leur propre tracé jusques à Canny*, et qu'ils arrêtèrent leur destruction à partir de *Ressons*. Aussi retrouve-t-on la chaussée intacte de *Ressons* à *Roye-sur-Matz* et reconnaissable jusques à *Canny*, où nous croyons que la voie *Romaine* se séparait de la voie *Gauloise* pour se diriger sur *Roye* tandis que l'autre allait à *Royglise*. Mais ici les voyageurs Francs, après avoir parcouru la voie Romaine solide de *Ressons* à *Canny*, modifièrent peut-être un peu leurs idées, conservèrent en partie la chaussée de *Crapeaumesnil* et finirent progressivement par abandonner la voie montueuse et difficile de *la Potière* et *Royglise* pour adopter définitivement la voie facile de *Crapeaumesnil* et *Roye*.

§ 4.

Chemin Gaulois de la Flandre orientale. Sa traversée du Ganelon par Coudon.

Mais n'y avait-il, à l'époque Gauloise, qu'un seul chemin de Flandre analogue à la route actuelle de Flandre occidentale ?

Eh bien! non, il y en avait deux comme aujourd'hui, et le

deuxième chemin, celui de la *Flandre* ORIENTALE est trop important, à tous les points de vue, dans l'histoire de nos contrées, pour le passer sous silence.

Supposons que, à *Pontpoint*, sous la période Gauloise, on eut placé, comme plus haut (p. 78), une patte d'oie, pour la bifurcation de ce chemin de Flandres orientale et que ledit chemin eut d'abord été dirigé sur Compiègne, toujours comme plus haut (p. 79). Quand on y aurait passé l'Oise, le reste du parcours, au-delà de Compiègne, aurait-il été aussi facile qu'aujourd'hui, *et sur le même parcours?* Il est aisé de voir que NON.

En effet, la levée de terres n'existant pas, on fut arrivé dans un bas fond à Clairoix ; mais surtout on fut venu se heurter, dans ce bas fond, contre la croupe Sud du Ganelon ; cette croupe descendait jusques à l'Oise et devenait particulièrement raide aux approches de *Janville*. La tranchée eut exigé certains travaux ; mais, qui plus est, *il nous semble probable* que les chefs des Bellovaques et des Véromandiens ne tenaient pas à applanir ici les difficultés du passage. Il y avait là en effet une sorte de fortification naturelle, un rempart long et ayant l'Oise pour fossé ; en occupant la croupe supérieure par des campements passagers, il était facile de surveiller au loin la contrée et de réprimer toute tentative improbable pour forcer un tel passage.

Nous soupçonnons même qu'une tribu Gauloise devait être spécialement installée à *Janville* afin de surveiller et de garder au besoin les sentiers existants sur place pour les communications habituelles des indigènes. Du moins, si les archéologues, comme nous le verrons plus loin, voient dans *Jaux* le synonyme de *Gallis villa* (1) à plus forte raison Janville doit-il être une autre corruption de la même expression. D'une autre part les entraves considérables et incessantes que

(1) Carlier. *Histoire du Valois*, t. I, p. 108.

nous verrons avoir été apportées, depuis la conquête Romaine, à la libre circulation sur ce point, ne permettent pas de croire que les *Gaulois* SEULS auraient créé là un passage libre et facile. L'idée d'un barrage presqu'absolu à l'origine, chez les Gaulois, est même plus naturelle et d'autant plus présumable que les DEUX MOYENS *réguliers* employés au Ganelon pour suppléer aux obstacles du passage de Janville doivent avoir été les mêmes sous les Gaulois que depuis la perte de leur indépendance.

Pour commencer par le PREMIER et le plus important des MOYENS *réguliers* de passage dont nous venons de parler, nous dirons que le Ganelon ne pouvait évidemment être une barrière continue entre Bellovaques et Véromandiens ; il fallait une issue, et cette issue, on la rencontre à la suite du long plateau du Ganelon quand il descend du côté opposé à Clairoix, c'est-à-dire, vers le Nord, à Coudun. La croupe, en s'y abaissant, forme *un col* facilement praticable et presqu'au niveau du plateau de Margny. En même temps les pentes du plateau du Ganelon, vers ce point de Coudun, présentent une fortification naturelle des plus convenables pour un *oppidum* Gaulois ou un poste fortifié permanent. Tel fut le lieu de passage choisi pour suppléer à la tranchée qui est actuellement opérée sur la croupe Sud du Ganelon. Toujours est-il que Coudun fut établi à la tête du passage du côté des Bellovaques, Annel du côté des Véromandiens, et la route de Coudun à Annel, se continuant sur Longueil et Béthencourt, put aller rejoindre sur le *chemin de Barbarie* le point où se détachait sa bifurcation sur VERMAND et sur la Flandre *orientale*. On conçoit maintenant pourquoi nous avons dit (p. 69) que du *bac à Bellerive* devait partir un embranchement *Gaulois romanisé* (marqué comme chemin *simple* sur la carte de M. Peigné-Delacourt) (1) allant par Ribécourt, Noyon, et

(1) Carte des *Recherches sur Noviodunum*.

Ham à Vermand. La *romanisation* de ce chemin dut être jugée encore plus indispensable par les Romains quand ils eurent remplacé le *bac à Bellerive* par le *pont de la Malemer*.

Le choix de la traversée du Ganelon par Coudun est d'autant plus certain, d'autant plus irrécusable, que nous retrouvons le même tracé pendant l'époque Gallo-Romaine, le même pendant tout le moyen âge, le même jusque vers 1680, en sorte que pendant dix-sept siècles non-interrompus, on ne fit que donner suite à la viabilité créée antérieurement par les Gaulois en remplaçant seulement par des *entraves* placées à *Janville* la suppression *Gauloise* d'un passage régulier, suppression que nous pensons avoir été presque absolue sur ce point tant que les Gaulois furent indépendants. Nous verrons un peu plus loin (page 100) quel fut le second moyen *régulier* ménagé par les Gaulois pour suppléer encore au passage de Janville, et ce moyen viendra sans doute par surcroît à l'appui de notre opinion sur la nullité presque absolue du passage de Janville pendant la période Gauloise.

§ 5.

Carrefour des Sept-Voies. Réunion aux Sept-Voies, pour les deux chemins de Flandre, des chemins venant de Clermont et de Beauvais d'une part, puis de Saint-Just de l'autre.

Une fois que le mode de traversée du Ganelon par le chemin Gaulois de la Flandre *orientale* fut arrêté, il n'y avait plus qu'à choisir sur le chemin de la Flandre *occidentale* le point de bifurcation de ces deux chemins des Flandres, *la Patte-d'Oie*, suivant l'expression vulgaire. La position topographiquement supérieure de Coudun devait éloigner cette Patte-d'Oie de la rive de l'Oise, et le choix, qui en fut combiné avec une grande intelligence, survécut à l'époque

Gauloise, puis à l'époque Gallo-Romaine, domina tout le système des voies publiques et commerciales dans nos contrées au moyen âge, et se trouve encore aujourd'hui désigné à l'attention de l'archéologue par le nom significatif de Ferme *des Sept-Voies.* C'est de là en effet que se détachait le chemin de la Flandre *orientale* pour se diriger sur Coudun et Annel. Qu'on prolonge cette nouvelle direction en arrière du *Carrefour des Sept-Voies,* on voit de suite combien ce point des Sept-Voies fut judicieusement choisi : car le prolongement en question passe juste par Estrées et *Clermont,* et toute cette ligne réunie à *celle de Beauvais en arrière,* est ainsi conduite *directement* aux deux chemins de Flandres, pris à leur Patte-d'Oie. La carte de l'Etat-major ne laisse aucun doute sur la continuité des chemins gondolés, mais droits dans leur ensemble, qui constituaient ces lignes. Joignez-y les chemins Gaulois dans la *direction droite des Sept-Voies à Saint-Just* pour amener les affluents du Nord-Ouest à la même bifurcation, et vous aurez cinq voies s'entrecroisant au carrefour. Pour arriver à sept, il reste à en retrouver *deux* autres.

Avant de clore cet article, nous pouvons dire que M. Peigné-Delacourt, pendant de bien longues années, s'est occupé des chemins Gaulois dans nos pays; or il partage l'opinion ci-dessus émise sur la valeur historique du carrefour des Sept-Voies et sur celle du passage du Ganelon par Coudun. L'importance exceptionnelle de ce passage de Coudun pendant tout le moyen âge est à elle seule une garantie de cette double valeur.

3ᵐᵉ ARTICLE

Route Gauloise raccourcie entre Soissons (capitale des Suéssiones) et Beauvais (capitale des Bellovaques) avec adjonction d'autres communications essentielles.

§ 1. *Première partie (sur la rive gauche de l'Oise) de la route Gauloise* raccourcie *entre Soissons et Beauvais.*

§ 2. *Du Strata Compendii.*

§ 3. *Complément (sur la rive gauche de l'Oise) de la route Gauloise* raccourcie *entre Soissons et Beauvais.*

§ 4. *Deuxième partie de la route Gauloise* raccourcie *entre Soissons et Beauvais.*

§ 5. *Chemin de Jonquières et Venette à Coudun.*

§ 6. *Chemin du bas de la vallée d'Oise. Double bac établi sur l'Oise au-dessous du Ganelon.*

§ 1.

Première partie (sur la rive gauche de l'Oise) de la route Gauloise raccourcie entre Soissons et Beauvais.

Pour rechercher les *deux* voies qui manquaient dans la nomenclature autour de Sept-Voies, il est nécessaire qu'après avoir traité la question qui se rapportait à la *première* condition énoncée plus haut et qui constituait le titre de l'article premier, nous nous occupions maintenant de la *deuxième* des mêmes conditions qui constitue le titre du présent article, et d'abord du premier paragraphe où il s'agit de retrouver la route Gauloise *raccourcie* entre Soissons et Beauvais.

Ici encore le meilleur mode pour juger la manière de remplir une telle condition, c'est de mener, sur la carte de l'Etat-major, une ligne droite entre *Soissons* et *Beauvais*. On remarquera alors que cette ligne coupe l'Oise à peine à un kilomètre en aval du *gué de Venette* et que *Clermont* n'est

qu'à quatre kilomètres au-dessous de la direction de cette
même ligne. On peut donc dire, eu égard à leurs distances,
que les quatre points ci-dessus, c'est-à-dire, Soissons, le
gué, Clermont et Beauvais sont réellement en ligne droite.
Quand deux peuples ont leurs territoires disposés comme
nous venons de le dire, un passage *unique* de rivière, fa-
çonné par la nature et placé de la façon indiquée, est certes
signalé, par là même, comme un *compendium* remarquable
entre les deux capitales. Aussi M. Amédée Piette, dans
ses *Itinéraires Gallo-Romains* du département de l'Aisne
s'étonne-t-il (p. 149) de n'avoir remarqué « dans les deux
« directions (de la rive droite et de la rive gauche de l'Aisne
« depuis Vic-sur-Aisne jusqu'à Compiègne) qu'il a souvent par-
« courues, aucun chemin présentant un caractère historique. »
Il semble que du côté gauche de l'Aisne au moins, toute la rive,
à partir de Vic-sur-Aisne, était réservée pour la chasse comme
cela avait lieu sur le territoire attenant de Compiègne, en
sorte qu'il n'y existait qu'un sentier renforcé suffisant toutefois pour les communications faciles de pied.

On peut croire que ce délaissement successif des Gaulois
et des Gallo-Romains sur cette direction, tenait à l'importance attachée par eux à cette route de l'*Allée du Faite* qui
offrait d'abord des chasses aussi agréables que fructueuses,
puis qui descendait à Saint-Nicolas-de-Courson et qui gagnait,
ensuite directement le *Gué de Venette* en traversant, par
Saint-Jean, la forêt dans laquelle une éclaircie de plus en
plus notable paraît avoir régné de *Saint-Jean* à la *Brevière*
sous l'époque Gallo-Romaine, peut-être même sous l'époque
Gauloise, et procurait aux maîtres du pays des jouissances
appropriées à leurs goûts. Les relations rapides de pied s'éta-
blissaient donc par le grand sentier riverain sur la rive
gauche de l'Aisne ; tandis que les autres relations suivaient
la *route du Faite* et subissaient un allongement de quel-

ques lieues qui paraissait sans doute insignifiant, peut-être même avantageux.

Quoiqu'il en soit, si la certitude réelle d'une union de la VIEILLE ROUTE DE SAINT-JEAN (1) avec le *gué de Venette* existe dans le fond, on doit convenir que les traces intermédiaires en sont presque effacées au milieu des mutations successives qui ont eu lieu non seulement dans l'intérieur de la forêt, mais aussi dans la partie extérieure et défrichée de cette même forêt, jusques à la rivière : ainsi, par exemple, le *passage Gaulois de l'Oise*, le seul que nous puissions avoir en vue, en ce moment, est l'ancien *gué de Venette* : mais, immédiatement après l'établissement de la domination Romaine, un nouveau passage a succédé au gué ; c'est le *pont de Venette*, et nous pouvons à ce sujet faire ici une remarque à laquelle nous croyons une autorité décisive.

§ 2.

Du Strata Compendii.

En étudiant les diverses directions comparées des chemins anciens du pays et entr'autres la direction de la *rue du Moulin de Venette* qui confondait son axe avec l'axe du pont de Venette, une chose frappe : c'est qu'en continuant l'axe du pont de l'autre côté de l'Oise et sur la rive droite, le prolongement droit suit bien la *Grande rue de Venette* ; mais cette *grande rue*, bien qu'assez longue, ne trouve point devant elle à la fin de son parcours, la chaussée d'Amiens annoncée

---

(1) Aujourd'hui classée et macadamisée ; avant cette transformation, on la dénommait *chemin des Meuniers*. Arrivée à la rencontre du *chemin de Crépy*, relativement récent, qui la coupait, la *vieille route* s'arrêtait là, comme aujourd'hui ; le reste de la *vieille route primitive* jusques *au gué* avait déjà, depuis bien longtemps, disparu, lors du classement moderne.

par Dom Grenier (1) : à une distance d'environ 300 mètres du
rivage, il faut prendre à droite une rue transversale de Venette
qui mène à l'église en face de laquelle se trouve le chemin
gondolé, mais droit dans son ensemble, qui mène à Corbeaulieu, et aux *Sept-Voies*, puis au-delà se continue par *Baugy*,
Monchy, *Belloy* et *Montdidier*, droit jusques à Amiens.

Une telle divergence d'axes pour des chemins placés au débouché d'un même pont ne pourrait sembler naturelle, si ces
chemins avaient dû être faits *simultanément et en même temps
que le pont* : et cependant, fort de l'autorité de Dom Grenier
et de nos longues impressions, nous nous regardions bien en
présence incontestable de l'emplacement où se trouvait l'ancien
pont de Venette, tandis que d'autre part la ligne droite de Venette

_____

(1) Transcrivons ici l'opinion de Dom Grenier (Man. Cayrol, 2776, p. 251).

« *Compendium* dont nous avons fait *Compiègne* annonce l'antiquité de
« ce lieu qui était de la cité des Soissonnais : son nom n'a pas varié; il ne
« peut avoir eu pour auteur que les Romains; car outre que *Compendium*
« est un nom purement latin, c'est qu'il a été employé fréquemment par les
« Romains pour signifier un chemin abrégé, raccourci; c'est en ce sens qu'il
« se trouve dans l'Itinéraire d'Antonin : *(iter) à castello per compendium
« Turnacum; (iter) per compendium à nemetaco Samarobrivam*, etc....
« C'est le plus court chemin, en effet, d'Amiens pour aller gagner le confluent
« de l'Oise et de l'Aisne.

« Que les Amiénois et les Morins aient eu un entrepôt de marchaudises
« à Compiègne, qu'ils faisaient circuler par l'Oise et par l'Aisne, la chose est
« vraisemblable par les indications que nous avons données ailleurs d'une
« CHAUSSÉE ROMAINE DEPUIS AMIENS JUSQUES A MONTDIDIER ET DE MONTDIDIER A
« COMPIÈGNE Il est parlé de ce *strata Compendii* dans un titre de l'an-
« née 1200 (1). Cette chaussée venait tomber à la ferme des *Sept-Voies* :
« de là elle descendait au village de *Venette* d'où elle allait traverser la rivière
« au-dessous de Compiègne dans l'endroit où l'on voit aujourd'hui un mou-
« lin. Dom Bertaut qui travaillait à l'histoire de Compiègne, à la fin du siècle
« dernier, assure qu'il y avait encore alors plusieurs chemins qui y venaient
« aboutir. Le pont sur lequel passait la chaussée, appelé *pont de Venette*
« dans deux diplômes du Roi Charles-le-Simple pour l'église collégiale de
« de Saint-Corneille de Compiègne; l'un du 26 juillet 917 (2), l'autre du
« 29 du même mois 922 (3), ne répondait pas au palais de Compiègne, mais
« bien au faubourg Saint-Germain qu'on prétend être la première habitation
« des Compiégnois. »

(1) « Cart. monast. urbi campi. » f° 132, v°.
(2) « Rer. fr. script. » t. IX, p. 533.
(3) Ibid., p. 558.

à Amiens formait bien aussi de son côté la *strata Compendii* de l'époque Gallo-Romaine, comme de l'époque du moyen âge.

Une réflexion nous est enfin venue après de longues hésitations : c'est que si le *strata Compendii* est *Gaulois*, il doit avoir son axe à peu près dans *l'axe du gué* qui était essentiellement *utilisé par les Gaulois* et non dans l'axe du pont construit postérieurement par les Romains près du gué sans doute, mais néanmoins à quelques cents mètres de son emplacement, par des motifs quelconques.

Et, de fait, consultez toujours la carte irrécusable de l'Etat-major et placez la règle, à partir du *point* précis des *Sept-Voies*, sur la direction, droite dans son ensemble, du *strata Compendii*, le prolongement viendra couper l'Oise à son *ancien gué*, au dessus du pont romain de Venette.... et, de plus ce prolongement ira joindre la *naissance* de l'*Allée du Faîte* au haut de la montée de Saint-Nicolas-de-Courson.

Peut-il y avoir une preuve plus lumineuse que le *strata Compendii* est *d'origine Gauloise*, que cette route a été sans aucun doute, *romanisée* d'abord, puis refaite soigneusement en chaussée Romaine par les Romains, puis enfin reprise dans les chaussées Brunehaut du moyen âge ? Les *Sept-Voies* du carrefour Gaulois sont donc maintenant tout à fait au complet (1).

Et qu'on le remarque bien : ce doit être à cette origine de la période Gallo-Romaine, que la voie directe *existante* et *Gauloise* d'Amiens à Venette, reçut le nom *latin*, le nom *Romain* de STRATA COMPENDII, non point cette fois comme expression vague et générale d'un simple *raccourci*, comme indication d'un vulgaire *iter per compendium*, mais bien comme attache significative d'une route allant d'Amiens à COMPENDIUM, c'est-à-dire, au POINT *géographique précis* qui

---

(1) On peut voir, sur la carte de l'État-major, que lors des abandons de la voirie au moyen âge, il s'est produit de petites déviations de *raccourcis* autour du *point central* des *Sept-Voies*. Ces déviations accidentelles ne font que confirmer le tracé général et de fondation.

résumait d'abord, en lui, les abréviations spéciales de parcours administratifs et commerciaux que nous avons signalées (p. 66) entre les peuplades Belges plus haut citées ; puis, ensuite, ce même nom résumait aussi, en lui, les grands résultats militaires, récents, et dont nous parlerons au chapitre suivant, résultats obtenus par Jules César, sous l'autorité duquel l'appellation STRATA COMPENDII dut être fixée.

§ 3.

Complément (sur la rive gauche de l'Oise) de la première partie de la route Gauloise RACCOURCIE entre Soissons et Beauvais.

Sans doute si on considère aussi le prolongement de la ligne droite mentionnée au paragraphe précédent, au-delà *du gué*, et *sur la rive gauche* , jusques à la *naissance* de *l'Allée du Faite,* on comprendra que les traces de l'époque Gauloise, appliquées sur des terrains vagues ou boisés, ont dû disparaître presqu'entièrement lors des défrichements près de la rive et sur le territoire de Compiègne, défrichements sur lesquels on n'eut plus grand intérêt, après la construction du pont, à conserver des chemins désormais sans issue très-suivie, bien que les indigènes aient pu encore s'en servir. Mais la *rue du Moulin de Venette* placée dans l'axe du pont prévalut alors nécessairement, et il ne resta plus sur place, de l'ancien tracé, que des directions secondaires et provisoires.

Et ces vestiges Gaulois dont nous parlons, mêlés aux vestiges Gallo-Romains, sont d'autant plus confus ici que les prolongements de la *rue du Moulin de Venette* furent en partie détrônés eux-mêmes quand une nouvelle direction vint à résulter de la création postérieure d'une villa magistrale à *Royallieu,* création dont nous parlerons plus loin. Enfin une autre villa encore plus importante, par son caractère d'autorité officielle et d'habitation fortifiée, fut, sans aucun doute à nos yeux, CONTEMPORAINE, à *Mercière*, de la construction du *pont de Venette*, et nécessita, dès l'origine de la domination Romaine, des chemins spéciaux qui s'unissaient aux précédents. Il est résulté de ces périodes et des faits que nous relaterons, mais qui sont depuis longtemps évanouis, des entrecroisements de routes qui rendent les jugements plus difficiles, moins sûrs et qui doivent porter à n'aborder les questions de ce genre que *pas à pas,* pour ainsi dire, et en se réglant progressivement sur des bases établies dans les meilleures conditions possibles de probabilités.

Dès lors, nous nous contenterons, dès l'abord, d'exprimer ici l'opinion que, sous la première époque, *qui est la Gauloise,* les Gaulois n'eurent en vue, pour le chemin qui nous occupe, sur la rive gauche, que la route de *Soissons* au *gué de l'Oise* par *l'Allée du Faîte*. Pour bien comprendre les tracés de détail qui durent être suivis *dans cet intervalle* et les indices qui nous signalent ces tracés, prenons, sur la carte de l'Etat-major, les points ci-dessus indiqués, à savoir : d'une part *les Sept-Voies,* d'autre part *la naissance de l'Allée du Faîte* après la montée qui contourne *Saint-Nicolas-de-Courson* et le *Four-d'en-Haut.* Si nous joignons ces deux points par une ligne droite, la PREMIÈRE observation qui se présente a déjà été produite, c'est-à-dire, que notre ligne droite passe par l'ensemble du STRATA COMPENDII, *entre les Sept-Voies et Venette*, puis passe aussi par le *vieux gué de l'Oise.*

La SECONDE observation est que la même ligne droite épouse *tout-à-fait* la longue *route des Amazones* et le *carrefour de la Petite-Patte-d'Oie* auquel cette route aboutit du côté de Compiègne. Certes il est de toute évidence que cette *route des Amazones* est entièrement moderne ; mais il y a là un indice non moins manifeste que ladite route a dû être établie sur le parcours *supprimé et redressé* d'une portion impor-

tante de la ROUTE PRIMITIVE DE SOISSONS PAR L'ALLÉE DU FAITE.
— Ceci posé, il y a à rechercher quels étaient les tracés de
cette *route primitive* AU-DESSUS et AU-DESSOUS des deux extrémités de la *route des Amazones*.

AU-DESSUS, le tracé semble évident : après s'être identifié
sur une faible étendue avec le *chemin de Crépy,* le tracé devait
suivre la VIEILLE ROUTE DE SAINT-JEAN dite *chemin des Meuniers*
et qui existe encore sur toutes les cartes de la forêt (carte
de Bussa 1772). Quand *Saint-Jean* est passé, le même chemin
est dénommé sur la carte *Chemin de Villers-Cotterêts* et gagne
la *naissance de l'Allée du Faîte* après avoir promptement
rejoint la montée qui contourne *Saint-Nicolas-de-Courson* et
le *Four-d'en-Haut,* ou bien celle qui, au moyen d'une variante,
passe par ces deux localités.

AU-DESSOUS du *carrefour de la Petite-Patte-d'Oie* le tracé
est moins clair que plus haut : tout nous porte à croire que,
au-delà de ce carrefour, la ROUTE PRIMITIVE suivait le tracé
de la *route des Dames* jusques à sa croisée avec le *chemin
de la Justice.* La ROUTE PRIMITIVE devait alors épouser ledit
chemin de la Justice jusques au point marqué par la bordure ACTUELLE de la forêt.... Ici une interruption se manifeste dans *la direction vers le gué* : cette interruption nous
paraît avoir été effectuée lors de la suppression de ladite
ROUTE PRIMITIVE, et de sa division en plusieurs sections distinctes. Si l'on suit la direction probable du *parcours ancien
complet* entre l'extrémité ci-dessus du *chemin de la Justice*
et le gué, on rencontre sur cette direction la *rue de la Mare-
Gaudry* qui doit être un tronçon encore apparent de la VIEILLE
ROUTE GAULOISE PRIMITIVE ; au-delà de la *rue de la Mare-Gaudry* toute trace de la ROUTE PRIMITIVE a de nouveau disparu
jusques au gué (1).

(1) Le chemin ci-dessus a dû demeurer longtemps encore tracé, car *gué* et

Soit que l'on considère les tracés précédents AU-DESSUS
de la *route des Amazones,* soit qu'on les considère AU-DESSOUS
de cette route, ils s'écartent de la ligne droite directrice entre
les Sept-Voies, le gué et *l'Allée du Faîte,* mais seulement
d'une distance qui rentre parfaitement dans la nature et dans
la limite des gondolages Gaulois. Il est probable que la
portion correspondante à la *route des Amazones* participait
également elle-même à ce gondolage avant la *suppression et le*
REDRESSEMENT qui ont produit cette *route des Amazones.* La

chemin, nous l'avons dit, ont pu et dû être longtemps fréquentés toujours
par les Gaulois : sans trop anticiper sur les périodes suivantes, nous pouvons
seulement indiquer ici sommairement quelques *présomptions* sur les motifs
qui durent plus tard amener la suppression du chemin en question, du
moins dans l'étendue du territoire du bourg de *Compendium.*
   Nous *présumons* donc que le chemin susdit a dû être *supprimé partiellement* lorsqu'après la conquête des Francs, le hameau, peu important
jusques alors de *Compendium,* prit tout à coup un développement sensible
quand il fut devenu dépendance du siège et domaine royal, qu'il fut classé
presqu'immédiatement comme *Paroisse* par la construction, sous Clotaire Ier,
successeur de Clovis, de l'église Saint-Germain (Dom Grenier, man. Cayrol
2768 p. 245) puis quand il fut classé aussi comme *bourg* par la constitution
d'un *Marché* (art. 7). L'une des conséquences dût être de le doter d'une
Justice, lieu des exécutions, et aussi d'un Port sur l'Oise pour la navigation.
— Nous *présumons* qu'à ce sujet, on détacha de la VIEILLE ROUTE DE SAINT-
JEAN, sur la bordure ACTUELLE de la forêt, un nouveau *chemin,* dit *de la
Justice,* qui conduisait à cette *Justice patibulaire,* et qui remplaça le prolongement *antérieur* de la ROUTE DE SAINT-JEAN vers le gué, prolongement
qui fut alors supprimé. Le nouveau chemin, en se détachant ainsi de la
VIEILLE ROUTE, élargit d'abord l'enceinte du territoire à défricher pour le
bourg récent, puis, peu après avoir dépassé la *Justice,* il fut ouvert un
embranchement qui s'inclinait vers l'Oise, passant derrière Saint-Joseph et
derrière le jardin de M. de Beaumini où le passage est encore dû. La voie
s'interrompt *maintenant* au-delà ; mais on doit la retrouver au *coude* de la
grande rue de Saint-Germain, après lequel la voie se continuait par la
rue du Port Saint-Germain jusques à la rivière.
   Le nouveau chemin qu'on détacha de la ROUTE DE SAINT-JEAN vers la bordure ACTUELLE de la forêt, dut se continuer *droit en forêt* par une route
gondolée encore existante aujourd'hui sous le nom de *route du Marché-du-
Puits,* laquelle route semble se souder, par une série de chemins gondolés,
mais successivement *redressés,* à *l'ancien chemin de Béthisy.* Ce chemin
de Béthisy existait probablement dès l'époque Gallo-Romaine, mais à coup
sûr depuis la conquête des Francs dont les Rois possédaient à Béthisy une
maison Royale très-fréquentée par eux. — La première partie du *chemin
de la Justice,* en dehors de la *route de Saint-Jean,* fut ainsi tracée sans
doute sur le prolongement du *chemin de Béthisy.*

courte section de la *route des Dames* et la portion du *chemin de la Justice* qui étaient épousées par la ROUTE PRIMITIVE devaient également être gondolées avant la *suppression et le* REDRESSEMENT des parties correspondantes de cette ROUTE PRIMITIVE.

Le tracé que nous avons décrit pour la VIEILLE ROUTE DE SAINT-JEAN n'a trait qu'au chemin Gaulois de *Soissons* au *gué de Venette*; nous ignorons en effet si l'état des éclaircies existantes dans le massif boisé, en face de Soissons sous la période Gauloise, exigeait des communications directes entre ces éclaircies et le gué de Venette. Ainsi, sous la période Gallo-Romaine, il est indubitable que Champlieu fut un centre important qui demandait une communication spéciale avec le *pont de Venette* : mais y avait-il quelque chose d'analogue chez les Gaulois? et Champlieu existait-il alors comme centre, et avait-il en tout cas, assez de valeur pour avoir commandé la création d'un chemin dirigé sur le gué de Venette ? Cette question paraît insoluble ; toutefois si une telle communication a en effet existé sous les Gaulois, son tracé semblerait indiqué *droit* par les routes successives du *Moulin* et de *Champlieu*, se détachant de la VIEILLE ROUTE DE SAINT-JEAN au *carrefour de la Petite-Patte-d'Oie*. Mais des traces de gondolages existeraient certainement encore dans cette longue direction comme elles existent d'une manière irrécusable dans la direction du Vivier-Corax dont il sera question plus bas ; et comme rien ne se manifeste en ce genre, il nous paraît plus que probable qu'aucun chemin de Champlieu au gué de Venette, n'existait du temps des Gaulois.

Après avoir indiqué la direction de la VIEILLE ROUTE DE SOISSONS PAR SAINT-JEAN, sous la période Gauloise, nous devons rappeler qu'une mutation importante y fut forcément apportée, sur la rive gauche, lors de la période Gallo-Romaine, ainsi que la chose avait eu lieu simultanément sur la rive droite, par suite de la construction du *pont de Venette*.

La nouvelle direction qui en résulta, sur la rive gauche, est encore évidemment indiquée par la *rue du Moulin de Venette* qui, aujourd'hui, conduit toujours à la bordure AC- TUELLE de la forêt : au-delà de cette bordure, le prolonge- ment se perd, mais on voit qu'il *tend* vers la croisée de la *petite route de Royallieu* avec la *route des Lorrains*.

Il y a plus : la *bordure* ACTUELLE de la forêt est récente dans cette région, et provient d'un *reboisement* tout moderne. Au siècle dernier, le défrichement existait jusques à la *route du Guet-du-Nid* formant alors *bordure*, et, sur le plan de Bussa en 1772, la *rue du Moulin de Venette* poussait son prolongement jusques à cette *bordure du Guet-du-Nid*. Or, l'extrémité de ce prolongement touchait alors *presqu'à* la croi- sée ci-dessus, en sorte que nous devons présumer, avec une quasi-certitude, que c'est à *ce point de croisée de routes* que le changement de direction s'exécutait pour aller rejoindre la VIEILLE ROUTE DE SAINT-JEAN. La nouvelle direction épousait alors, sans aucun doute à notre sens, la *petite route de Royallieu* et joignait la VIEILLE ROUTE DE SAINT-JEAN à sa croisée avec le *chemin de la Justice*. La direction de cette VIEILLE ROUTE reprenait alors son cours jusques au *carre- four de la Petite-Patte-d'Oie*, après lequel venait.... la *route des Amazones*.

La *rue du Moulin de Venette* ne se prolongeait pas seu- lement sur la VIEILLE ROUTE DE SAINT-JEAN. La croisée ci-dessus formait aussi une *patte-d'oie* où une seconde direction, à droite, menait par la *route des Lorrains*, au *Vivier-Corax*, d'abord, puis de là à CHAMPLIEU. Il y avait, au *Vivier-Corax*, une réunion avec les chemins en rapport avec *Mercière*, comme nous l'avons déjà indiqué et comme nous y revien- drons plus loin en nous occupant de cette position essentielle qui a donné son nom à *Mercière*.

La *rue du Moulin-de-Venette* menait donc non-seulement à Soissons par la VIEILLE ROUTE DE SAINT-JEAN mais aussi à Champlieu où l'on se rendait certainement par le *Vivier-Corax*. Inutile de mentionner de nouveau que la *petite route de Royallieu* et la *route des Lorrains* étaient primitivement des chemins *gondolés*, qui ont été *redressés* à la moderne.

Nous reprendrons au chapitre suivant le complément de ces premières voies, à la fois forestières et Compiégnoises, en parlant de *Mercière*.

§ 4.

Deuxième partie de la route Gauloise RACCOURCIE entre Soissons et Beauvais.

En raison de la nécessité de donner une base solide à la route de *Soissons* par l'*Allée du Faîte* en la rattachant, sur la rive gauche, au *strata Compendii* rendu aussi certain que possible par sa coïncidence avec le *gué de l'Oise*, nous avons été entraîné à parler de ce *strata Compendii* avant d'aborder la deuxième partie des chemins *raccourcis* que nous considérons, c'est-à-dire la partie entre Venette et Clermont d'abord ; car celle de Clermont à Beauvais est en ligne droite ensuite, et nous n'aurons guères besoin de nous en occuper.

Si donc, de la rive gauche de l'Oise, nous traversons le gué pour passer sur la rive droite, et que nous recherchions alors la direction de Beauvais, nous éviterons la voie directe et tournerons de suite *à gauche* au débouché même du gué. Nous verrons de la sorte se dessiner le tracé du vieux chemin primitif de Clermont à Compiègne passant entre les Tartres et Varanval, puis par Jonquières, CANLY et *Catenoy ;* c'est bien là exactement la ligne droite de Soissons à Beauvais, par

7

Compendium et Clermont. Il est essentiel de remarquer que ce chemin est coupé par le chemin de Flandres à CANLY.

§ 5.

Chemin de Jonquières et Venette à Coudun.

S'il nous suffit, relativement aux alentours de Compiègne, de citer la ligne droite de Clermont à Beauvais, il est beaucoup plus essentiel, au même point de vue, de mentionner ici un complément du chemin précédent de Clermont à Venette, complément qui a dû jouer un rôle assez important pour devoir être signalé avec soin. Nous voulons parler de l'embranchement qui se détachait à Jonquières de ce chemin de Clermont, et qui, remontant, par la ferme de Bouqui, sur le plateau, coupait et coupe encore le chemin d'Amiens *strata Compendii*, à la sortie du village de Venette, prenait ensuite et prend toujours en écharpe le coteau de Margny dont il atteint le sommet vis-à-vis du *Compiègne actuel* ; le même chemin, se continuant au-delà, se dirigeait et se dirige encore sur Coudun vers lequel il conduisait ceux qui, venant par le pont de Venette, voulaient gagner le col du Ganelon sans passer par les Sept-Voies. Ce chemin existe toujours : on l'appelle *chemin du Milieu*, nom traditionnel et qui veut peut être indiquer qu'il était intermédiaire entre le chemin de Coudun passant par les Sept-Voies (*chemin de la Flandre orientale*, vulgairement *chemin de Noyon*), et le *chemin de la Vallée* dont nous allons dire un mot pour terminer cette longue description des voies Gauloises ; mais ce chemin de la Vallée demande à être particulièrement signalé ; car il mérite l'attention sous beaucoup de rapport.

§ 6.

Un peu au-dessus du débouché du *gué de Venette* sur la rive droite de l'Oise, et au pied de la longue ligne de coteaux qui court depuis Rivecourt jusques à Clairoix, circulait et circule encore un chemin, s'appliquant là comme pour s'y placer de manière à se régler sur la ligne des débordements. Au-delà de Rivecourt, la vallée d'Oise semble s'élargir et laisser aux eaux si peu de pente que cette vallée s'est convertie en un long et large bassin de marais, ne présentant une interruption peu sensible que vis-à-vis de Pont. La ligne de collines suit ce mouvement et leur pied passe successivement à *Chevrières* où il rencontrait l'ancien chemin Gaulois de Flandres, à *Houdancourt, Saint-Martin-Longueau* et *Sacy-le-Grand*. A ce point, un retour des coteaux vers l'Oise, que ce retour regagne au-dessous de Pont, ferme le bassin des marais; le chemin avait toujours suivi le mouvement du pied des collines; mais, arrivé à Sacy-le-Grand, où finit le bassin des marais, ce chemin tourne le massif montueux de *la Bruyère* et vient se terminer à CATENOY sur la route de Venette à Clermont. Depuis Venette, tout ce chemin a été converti de nos jours en route départementale. — Qu'on veuille bien noter ce nouvel aboutissant *latéral* à CATENOY, et sur la route de Clermont, du chemin de Flandres venant de *Pontpoint*. Ainsi ce chemin de Pontpoint : coupait la route de Clermont : 1° directement, à CANLY 2° latéralement (par *Chevrières*), à CATENOY.

Au-delà de Venette, le chemin continue à suivre le bas des collines de Venette, en passant devant *la Folie*, puis ensuite le bas des collines de Margny jusques à ce qu'elles meurent à la vallée d'Aronde, en face du Ganelon.

Il est intéressant d'observer ici ce que devenait ce chemin
continu du bas de la vallée quand il arrivait au Ganelon oppo-
sant, en face de l'Oise, la barrière de sa croupe Sud.... Avait-
on disposé là un passage pour le public ? Nous nous sommes
déjà longuement expliqué à ce sujet (p. 82), et croyons
avoir motivé notre opinion qui consiste à penser qu'un CHEMIN
public n'existait point par Janville, sous la période *Gauloise*,
puis qu'un tel chemin a bien existé sous la période Gallo-
Romaine et sous les périodes subséquentes jusques en 1747,
mais qu'il était loin d'être libre.

Que font en effet les voyageurs, dès *l'époque Gauloise*,
quand ils arrivent à la croupe Sud du Ganelon, et que feront-
ils plus tard ? Ils passent le *bac à l'Aumône*, vont par le
Plessis-Brion et *Montmacq* joindre le *bac à Bellerive*, puis ils
y repassent l'Oise pour suivre l'embranchement du *chemin
de Barbarie* qui s'en détachait au débouché du bac pour se
diriger par *Ribécourt* sur *Noyon* et VERMAND.

Les *Gaulois* avaient-ils déjà établi là, sur la rive droite,
un *chemin* par *Janville* avec un fortin pour commander ce
passage difficile ? Certainement c'est possible. Nous avons
seulement dit que nous ne le pensions pas. Les obstacles
naturels, secondés par une défense intelligente, devaient être
préférables pour s'opposer aux invasions de vive force, et de
simples sentiers suffisaient aux Gaulois pour leurs communications de voisinage. Quant aux voyageurs que l'éloignement
de Coudun aurait pu gêner, les *bacs* leur offraient toute facilité pour *tourner* la croupe Sud du Ganelon. C'est là le
SECOND MOYEN *régulier* que nous avons dit plus haut (p. 84)
avoir été ménagé par les Gaulois pour la traversée du Ganelon (1) et nous pensons que l'évidence de ce moyen qui a

_____

(1) Ce qui concerne cette traversée du Ganelon offre des points de vue
particuliers qui, on a déjà pu le voir, ne manquent pas d'importance ; il
peut donc être utile pour mieux saisir l'enchaînement général des faits, de

persisté, pendant tant de siècles, à être employé et à faire donner

résumer de suite, dans une note succinte, les principales phases historiques qui se rapportent à cette traversée, afin de fixer, autant que possible, les idées à cet égard, ce qui n'empêchera pas de reprendre les mêmes questions quand elles se présenteront postérieurement dans les divisions successives.

Ainsi, nous venons de voir, dans les textes ci-dessus, ce qui avait dû advenir de la traversée du Ganelon, sous la période gauloise, par les DEUX passages : de *Coudun* d'une part, et des *Bacs* de l'autre part.

La conquête Romaine arriva : a-t-elle modifié l'état de choses précédent ? Point pour Coudun, sauf la *romanisation ;* mais nous sommes disposés à croire qu'en effet la création d'un petit fort dût avoir lieu à *Janville* sur une sorte de chemin de halage ; que ce fort dût déterminer, non la création de la *villa Gauloise* de Janville, mais la régularisation nouvelle de la petite population *Gauloise* qui s'y trouvait antérieurement placée ; enfin que ce fort dût ne permettre la circulation que dans de certaines conditions. D'ailleurs le *bac à l'Aumône* existait toujours et les facilités de parcours de ce côté furent encore augmentées par la construction du *pont de a Malemer* (1) qui remplaça le *bac à Bellerive.* Les présomptions que nous venons d'émettre prennent leur source dans la position de l'ancien château de *Janville* placé *au-dessous de l'Église* et dont il ne reste plus qu'une cave, dite *cave aux Fromages* (2). Ce château se trouvait ainsi près de l'Oise dont il dominait le cours en même temps qu'il barrait la route à volonté. On peut penser qu'il a été construit primitivement par les soins du Grand-Péager de l'Oise qui avait son siège à Rivecourt *(riparii curtis)* (3) et qui devait veiller à toute la navigation et à la perception des droits, comme à l'entretien des ponts et des *halages* (4).

A la conquête des Francs, il doit être à peu près certain que le fort de Janville, placé d'abord dans le domaine Royal, ne tarda pas à devenir le lot de quelque chef franc qui, de suite ou plus tard, réunit en un seul domaine tout le pourtour du Ganelon (5), prit le nom de ce fief, et y subit, peut-être, suivant la tradition, la perte de sa vie et de ses biens pour félonie vis-à-vis de Charlemagne (6). On sait que ce fut dans ces premiers siècles de la monarchie des Francs que les libéralités des Rois constituèrent les fiefs devenus progressivement héréditaires ; et l'on sait que ce furent principalement les premiers et faibles successeurs de Charlemagne qui eurent l'imprudence d'aliéner les droits fiscaux les plus essentiels de l'État, également-

(1) Peigné-Delacourt. « Recherches sur Noviodunum, » p. 20, 21.
(2) Graves. « Statistique du canton de Compiègne. » p. 153.
(3) Carlier. « Histoire du Valois » t. 1, p. 109.
(4) Ibidem.
(5) On verra « chap. IV, art 7 » que d'après des présomptions motivées le Domaine de Coudun dût être saisi par un chef Franc comme « Domaine militaire Gallo-Romain. »
(6) Graves. « Statistique du canton de Compiègne), p.82.» Cette tradition n'a rien d'invraisemblable ; seulement le nom de « Ganelon » paraît, peut-être bien, puiser sa source réelle dans un nom vulgairement appliqué, en Franche-Comté, aux vieilles constructions romaines « (Statistique du canton de Compiègne p. 84) », ce qui n'aurait pas empêché, comme nous le disions ci-dessus, les possesseurs du fief d'en prendre le nom et de former une MAISON DE GANELON comme leurs successeurs formèrent une MAISON DE COUDUN.

le nom de *Chemin de Flandres* à la traversée par le Plessis-

ment à titre de fiefs (1). C'est ainsi que les droits inhérents à la navigation
de l'Oise furent livrés, dans un fort rayon autour de Compiègne, par Charles-
le Chauve et Charles-le-Simple, et il est probable que la traversée de
Janville subit un sort analogue sans que l'époque nous en soit bien connue.

À la suite de ces premiers faits, ce qu'il semble y avoir eu de plus remarquable ici, pendant tout le moyen âge, et même au-delà, c'est l'union
continue, malgré des changements de maison, entre la *seigneurie de Coudun et celle de Janville* (2) : ces seigneuries comprenaient les deux points
capitaux du pays en fait de communication, et l'on peut juger si l'anarchie
féodale qui suivit la déposition de Charles-le-Gros, en 888, permit au possesseur de *Janville* de rançonner, par terre et par eau, les voyageurs qui
furent soumis à un surcroît de droits seigneuriaux de péage, rouage et de
travers, lesquels se perpétuèrent pendant bien des siècles et qui prenaient
probablement en partie leur source dans ces temps d'usurpation désordonnée.
Quoiqu'il en soit, ces droits produisaient des revenus considérables (3) et
devinrent d'autant plus difficiles à déraciner que les deux seigneuries ci-
dessus finirent par être comprises dans le puissant duché de Humières (3).
Aussi les droits ne furent-ils abolis définitivement qu'en 1747 (3) assez
longtemps après la construction de la route actuelle.

L'existence active du château de Janville n'a point laissé de souvenirs
historiques, à notre connaissance, en sorte qu'on peut penser qu'il fut à peu
près détruit par les Normands, en raison de sa position défensive des rives
de l'Oise, et qu'il ne reçut plus qu'un officier fiscal des seigneurs de *Coudun*
et *Janville* qui chargeaient celui-ci de percevoir les droits. En tous cas, la
connexité continue des seigneuries de Coudun et Janville explique la longue
persistance du monopole des intérêts coalisés pour maintenir le passage du
chemin de la Flandre orientale par les Sept-Voies et Coudun ; ce passage
entraînait aussi la direction par Chevrières et les Sept-Voies, du chemin de
la Flandre-Occidentale malgré l'état impraticable des marais de Chevrières,
d'où il résulta qu'à cette époque du moyen âge, l'ancien chemin *romanisé*
de Pontpoint fut reporté à Rhuis dont la rue principale s'appelle encore aujourd'hui *chemin de Flandres*, lequel chemin traversait l'Oise au rû de
Roanne sur le pont du Martroy (4) substitué au pont de la Joncquoi afin
d'éviter le plus possible les marais en se rejetant sur la droite. Ce chemin de
Rhuis se prolongeait en arrière par Villeneuve jusques à Chaversi où il
se bifurquait pour gagner Meaux par Nanteuil d'un côté, puis par Crépy et
la Ferté-Milon de l'autre (5). La *Patte-d'Oie* sur Senlis dut commencer alors
à s'opérer par *Villeneuve*.

Un grand fait vint, au onzième siècle notamment, en aide pour atteindre
mortellement le système de viabilité *Gauloise* des Sept-Voies, système *romanisé* d'abord sous la période Gallo Romaine, puis remis en état par la
reine Brunehaut, après les ravages qui accompagnèrent la conquête des

(1) Carlier. « Histoire du Valois, t. I, p. 109 et 110. » Graves. « Statistique
du canton de Compiègne, p. 152.
(2) Graves. « Statistique du canton de Compiègne, » p. 151.
(3) Ibidem, page 152.
(4) Carlier. « Histoire du Valois, » t. II, p. 167.
(5) Ibidem, t. II, p. 166

Brion et Montmacq, ne peut laisser aucun doute sur les obstacles, plus ou moins absolus, mis à la traversée de *Janville*.

Francs, système enfin qui avait eu sa forte raison d'être et sa grandeur : ce fait, ce fut la destruction du *pont de Venette* et son transport à la forteresse de Charles-le-Chauve pour former le Compiègne actuel. Le carrefour des Sept-Voies perdit alors tout ce que le Compiègne nouveau gagna, et le passage libre par Janville devint successivement un besoin impérieux dont la privation était à peine adoucie par le *bac à l'Aumône* et par le *bac à Bellerive* qui avait repris ses habitudes Gauloises après la destruction par les Barbares (1) du *pont de la Malemer*. Mais c'est seulement vers 1680 (2) que le système de viabilité Gauloise reçut enfin le dernier coup par la construction, qui dut être à peu près simultanée, de la route de Flandre occidentale par Pont, Estrées, Gournay et Roye, puis de la route de Flandre orientale par Compiègne et *Janville*. Il fallut encore un certain nombre d'années pour décider l'abolition des droits seigneuriaux de Coudun sur la route nouvelle. L'abolition n'en fut définitivement décrétée qu'en 1747.

(1) L'invasion des Huns avec Attila, en 451, a produit bien des destructions sauvages dont il est essentiel de constater la portée pour ne point mettre historiquement tant d'actes de bouleversements à la seule charge des Francs dont nous dirons plus loin le petit nombre relatif.
(2) Graves. « Notice archéologique du département de l'Oise. » Senlis à Bavai.

IIIᵉ CHAPITRE

ASPECT DU TERRITOIRE DE COMPIÈGNE ET DE SES ALENTOURS
SOUS LES GAULOIS,
AU MOMENT DE LA CONQUÊTE DE CÉSAR

ARTICLE UNIQUE

§ 1. *Importance probable de* **Venette** *pendant l'époque Gallo-Belge.*

§ 2. *Direction du* **strata Compendii** *déterminant la rue principale de Venette* (rue du Prêtre), *jusques au gué de l'Oise. Rue latérale* (rue d'en-bas) *conduisant au* **Port.** *Castellum probable du chef Gallo-Belge placé vers la croisée des deux rues.*

§ 3. *Position et nature des habitations Gauloises de* **Venette.** *Présomptions sur l'état spécial du territoire de Venette; indication sur la probabilité d'une large éclaircie à l'origine du* **strata Compendii** *se poursuivant plus ou moins au delà. Limites probables de cette éclaircie, suivant la vallée d'Aronde, de* **Clairoix** *à* **Baugy.**

§ 4 *État boisé probable du plateau au-dessus de* **Margny** *entre Venette et Clairoix. Moment probable de son défrichement. Présomption sur la création de* **Margny** *État probable de la rive droite depuis le Ganelon jusqu'à Venette.*

§ 5. *État général propable de la rive gauche sous les Gaulois. Rares habitations près du gué. Sentier parallèle à l'Aisne et s'unissant à un autre sentier allant de Choisy au pays des Parisii par l'emplacement de Compiègne actuel, puis par* **Compendium, Mercière, Pontpoint** *et l'oppidum de Senlis.*

§ 1.

Importance probable de Venette pendant l'époque Gallo-Belge.

Si l'on veut se rendre compte de l'aspect que devait offrir le territoire de Compiègne et ceux qui lui étaient attenants depuis l'époque qui précède immédiatement la conquête

de César jusques à la conquête effectuée par les Francs, il
faut fixer d'abord ses idées sur l'état des lieux dans ces
diverses périodes, ainsi que sur la signification des constructions qui durent accompagner, à cette époque, les chemins que
nous avons décrits comme existant dès l'origine des campagnes
de César, puis sur les modifications que le cours des temps et
des évènements amena successivement alors dans les mœurs
et dans les intérêts.

Ainsi, pour l'époque Gallo-Belge qui régnait dans toute sa
vigueur à l'arrivée de César, il nous apparaît clairement que
le chemin d'Amiens à Venette (nommé depuis *strata Compendii*) établi, nous l'avons vu, page 90, par les Gallo-Belges,
n'avait pu être créé de la sorte en vertu d'un pur caprice,
et que dès lors il constituait, AVANT CÉSAR, une artère importante destinée à utiliser la navigation de l'Oise et de l'Aisne,
quelque primitive qu'elle put être alors. Il résulte de ce point
de vue la quasi-certitude que Venette, qui formait ici *tête de
ligne*, du côté de la rive droite de l'Oise, devait servir d'entrepôt commercial aux peuplades du nord, ainsi que Dom
Grenier en exprime la présomption que nous avons transcrite
page 89. On peut donc, sans témérité, *affirmer* qu'il se
trouvait à cette époque et sur ce point, une bourgade Gallo-
Belge, de la cité des Bellovaques et qu'elle était dirigée par
un chef appartenant à ce peuple Bellovaque.

§ 2.

Direction du STRATA COMPENDII déterminant la rue principale de Venette (rue du
Prêtre), jusques au gué de l'Oise. Rue latérale (rue d'en-bas) conduisant au PORT.
CASTELLUM probable du chef Gallo-Belge placé vers la croisée des deux rues.

Nous avons déjà fait remarquer, page 90, la correspondance remarquable du chemin gaulois d'Amiens à Venette

(nommé depuis *strata Compendii*) et menant au gué de
l'Oise, avec la *route du Faîte* tracée au-delà du gué et sur la
rive gauche. Le Chemin gaulois d'Amiens à Venette était
d'abord traversé par le chemin direct de Joncquières à Condun
(p. 98), vulgairement dit *chemin des Martelloys*; après
cette traversée, il y a dans la direction du *strata Compendii*
une courte interruption motivée par la saillie d'une ferme précédant l'église, et qui, avant 1789, formait un prieuré établi
de longue date. Le cimetière, puis l'église font suite à cette
saillie en y participant, et la direction du *strata Compendii*
est reprise au-delà, après une traversée de la voie publique
qui tourne autour de l'église. Cette direction suit, droit, la *rue
du Prêtre* et coupe la rue qui épouse le *chemin de la Vallée*
(p. 99) nommé, sur le cadastre, *Chemin de Flandre*, parce
qu'il allait rejoindre à Clairoix le Bac-à-l'Aumône (p. 100)
et formait ainsi un second chemin de Flandre *orientale* qui
s'embranchant à *Pontpoint*, venait par le chemin de Paris,
rejoindre le *pont de Venette*. La même direction, *continuée
droit, menait au gué*. Aujourd'hui il y a une légère déviation
dans ce prolongement parce que les eaux descendant du *strata
Compendii* ont forcé de construire un pont pour faciliter le
passage de de la nouvelle route de Compiègne à Clermont.

Toujours est-il que vers le point d'intersection du *strata
Compendii* avec le *chemin des Martelloys*, on voit se détae-
cher de ce *strata Compendii* la *rue d'en bas* qui va droit à
l'Oise, dont elle atteignait les abords en un point autour duquel
se trouvait très-probablement le port Gallo-Belge de Venette,
port qui continua, plus tard, à être le port Gallo-Romain. —
Qui dit, que dès lors aussi, un châtelet, ou *castellum* Gallo-
Belge, n'existait pas au centre de la bourgade pour la demeure du chef, suivant l'usage de ces peuples (1)? On peut

---

(1) Martin Marville. *Essai sur les châteaux royaux mérovingiens*, etc.
Mém. ant. Picard. 3me série, t. III, p. 368.

voir dans le travail de M. Martin Marville dans lequel nous
puiserons souvent, la distinction importante qu'il assigne entre
les diverses sortes d'habitations fortifiées ou non, des dominateurs successifs de la Gaule. Sous les Gaulois, ces habitations des chefs ou *castella* étaient situées près ou à côté
des habitations de leurs bourgs, villes ou villages, près aussi
des bois et cours d'eau (Martin Marville, p. 416), et occupaient le centre d'un emplacement rond ou elliptique (M. M.
p. 412, 419). L'emplacement de l'ancien prieuré voisin de
l'église, lequel emplacement a dû être successivement affecté
à un établissement officiel sous les Gaulois, sous les Romains
et sous les Francs, se prête d'autant mieux à cette possibilité que si l'on veut appliquer cet emplacement à un castellum Gaulois, *nécessairement exclusif de l'église*, on voit
que son contour, le long du *strata Compendii*, devait être
compris entre le *chemin des Martelloys*, (dit Ruellette) et le
mur du cimetière séparatif d'avec le prieuré, lequel cimetière
faisait alors partie de la voie publique; les angles opposés des
deux directions latérales pouvaient donc au besoin être aussi
émoussés qu'on l'aurait voulu, selon la forme ronde ou elliptique adoptée pour le contour. Comme la nouvelle route de
Clermont n'existait pas alors, les deux directions latérales ci-
dessus, à savoir le *chemin des Martelloys* et la *rue de Jaux*
pouvaient embrasser les dépendances du *castellum* jusqu'à
la forêt. — Rien ne vient d'ailleurs infirmer cet état de choses
primitif; car toute trace du détail des dispositions antérieures
a disparu forcément à la suite des transformations nombreuses
que nous verrons résulter de la création d'une *villa cesariana*
ou *villa fiscale* sous les Romains, puis sous les Francs,
d'une *villa Venitta* ou *maison royale*, saccagée et brûlée
par les Normands, reconstruite et brûlée de nouveau par les
Navarrois en 1358, relevée encore et détruite définitivement
par les Anglo-Bourguignons pendant le siège de 1430, pour

ne plus donner naissance qu'à deux prieurés destinés à vivre jusqu'en 1789. Dès que tant de révolutions successives se sont produites en effet au centre de Venette, on peut hardiment présumer que l'habitation du chef Gallo-Belge était également assise au même lieu et au centre du Venette Gaulois, qu'elle était, soit ronde ou elliptique, suivant l'usage Gaulois, soit même quarrée en raison de l'origine germaine des Belges. (M. M. p. 418), qu'elle était faite en bois et palissades, surmontée d'un grand toit aigu et couverte en paille (M. M. p. 418), assise sur un sol surélevé par le rejet des terres d'un fossé plus ou moins circulaire et formant ainsi une MOTTE (M. M. p. 419, 426, 427), symbole d'autorité qui a pris dès lors une telle prépondérance, qu'il est traditionnellement devenu le signe de supériorité des châtelets impériaux Gallo-Romains comme des châteaux forts de la féodalité. Le fossé du castellum Gaulois était lui-même entouré d'un *tunimus* ou terrasse (M. M. p. 483).

§ 3.

Position et nature des habitations Gauloises de Venette. Présomptions sur l'état spécial du territoire de Venette ; indications sur la probabilité d'une large éclaircie à l'origine du STRATA COMPENDII se poursuivant plus ou moins au-delà. Limites probables de cette éclaircie sur la rive droite de l'Oise. Embranchement probable de cette éclaircie, suivant la vallée d'Aronde, de Clairoix à Baugy.

Autour du *castellum* du chef Gallo-Belge de Venette, et suivant la coutume des Gaulois, leurs habitations de bois couvertes en paille devaient être rapprochées les unes des autres (M. M. p. 368, 418) et s'étendre le long de la *rue du Prêtre* jusqu'à l'Oise, le long de la *rue d'en-bas* jusque au port, comme le long de la *rue qui épousait le chemin de la Vallée* et peut-être aussi en arrière sur le *chemin des Martelloys...* Mais, pour les présomptions à émettre sur l'état

général de la rive droite à cette époque Gauloise et d'abord
sur l'état du territoire de Venette, il faut ici tenir grand
compte de la charte communale que Louis VII accorda aux
hommes de Jaux en 1177, suivant M. Graves (1), et dans
lequel Jaux est indiqué comme *situé dans la forêt de Cuise*,
ce qui motiva dans cette charte la concession de droits d'u-
sage. On peut donc en inférer qu'à l'époque Gauloise et à
l'époque Gallo-Romaine, Jaux ne devait former qu'une oasis
sur la rive de l'Oise, et il faut noter de plus ici que le lit de
l'Oise suivait alors comme dans tout le moyen âge (2) à peu
près la ligne de la route départementale actuelle, sous le
nom de *canal de la Conque*, et passait à Rivecourt, puis au
bois d'Ageux, pour gagner Verberie ; quant au cours actuel
de l'Oise, il ne formait qu'un bras qui s'en détachait au-dessous de Mercière, à l'île de la Tourteraie.

Les faits qui précèdent nous permettent d'en déduire que
Venette aurait été, sous les Gaulois, dans le même état que
Jaux, si son rôle de bourg entrepositaire et servant au transit
commercial, n'avait motivé alors pour lui une oasis plus dé-
veloppée, une éclaircie plus étendue dans la susdite forêt de
Cuise. Nous ne pensons point toutefois que l'éclaircie à gauche
ait alors dépassé et même atteint le bois de Plaisance, et
nous croyons qu'à droite, elle devait suivre à peu près les
limites du territoire actuel de Venette et s'arrêter aux abords
de *la Folie*, en comprenant dans cette éclaircie, qui se continuait sans doute en arrière, les hauteurs par Corbeaulieu et
les Sept-Voies. Il semble, en vérité, qu'en consultant encore
aujourd'hui la carte de l'État-major, on voie une *intention* qui,
primitivement, aurait tracé une limite de défrichements le
long des bois de Plaisance, Calfeux, ... c'est-à-dire à peu
près parallèlement au *strata Compendii* qui, au-dessus, borde

(1) Ibidem. Art. Jaux, p. 153.
(2) *Histoire du Valois*. t. I, p. 110.

les bois de Baugy et Monchy, et si on fait des observations
analogues sur la rive *gauche* de l'Aronde, on y trouverait
encore une *intention*, comme limite de défrichements sur
cette rive gauche, en suivant les croupes boisées du Ganelon
et des hauteurs de Giraumont, les bois de Rimberlieu, de
Villers-sur-Coudun et Vignemont... Il pourrait donc s'ensuivre
l'indication de deux directions d'éclaircies *primitives* dans la
forêt de Cuise, l'une partant de Venette et suivant une direction parallèle au *strata Compendii*, l'autre partant du
confluent de l'Aronde avec l'Oise et suivant le cours de l'A-
ronde. Ces deux éclaircies se seraient ainsi rejointes à Baugy,
point de croisement de leurs axes, pour se poursuivre ensuite,
d'une manière plus ou moins prononcée, dans les directions
respectives de ces axes, directions qui se combinaient en
outre à Baugy avec la croisée du chemin de Flandre *occidentale* par Marquéglise et Ressons... (p. 76.)

§ 4.

État boisé probable du plateau au-dessus de Margny entre Venette et Clairoix. Moment probable de son défrichement. Présomptions sur la création de Margny.
État général probable de la rive droite depuis le Ganelon jusqu'à Venette.

En nous bornant aux indications sommaires qui précèdent
relativement aux abords de Compiègne, on remarquera que la
circonférence décrite par nos deux limites de défrichements
supposés entre Venette, Baugy et Clairoix, *renferme* le *plateau au-dessus de Margny*, lequel plateau est entièrement
déboisé de temps immémorial. L'aurait-il donc été sous les
Gaulois en même temps que furent effectuées par eux les
deux éclaircies précédentes?... Nous sommes loin de le
penser. Le besoin des Gaulois de placer leurs habitations
près des bois et des eaux, ne devait pas les porter à multi-

plier, au-delà de leurs besoins avérés, le déboisement des plateaux, et nous pouvons observer qu'ici spécialement, pour ce qui concerne le plateau de Margny, aucun village, aucune ferme isolée même, ne se trouve dans cet espace dont la culture, dans nos temps modernes, a pu être rattachée soit aux villages, soit aux fermes isolées, existant sur la circonférence. Suivant nos impressions guidées par l'observation, nous avons dû présumer que le massif boisé du plateau de Margny *resta intact sous les Gaulois* entre les deux éclaircies du *strata Compendii* et de *l'Aronde* et que ce massif boisé avait alors ses limites dans la vallée de l'Oise, d'une part entre Venette. et *la Folie*, puis de l'autre part aux abords de la rive droite de l'Aronde avant Clairoix. — Nous présumons dès lors que la disparition de ce massif boisé a dû être opérée par les Romains qui, après la conquête de César, voulurent dégager les alentours de *Coudun*, lequel, par les Sept-Voies, rayonnait dans toute la cité des Bellovaques ; puis, en même temps, ils mettaient ainsi à découvert, en face du Ganelon, le passage de *Compendium* et le *strata Compendii* dont César, comme nous le verrons, avait été à même d'apprécier l'importance. Comme il s'agissait ici pour les Romains, beaucoup moins de culture que de politique et de stratégie, ils auraient pu laisser en biens communaux les portions qui n'auraient pu être livrées à la culture régulière des centres existants ; mais il est plus probable qu'ils furent livrés aux *milites*, c'est-à-dire aux milices du sol installées soit à Coudun, soit non loin de Coudun dans la vallée de l'Aronde, ou autour du massif défriché. De toute manière nous croyons d'autant plus à l'existence, *sous les Gaulois*, du massif boisé susdit, et descendant jusque vers l'Oise, que la *position* de Margny est une position *Romaine*, au pied de la colline et à une distance notable de l'Oise. Les Gaulois auraient placé leur village sur l'Oise même, à l'emplacement

du *Petit-Margny* qui ne fut créé que plus tard, après la conquête des Francs. Aussi la *création de Margny* nous paraît
en même temps *Romaine* et contemporaine du défrichement
général appliqué au plateau supérieur.

Pour embrasser l'ensemble général de la rive droite à
cette époque Gauloise, nous pouvons partir de Janville où
nous trouvons une croupe du Ganelon boisée et percée d'un
simple sentier sans communications faciles et suivies (p. 82 et
100); une éclaircie dans le boisement prenait naissance, nous le
pensons, un peu au-dessus de Clairoix, dans la direction du
cours de l'Aronde, et le bac à l'Aumône se trouvait non loin de
l'origine de cette éclaircie : puis, sur la rive droite de l'Aronde
et à peu de distance de cette rive, commençaient les ombres
de la forêt de Cuise laquelle se prolongeait jusque après *la
Folie*, en laissant descendre les futaies depuis le plateau jusque
aux abords de l'Oise.

Dans cet intervalle un détail est à signaler ; nous pouvons
noter ici en effet que, vis-à-vis le Compiègne actuel, le cours
de l'Oise était alors sensiblement différent du cours d'aujour-
d'hui. Parvenu vers l'emplacement actuel de l'*estacade*, qui
se trouve non loin de la *pompe à feu*, le cours déviait notablement de sa position d'aujourd'hui en se dirigeant de manière
à faire arriver la rive gauche tangentiellement à l'emplacement
de la *rue des Trois-Pigeons* située au bas du *Marché-aux-
Herbes*. A ce point sa direction changeait en sens inverse et
venait reprendre le cours actuel de l'Oise vis-à-vis le port de
Venette. La rive droite suivait ce mouvement en sorte que la
cour actuelle de l'Hôtel-Dieu, partie du bâtiment des malades
et presque toute la *grosse tour* ÉTAIENT SUR LA RIVE DROITE DE
L'OISE. — Nous nous bornons à ces indications sommaires dont
les preuves seront fournies dans les divisions suivantes. —
Quant au port de Venette que cette revue de la rive droite vient
de nous faire atteindre, nous le voyons figurer indirectement

sur le plan de Bussa (1772) bordé d'un sentier latéral à l'Oise lequel se transforma, sous les Romains, en chemin de halage ; ce port semble là entouré d'une sorte de chemin de ceinture planté, partant du gué de l'Oise et venant se relier au sentier latéral à une certaine distance.

Quant à la plaine qui s'étend jusques à *la Folie*, elle formait probablement une vaste prairie que nous retrouverons plus tard, ayant beaucoup augmenté d'étendue sous les Romains, puis servant ensuite, sous les Francs, aux Assemblées Générales de la nation ; nous la retrouverons enfin comme théâtre des tournois et fêtes plénières de la troisième race. Les collines Gauloises, bordant cette prairie, étaient, peut-être cultivées dès lors en vigne ; car cette culture introduite depuis longtemps dans les Gaules, était fort répandue dans nos contrées sous les premiers rois Francs, et il semble qu'on pourrait rattacher à cette antiquité l'opinion de plusieurs archéologues qui attribuent le nom de *Venette* et de la *villa Venitta*, non à la chasse dont ce pays assurait la jouissance, mais à la viticulture dont Venette aurait été en quelque sorte le type et le centre (1).

Quoiqu'il en soit, ces collines se réunissaient aux champs supérieurs de l'éclaircie dont Corbeaulieu, Normandie et les Sept-Voies occupaient à peu près l'axe ; mais il peut paraître douteux que ces fermes isolées ou leurs analogues fussent en activité sous les Gaulois.

---

(1) Graves. *Statistique du canton de Compiègne*, art. Venette, p. 171.

§ 5.

État général probable de la rive gauche sous les Gaulois. Rares habitations près du gué. Sentier parallèle à l'Aisne et s'unissant à un autre sentier allant de Choisy dans le pays des Parisii par l'emplacement de Compiègne actuel, puis par Compendium, Mercière, Pontpoint et l'oppidum de Senlis.

Si nous passons à la rive gauche de l'Oise occupée par Compendium et placée chez les Suessiones, nous verrons d'abord que sa position ne pouvait être utilisée pour un port commercial, en l'absence d'un *pont*, ni servir sous ce rapport à des populations éloignées et directement établies audela de la forêt de Cuise, entre l'Oise et l'Aisne. Tout se bornait donc ici, aussi certainement que possible, à quelques habitations gauloises semées près des débouchés du gué, et à droite comme à gauche de la route de Soissons par le Faîte, route dont la première partie est située elle-même entre la *rue actuelle du port Saint-Germain* et la *rue du Moulin-de-Venette*. C'est dans cet espace ainsi circonscrit que se trouvait la première amorce d'éclaircie à peu près pratiquée jusqu'à la traverse formée par le *chemin derrière les jardins de Saint-Germain*. Nous regardons ce vieux chemin comme faisant partie du sentier qui peut être considéré comme le premier chemin de *Compendium* chez les *Parisii* et sur lequel nous reviendrons tout à l'heure. Du reste nous avons décrit ailleurs (p. 87 et suivantes), toute la direction de la *route du Faîte* elle-même qui devait couper primitivement ce *chemin derrière les jardins de Saint-Germain*, et dont les sections aux abords du gué de l'Oise ont disparu depuis longtemps ne laissant jusques au *chemin de la Justice* qu'un tronçon isolé, la *rue de la Mare-Gaudry* (p. 93). A cette époque Gauloise, la *route primitive du Faîte* subsistait dans toute son intégrité, et, en dehors de l'éclaircie dont nous avons parlé, la rive gauche devait être toute boisée et ne se trouver sillonnée avec quelque certitude que par le premier rudiment ci-dessus mentionné du chemin Gaulois de *Choisy* et *Compendium* chez les *Parisii*(1).

Ce chemin, ou plutôt ce sentier, partait de Choisy, lequel était desservi par un bac; il suivait le *vieux chemin de Choisy* encore existant, traversait l'emplacement de la *Porte-Chapelle*, puis celui de la *rue d'Ulm*, puis celui de la *rue des Minimes* jusqu'à l'*Impasse des Frères*, allait droit ensuite rejoindre à peu près l'emplacement de la *rue des Bonnetiers*, et celui de la *rue des Clochettes*; au-delà le sentier allait épouser la *rue des Anges*, puis la *rue de l'Abattoir*, en déviant un peu, dans son extrémité, par le haut, pour unir cette extrémité à *la ligne du derrière* des bâtiments qui bordent la *rue N. D. de Bon-Secours*. Il est facile, sur le plan cadastral, de suivre les sinuosités évidentes de cette ligne d'arrière qui vient mourir un peu au-dessous de l'angle du cimetière de Saint-Germain. Il ne nous paraît pas douteux d'après les études postérieures qui se relieront à ces premières observations, que la ligne d'arrière, ci-dessus signalée, allait se continuer sur le *chemin derrière les jardins de Saint-Germain* et suivait au-delà le chemin *dit du bac de l'église de Jaux*. Le sentier devait atteindre la rive au point de ce bac qu'il desservait peut-être, si le dit bac existait déjà vis-à-vis de *Gallis Villa* (Jaux), puis il poursuivait son cours sur le bas de *Mercière* en suivant à peu près le littoral de l'Oise pour gagner le *hameau*

(1) Toutefois *nous soupçonnons* que déjà, du temps des Gaulois, des oasis ou éclaircies se montraient le long de la *forêt de Cuise* DU CÔTÉ OPPOSÉ A L'OISE et que deux sentiers y communiquaient ; l'un, à gauche de la *route du Faite* et venant des environs de Pierrefonds pour desservir le Nord-Est, l'autre, à droite de cette *route du Faite* et venant des environs de Béthisy pour desservir le Sud-Est, tous deux devaient se réunir au même point du sentier de Choisy à Paris, point placé entre le *gué de l'Oise* et *Choisy*, au bas de la *rue des Anges* et dans l'axe d'un petit ravin représenté par la *rue des Chevaux* (aujourd'hui *rue Pierre d'Ailly*, dont l'extrémité aboutit à la *rue de la Baguette* qui se trouvait à peu près alors le long de la rive gauche de l'Oise. Nous faisons en ce moment de simples réserves à ce sujet que nous reprendrons à la troisième subdivision, chap Ier. Déjà à une note de la page 94 nous avons fait pressentir le chemin primitif de Béthisy.

du Bac, première position de Lacroix avant la fondation de son abbaye par Dagobert. Le sentier se continuait ensuite par Verberie et Rhuis sur Pontpoint, d'où nous l'avons vu gagner les Parisii (p. 78).

Le même sentier s'embranchait à l'emplacement de la *Porte-Chapelle* sur le vieux sentier parallèle à l'Aisne, qui coupant longitudinalement le grand parc, joignait l'emplacement de la *Croix du Saint-Signe*, nom dont la signification sera plus tard expliquée, puis suivait à peu de chose près le tracé qui fut, depuis lors, appliqué à la route de Soissons.

IVᵉ CHAPITRE

APERÇUS HISTORIQUES CONCERNANT LES CONTRÉES
AVOISINANT COMPIÈGNE, A PARTIR DES CAMPAGNES DE CÉSAR,
JUSQUES A LA CONQUÊTE DES FRANCS.

———

1ᵉʳ ARTICLE
Campagnes de César

§ 1. *Préliminaires des campagnes de César.*
§ 2. *Première campagne de César contre les Bellovaques.*
§ 3. *Intervalle pendant lequel le territoire Belge ne fut pas envahi par César.*
§ 4. *Deuxième campagne de César contre les Bellovaques.*

§ 1.
Préliminaires des campagnes de César.

Nous n'avons présenté ci-dessus le squelette, pour ainsi dire, des principaux chemins Gaulois dans les contrées adjacentes à Compiègne, que pour être à même d'exposer, d'une manière qui nous parut logique, l'apparition de César dans notre pays, les conquêtes qu'il y opéra, le rôle qui fut échu pour ce sujet à notre territoire, et les résultats qui durent s'en suivre pour son avenir.

On sait que, jusqu'à Jules César, Rome ne possédait au-delà des Alpes que ce que l'on appelait la *Province romaine* dont ce grand capitaine reçut le gouvernement environ soixante ans avant J.-C. Ce furent des motifs plausibles qui lui firent une première fois franchir les limites du territoire soumis à son commandement. Il eut d'abord en effet à contenir les Helvètes qui voulaient exiger le passage sur le territoire Romain pour émigrer à l'aise ; puis, les Alpes franchies, il eut, sur la demande des Eduens, à secourir ce peuple Gaulois, où Divitiac avait un grand commandement, et qui était en proie à une invasion de Germains. César s'acquit ainsi l'alliance d'une fraction considérable de ces Eduens et commença à faire agir son habile diplomatie parmi les peuplades Gauloises fort indépendantes et dès lors soumises à un lien fédératif trop faible pour protéger suffisamment leur liberté. Toutefois les bienfaits même de César éveillèrent rapidement les défiances de ces peuples qui sentirent alors combien le joug de Rome était imminent ; il s'ensuivit que les peuples Belges, les premiers, montèrent une coalition et coururent aux armes.

§ 2.

Première campagne de César contre les Bellovaques.

Suivant le récit de César (1) plus de 300,000 d'entr'eux adhéraient à la coalition où les Bellovaques, les Suessiones, les Ambiens et les Véromandiens tenaient les principaux rangs et devaient frapper les premiers coups. Aussi prirent-ils leur rendez-vous, à quelque distance en amont de Soissons, sur la rive droite de l'Aisne, et vers la frontière qui séparait les Suessiones d'avec les Rémois. Pour ceux-ci, ils furent assez prudents pour ne point faire partie, au moins provisoirement, de cette levée de boucliers.

César, prévenu, s'était hâté, après avoir rassemblé ses légions, d'arriver en cinq jours sur la frontière du territoire

(1) *Comment.* liv. II, ch. 4.

des Belges accompagné de son allié l'Eduen Divitiac. Il y reçut promptement la demande des Rémois pour opérer leur soumission. Après avoir pris d'eux des ôtages, son premier soin fut de persuader à Divitiac d'aller chercher un contingent de sa nation pour opérer une diversion sur les derrières des Bellovaques en ravageant les terres de ce peuple le plus important parmi les confédérés : puis, se plaçant à cheval sur l'Aisne, il établit là son camp protégé par un marais du côté de la rive droite où était l'ennemi et par un terrassement sur la rive gauche, puis il chercha à temporiser en face de son ennemi dont l'armée se formait en vis-à-vis, et s'accroissait chaque jour.

Nous sommes entré dans ces détails parce que l'intervention active de Divitiac, dans les commencements de cette guerre, n'est présentée que comme une sorte d'accessoire dans les mémoires de César destinés à rehausser son armée, tandis que non-seulement ladite intervention nous semble capitale pour toute la première partie de la campagne, dont elle décida irrésistiblement le succès, mais encore que le rôle joué par Divitiac dut toute son importance à la position spéciale du territoire de COMPENDIUM, qui eut dès lors ce nom fixé dans les souvenirs de César et comme buriné dans les faits accomplis de l'histoire locale.

Il ne peut entrer ici dans notre cadre, de prendre parti dans les nombreuses discussions qui ont été soulevées au sujet des positions réciproques qui furent occupées sur les rives de l'Aisne par César d'un côté, par les Gaulois de l'autre, pas plus qu'au sujet des détails minutieux de la marche ultérieure et victorieuse de César sur Amiens en enlevant en route NOVIODUNUM et BRATUSPANCE ; mais nous dirons que dans toutes les positions supposées être celle du *camp de César* sur l'Aisne, il y a un fait commun, bien que distinct et inévitable à envisager ; nous voulons parler de la marche de Divitiac vers le territoire des Bellovaques pour y opérer sur les derrières de leur armée en détruisant les récoltes de ce peuple.

Qu'on veuille bien remarquer la corrélation qui existe entre la marche finale de Divitiac, arrivé avec son contingent, et la détermination prise par César, JUSQUES ALORS TEMPORISANT, *de présenter la bataille*; si les Gaulois refusent d'aller au devant de cette bataille, dans de mauvaises conditions, en traversant le marais séparatif, ils n'ont pas moins hâte d'en finir, car ils essaient de passer l'Aisne à gué pour tenter sur l'autre rive une attaque qui ne réussit point. Mais quelqu'ait été là leur échec, ce n'était qu'un échec partiel, très-réparable et qui n'entamait nullement le gros de leur armée.

Et, cependant, le *lendemain matin* toute cette armée se trouve *débandée* d'une manière complète... C'est que des coureurs éperdus sont venus apprendre aux coalisés l'approche imminente des Eduens sur leurs derrières pour ravager les terres dont l'entrée est libre.... Les prévisions de César sont justifiées dès lors; les Gaulois se dispersent et la route est ouverte devant le grand capitaine : il n'y trouvera plus d'ennemis rassemblés, sauf à *Noviodunum* des Suessiones, et à *Bratuspance,* refuge suprême des Bellovaques : mais il lui suffira de quelques démonstrations menaçantes pour que tout soit rendu à merci. Quand il continue sur Amiens, la menace n'est même plus nécessaire : *veni, vidi, vinci.*

Qu'a-t-il donc fallu pour produire un tel résultat, avec une rapidité si foudroyante, sur une coalition de 300,000 hommes? la simple annonce d'une nuée de sauterelles sur les terres momentanément désertées des Bellovaques. Mais comment cette invasion rapide, et maintenue longtemps secrète, s'est-elle tout à coup exécutée ? par où ? comment ? César est muet à ce sujet, et par suite la question est négligée.

Heureusement qu'ici il ne peut y avoir deux opinions à

choisir, parce que la logique et le bon sens ne permettent pas de supposer que, pour Divitiac, il y ait pu y avoir deux routes à suivre.

Si l'on se reporte en effet aux réseaux de chemins que nous avons établi plus haut, va-t-on se figurer que Divitiac, partant du camp de César, a eu l'idée de s'engager avec les siens dans le massif inextricable placé entre Soissons et l'Oise, massif habité sans aucun doute par des tribus de Suessiones indomptées, percé de chemins indéfiniment encaissés dans des forêts profondes, et cela pour arriver à une bande de terrain appartenant bien aux Bellovaques, mais une bande de terrain également boisé et sans valeur susceptible d'être atteinte ? L'attaque, pour être efficace, eut dû exiger le passage de l'Oise, et ce nouvel obstacle était tel que les envahisseurs pouvaient se dire : nous entrerons, mais nous n'en sortirons pas.

Est-ce le *chemin de Barbarie* par lequel ils auraient pu, dans l'état ordinaire des choses, gagner le confluent des deux rivières ? mais l'armée ennemie occupait ce *chemin de Barbarie....*

Est-ce le sentier renforcé côtoyant la rive gauche de l'Aisne , et menant au gué de l'Oise ? Peut-être ; mais indépendamment d'une voie peu praticable pour une troupe nombreuse, elle était en vue des coalisés pendant tout le parcours et aurait attiré, sans conteste, une forte colonne de défenseurs par lesquels le plan aurait été déjoué par cela seul que le secret en aurait été éventé.... Non ! une SEULE route, par l'*Allée du Faîte*, était libre, suffisamment courte, facilement praticable, couverte dans toute son étendue, et le secret aurait pu être gardé, jusques à l'arrivée foudroyante au gué de l'Oise, si des éclaircies déjà effectuées de Saint-Jean à la Brevière n'avaient été garnies d'habitants dont la fuite vers le camp si rapproché des coalisés y avait immédiatement porté la terreur. L'effet fut immanquable, et les Bellovaques eurent peine sans doute à retarder leur départ jusqu'au lendemain, sûrs qu'ils seraient de voir alors l'invasion consommée.

On le voit : la manœuvre avait eu un succès complet ; aussi le nom de *Compendium* dut être pour toujours attaché au gué de l'Oise, avec une autorité mémorable, par César, à la suite d'une campagne conduite aussi heureusement, puis achevée à si bon compte, et l'appellation future du *strata Compendii* fut dès lors burinée dans tous ses souvenirs. Ajoutons qu'il comprit à n'en pas douter, qu'un tel passage de Soissons à Beauvais et Amiens devait être gardé avec un soin d'autant plus jaloux qu'il donnait la clé du pays des Bellovaques aux possesseurs de Soissons considéré comme avant-poste de Reims ; car ce pays était inaccessible par le massif boisé dont, sans aucun doute, César projeta dès lors la destruction.

Dirons-nous toute notre pensée sur le reste de la campagne en elle-même sans entrer dans les discussions de lieux ? Eh bien, c'est que la marche de César, après la débandade des Gaulois, s'opéra encore par le même chemin de *l'Allée du Faite* (1) éclairé déjà par les Eduens, assuré contre tout embarras, et à la suite duquel l'armée Romaine s'engagea sur le chemin direct et facile d'Amiens par Corbeaulieu et les Sept-Voies. A la croisée de *Belloy,* un court trajet de quelques kilomètres sur la voie Gauloise (depuis romanisée) de Ressons, menait à *Bratuspance* et le chemin d'Amiens pouvait être ensuite repris, soit en revenant sur *Belloy,* soit en continuant par *Vendeuil.* Ce sont là au reste de simples présomptions sans autorité de texte, *tandis que la marche de Divitiac sur le pays des Bellovaques est la conséquence rigoureusement obligée des textes.*

(1) César, quittant son camp, dut prendre, par la rive gauche, un chemin *plus ou moins long* et arriver devant Soissons, sans avoir de passage de rivière à y opérer, et de fait, en attaquant la ville, *il ne signale aucune tentative* de passage de rivière. Après la prise de cette ville, le chemin est tout tracé par *l'allée du Faite.*

§ 3.

César, après la soumission des Ambiens, eut une rude lutte à soutenir contre les Nerviens et autres peuples moins civilisés du Nord qui avaient fait partie de la coalition et qui continuèrent à combattre ; leur soumission finale et toutes celles qui la suivirent, du Nord au Midi, laissaient néanmoins, dans les cœurs ulcérés, des frémissements de rage patriotique. Aussi tous ces éléments ne tardèrent pas à se concentrer sous l'action d'un Gaulois de grand génie, Vercingétorix, qui, pendant plusieurs années, balança plusieurs fois la fortune de César : celui-ci l'emporta enfin et terrassa son ennemi vaincu à Alésia où il déshonora sa victoire en abdiquant toute générosité pour ne penser qu'à une lâche et odieuse vengeance (1).

Le joug allait désormais être subi par la Gaule.

(1) Citons, dans cette lutte gigantesque, un trait curieux servenu au moment où une fatale idée de Vercingétorix le pousse, du côté de Besançon, à vouloir couper la retraite de César prêt à évacuer les Gaules.

« Au milieu de la mêlée la plus sanglante (1) un des braves cavaliers « gaulois parvient jusques à César qu'il saisit d'un bras vigoureux, et qu'il « emporte tout armé sur son cheval (2). C'en était fait de l'armée romaine et « de son général, si la fortune ne fut venue encore une fois au secours de « l'heureux proconsul. Un officier gaulois qui le reconnaît dans ce moment « critique, ne peut, dans sa joie mêlée de surprise, qu'articuler ces mots : « *César, César*, avertissant ainsi, autant qu'il pouvait le faire, celui loin « duquel il se voyait entraîné par le choc des combattants, de veiller sur « son prisonnier ; mais le cavalier gaulois se trompant sur le sens de ces « mots qui, en langue celtique, signifiaient : *Relâchez-le*, laissa échapper « de ses mains le gage le plus assuré de la victoire. »

(1) « Vict. et conq. des Français, » t. I, p. 261.
(2) « Serv. ad Virgil. », Æneid. 11,743. Le commentateur de Virgile rapporte ce fait d'après un journal qui existait de son temps, qui a été perdu depuis, et qu'on disait avoir été écrit par César lui-même.

§ 4.

Cependant une peuplade fière dont les souffrances avaient été moins cruelles que bien d'autres dans ces longs combats, voulut tenter un dernier effort ; nous avons nommé les Bellovaques : une nouvelle coalition fut fomentée par eux et donna lieu à une seconde campagne toute spéciale de César dans nos contrées, vers 51 avant J.-C.

Disons d'abord que la guerre allumée partout, depuis la première campagne de César contre les Bellovaques, n'avait pas permis à celui-ci de penser à une occupation permanente chez les Belges. Seulement à défaut d'une occupation possible et directe dans la contrée des Bellovaques, dont les Suessiones dominaient les seules issues facilement praticables, César dut essayer au moins de couper court à l'esprit belliqueux et hostile de ces Suessiones en les mettant en tutelle sous le gouvernement des Rémois, alliés des Romains, sans détruire néanmoins leur autonomie qui continua à subsister en principe, comme l'avenir le démontre suffisamment, et dont l'action ne fut que momentanément suspendue ; le fait était d'autant plus facile qu'il y avait une grande liaison et parité antérieures entre le gouvernement des Rémois et celui des Suessiones (1).

C'est là du moins ce que nous comprenons dans cette phrase qui précède la relation de la deuxième campagne de César, phrase inscrite par Hirtius, le continuateur des Commentaires, quand il dit livre 8, chap. 6 : « que les Bello-« vaques, avec l'aide des peuplades voisines, réunissaient

(1) Com. l. II, ch. 3.

« une armée, sous la conduite de Corréus, et la massait en
« un seul point, afin de se jeter sur le *territoire des Sues-*
« *siones qui avait été concédé aux Rèmes.* »

Ces expressions sont formelles sur l'existence *distincte* qui
n'a jamais cessé d'avoir lieu pour le *territoire des Suessiones,*
bien que ce dernier fut alors momentanément soumis aux
Rèmes ; mais eût-il été en effet *concédé tout-à-fait aux
Rèmes,* qu'on comprendrait encore plus difficilement l'hypothèse conçue par des hommes éminents, et qui consiste à
admettre que les Bellovaques se sont *massés au Mont-Saint-
Marc* qui, on le sait, était placé *entièrement et fort avant sur
le territoire des Suessiones.* Or, nous allons voir tout à l'heure
qu'en arrivant dans le pays, César ne put être renseigné sur
la *position* occupée par l'ennemi ; tomberait-il sous le sens
qu'une armée ennemie considérable fut venue s'installer en
plein territoire Suessiones soumis aux Rèmes, et cela à quatre
ou cinq lieues de Soissons, sans que la connaissance en eût
été donnée au gouvernement local, au gouvernement des
Rèmes *responsables vis-à-vis de César* de tout ce qui se passait
sur le territoire des Suessiones ?

En outre, si l'on veut bien se souvenir de la première
campagne de César analysée plus haut, on verra que les chefs
Gaulois, en se massant ainsi au Mont-Saint-Marc, auraient
renouvelé, en l'aggravant beaucoup, la faute énorme commise
antérieurement par les Gaulois quand ils vinrent au devant de
César en avant de Soissons, laissant alors leurs derrières
dégarnis et exposés à un mouvement tournant de l'agresseur
prêt à ravager leurs terres. Au moins, la première fois, cou-
vraient-ils le chemin de la Barbarie et ne livraient-ils que le
chemin par *l'Allée du Faîte;* mais, en se portant cette fois au
Mont-Saint-Marc, ils auraient livré les deux routes, et il eût
suffi à César de se porter rapidement sur leurs derrières pour
maîtriser leur pays sans coup férir en les bloquant simplement

et les affamant au milieu de *forêts au pouvoir des Suessiones*.

Ces considérations doivent suffire pour nous porter à rechercher d'autres présomptions, qui tiennent compte aussi sans
doute, pour le théâtre de la lutte, des conditions de terrain
qu'il est toujours possible de trouver à peu près conformes
aux textes *sur divers points*, mais qui, pour être acceptables,
sur un point déterminé, doivent encore concorder avec la logique
rigoureuse de l'ensemble des faits, avec les autres vestiges
généraux observés dans tout le pays des Bellovaques, enfin
avec le simple instinct d'une bonne stratégie telle qu'on devait
l'attendre de chefs aussi intelligents que Corréus, qui ne
pouvait manquer d'être sommis à l'impression de ce proverbe
éternellement vrai : *chat échaudé craint l'eau froide*.

Sous ces rapports multiples, il est impossible de n'être pas
frappé de l'excellence de la position de Clermont qui a été
aussi indiquée (1) comme devant être le point où se *massèrent*
les forces des Gaulois pour attendre solidement César et le
contraindre à subir la lutte dans des conditions voulues.

Cette fois, rien n'est livré au hasard et la prévoyance se
montre de toutes parts. L'armée Gauloise est massée au centre
même du pays : elle couvre la capitale (Beauvais) ; en arrière
elle se sent adossée aux *Véliocasses* et aux *Calètes*, peuples
alliés ; sur le flanc gauche sont les *Ambiani*, compagnons
d'armes de vieille date, sûrs et fidèles ; sur le flanc droit
enfin, l'armée est appuyée à l'Oise, dont la navigation appartient aux Bellovaques, qui sont maîtres de la rive opposée par
laquelle ils communiquent avec la partie indomptée des Suessiones qui fourmillent dans le massif boisé : en outre ce
massif est traversé par des chemins qui peuvent amener des
affluents aux alliés en se servant du chemin de Flandre lequel
passait à *Pontpoint* près l'oppidum de *Rhuis*, puis coupait en

_____

(1) « Etude nouvelle sur la campagne de Jules César, contre les Bellovaques, » par Peigné-Delacourt.

écharpe tout le territoire des Bellovaques. Il donnait ainsi le moyen, si les Romains avançaient sur Clermont, de les prendre à dos ou à revers, soit par *Canly,* soit par *Catenoy.* Tout est donc prévu : tout est merveilleusement choisi.

Qu'on entre maintenant dans le détail préparatoire de la lutte, et on verra que les mesures successives de César viennent à point pour répondre aux précautions de son ennemi....

« Une fois à la tête de ses troupes, il marche contre les
« Bellovaques, et ayant établi son camp sur les frontières,
« il lance de tous côtés des cavaliers en éclaireurs, avec ordre
« de faire des prisonniers pour en tirer des renseignements....
« *Comment.* l. VIII, ch. 7. »

César, partant de Soissons, avait deux chemins ouverts pour gagner celles des frontières des Bellovaques qui étaient facilement accessibles ; il avait : le chemin de *l'Allée du Faite,* sans doute déjà suivi, une première fois, par lui ; puis le *chemin de Barbarie* libre à ce moment, car les Véromandiens ne faisaient point partie de la coalition. Tout nous porte à croire que, cette seconde fois, César a choisi le chemin direct de Barbarie pour gagner COUDUN, après avoir passé l'Oise à Bairi (bac à Belle-Rive) ; puis au-delà de l'Oise, le chemin côtoyait la vallée jusques à *Thourotte* : après Thourotte, César aura gagné COUDUN par *Longueil* et *Annel,* ou bien par Giraumont. Rien n'était plus facile en pays neutre.

Le but de César en gagnant *Coudun,* devait être, selon toute apparence, de s'assurer d'abord d'un point de départ sûr, où il fut facile de se garder et qui se trouvât à la croisée de plusieurs routes rayonnant dans tout le pays, afin de pouvoir lancer ses éclaireurs dans de bonnes conditions. Or, précisément *Coudun* voyait converger vers lui toutes les directions de la contrée : de plus, César n'ignorait certes pas qu'il y avait, au-dessus de *Coudun,* un *oppidum* Gaulois, alors libre de défenseurs, dominant tous les alentours et offrant un emplacement des plus favorables pour l'établissement d'un camp provisoire où il serait à même de gagner tout le temps nécessaire et de mûrir ses résolutions. La position de Venette, si on l'avait gagnée par *l'allée du Faite*, aurait été loin de présenter des avantages aussi signalés au point de vue militaire, et nous pensons qu'elle ne fut pas même mise en balance. — Qu'on interroge la tradition locale à *Coudun*, tous vous diront que, sur leur sommet du Ganelon, fut un *camp de César*.... Nous reviendrons tout à l'heure sur les questions spéciales relatives à ce *camp de César* (art. 2, § 2).

César, ayant pris ses renseignements et ses dispositions, va droit à l'ennemi ; il n'indique pas sa route dans les *Commentaires* : mais il prévient que ses trois meilleures légions marchent en avant des bagages et que sa dernière légion, portant le numéro ONZE, marche en arrière et assez loin pour escorter les bagages.

Suivez le chemin de *Coudun* à CLERMONT, vous verrez que César dut prendre d'abord le chemin direct de *Coudun* à *Jonquières* ; là, il n'eut ensuite qu'à suivre la direction précise par *Canly* et par *Catenoy* pour arriver à CLERMONT devant l'ennemi. Que devient la *onzième* légion avec les bagages ? Le texte est muet ; mais ne trouvons-nous pas des vestiges certains de *camps romains* à CANLY comme à CATENOY ? César pouvait-il ignorer les *croisées de route* qui s'y trouvaient ? Ne devait-il pas s'attendre à voir arriver par là des masses ennemies prêtes à seconder les Bellovaques afin de l'écraser entre deux chocs furieux ? Ne peut-on, ne doit-on pas penser *logiquement* que les bagages furent répartis sur les deux points ci-dessus, suivant l'importance de ces bagages comme suivant l'importance des *deux camps* qu'il établit et qui étaient destinés à *couvrir les Romains contre toute surprise ?*

Nous nous sommes demandé si le passage du gué de Venette n'a pas dû aussi être gardé et surveillé ? Nous ne savons ;

mais, en l'absence de toute donnée, nous pensons que l'armée romaine eût été trop affaiblie par une dissémination d'une nécessité douteuse et que *la surveillance des Rémois* sur la rive gauche jointe à l'éloignement de l'ennemi susceptible de traverser le passage, suffirent à César pour qu'il se bornât aux *camps romains* de CATENOY et de CANLY.

Nous n'entrerons point maintenant dans le détail de la lutte. Elle se termina, on le sait, par la défaite et la mort de Corréus dans l'embuscade dressée par les Gaulois (1) qui n'eurent plus que la satisfaction d'avoir au moins succombé dans les règles et avec honneur; leur lot devait être désormais la servitude subie avec une résignation frémissante.

---

(1) Voir les *Comment. de César*, liv. VIII, chap. 17 à 19. Voir aussi Peigné-Delacourt. *Etude nouvelle sur la campagne de J. César contre les Bellovaques.*

2ᵐᵉ ARTICLE

PREMIER SIÈCLE *(Gallo-Romain)*
Depuis la conquête de César jusques à Vespasien, vers 75.

§ 1. *Résolutions probables à la suite de la conquête.*
§ 2. *Occupation de Beauvais. Camps permanents probables à* Catenoy *et à* Canly. *Pont de* Venette. *Villa Venitta. Occupation permanente probable à* Coudun. *Remarques sur les deux camps du Ganelon, à* Clairoix *et à* Coudun.
§ 3. *Camp probable à* Saint-Pierre. TOUR DE CÉSAR. *Villa Maceria* (Bellum villare). *Villa probable à* Choisy.
§ 4. *Mouvement colonisateur dans les contrées autour de Compiègne. Leur territoire utilisé seulement pour l'occupation de* Compendium *et de* Coudun, *ainsi que pour le commerce de* transit *par les deux rivières.*

§ 1.
Résolutions probables à la suite de la conquête.

L'ère de la conquête est close : celle de *l'occupation* va maintenant commencer. Tout ce qui précède nous semble avoir dû fixer César sur l'ensemble des projets à poursuivre successivement après sa victoire complète comme sur les mesures à prendre immédiatement.

Le *projet* principal à étudier en première ligne, dans nos contrées, c'était le défrichement du massif boisé destiné à former dans l'avenir la *cité des Sylvanectes* : sans aucun doute, à nos yeux, César fut décidé à l'exécuter ; car non-seulement il devait croire opérer une œuvre de grand avenir pour la colonisation romaine en fouillant et mettant à découvert ces contrées Belges, repaire d'une race vaincue plutôt que domptée ; mais encore il y voyait aussi un moyen de récompense pour les légions qui l'avaient suivi

partout avec un dévoûment sans limites. Toutefois il s'agissait
là d'une œuvre de longue haleine, et le premier moment devait
être tout entier aux mesures de transition et de préparation.

§ 2.

Occupation de Beauvais. Camps permanents probables à CATENOY et à CANLY. Pont de
VENETTE. Villa Venitta. Occupation permanente probable à COUDUN. Remarques
sur les deux camps du Ganelon, à CLAIROIX et à COUDUN.

D'après ce qui précède, nous ne mettons pas en doute
que Beauvais n'ait été de suite fortement occupé : bouleversé
dans son mode d'existence, il ne tarda pas à l'être dans son
nom même pour prendre celui de *Cesaromagus*. Les camps de
Catenoy, de *Canly* durent rester en permanence pendant tout
le temps destiné aux défrichements, afin d'empêcher des
moyens dangereux de communication entre les éléments indigènes qui devaient, longtemps encore, rester hostiles et
bouillonnants (1). Quant au passage du gué de Venette qui
avait pu être non pas négligé, mais traité secondairement
pendant la lutte avec Corréus sous CLERMONT, nous sommes
convaincu qu'il n'en fut pas ainsi lors des premières mesures prises pour brider et dominer sûrement la contrée.
C'était la clé du territoire des Bellovaques du côté de Soissons,
clé tenue par Soissons qui allait devenir désormais un poste
militaire de premier ordre alimenté par Reims, métropole
de la grande province sur le point d'être créée.

Dans une telle position, nous pensons d'abord que le *gué*

(1) Aussi c'est chez ces belliqueuses peuplades, rapprochées d'ailleurs
des frontières de la Meuse et du Rhin, que les légions romaines furent
toujours principalement concentrées et qu'elles purent y couper court à
toute velléité de révolte (*Vict. et Conq. des Fr.*, t. I, p. 292). Sous Néron
même, dont les cruautés amenèrent un essai de soulèvement dans les
Gaules, la Belgique y resta étrangère par suite de la présence des légions
qui l'occupaient. (Mézerai, *Hist. d'avant Clovis*, p. 134).

de Venette fut de suite suppléé par un PONT en charpente,
quitte à le remplacer plus tard par des matériaux plus durables;
puis que le débouché de ce pont sur la rive droite fut gardé
en même temps par un poste vigilant qui devint l'origine de
cette *villa Venitta* conservée plus tard par les rois Francs
comme *maison royale* et demeurée telle (1) jusques à l'invasion
des Normands qui la détruisirent complètement, sans compter
deux destructions postérieures en 1358 et en 1430 (2),
si bien qu'il n'en reste plus qu'un vestige placé non loin
de l'église et consistant en un cellier (3) qui existe au bas de
la première montée du *strata Compendii*. Cette *villa Venitta
Cesariana* (4) devint, sans aucun doute à nos yeux, le séjour
du préfet des Bellovaques chargé de commander à ce point
de la *frontière* de leur *cité*, et son poste défensif devait
être desservi à l'origine et avant l'établissement des milices
du sol, soit par le camp de *Canly*, soit plutôt par celui
de COUDUN ; car nous regardons comme certain que ce point
si important de COUDUN fut également occupé d'une manière
constante, tant à COUDUN même où pouvait exister une *villa*

(1) Graves. *Statistique du canton de Compiègne*, p. 170.
(2) Ibidem, p. 171.
(3) Ce cellier tenait, avant 1789, à un prieuré établi, après 1430, sur
les ruines définitives de la *maison royale.*
On peut penser que ce fut une tradition entretenue chez les titulaires du
prieuré, qui fait attribuer la primitive origine du cellier dont nous avons
parlé à la *maison royale* des rois francs. Du moins la première vue laisse
des doutes sur la certitude d'une telle attribution. Ce cellier sert de soubassement à un ancien bâtiment ogival; mais le cellier lui-même n'a point de
caractère et la descente qui y conduit est formée d'arceaux successifs *sur-
baissés* qu'on doit pouvoir rapporter à la même époque de construction que
le bâtiment ogival, reste du prieuré. Seulement dans l'axe de cette descente,
et à l'extrémité du cellier, on voit une nouvelle descente à peu près comblée,
et les arceaux de celle-ci sont *en plein cintre* ce qui accuse une origine
au moins *romaine*, peut-être Romaine........
(4) « M. de Valois prétend (Def. ant. Gal. p. 231) qu'avant l'arrivée des
« Francs dans les Gaules, on appelait *villæ cesarianæ* les terres et maisons
« de plaisance que nos rois des deux premières races nommèrent dans leurs
« capitulaires *villæ regiæ, villæ fiscales, palatia regia, colonia*, etc.»
(Histoire du Valois, t. 1, p. 50).

frontière des Véromandiens et origine du château, qu'à l'antique *oppidum* Gaulois du Ganelon.

Et ici des observations essentielles doivent être consignées. Le Ganelon, placé entre Coudun au Nord et Clairoix au Sud, offre, sur son plateau, deux emplacements distincts qui, tous deux, ont reçu le nom de *camp de César*, et qui, tous deux, ont de tout temps, servi de texte aux conjectures des archéologues.

L'un de ces emplacements, celui placé au Sud, sur le territoire de Clairoix, et dont la pente est dirigée vers le confluent de l'Aisne, est signalé, par M. Graves (1), comme merveilleusement placé pour un camp *d'observation* sur toute la vallée d'Oise, à droite comme à gauche,

Mais, au sujet de cet emplacement, nous noterons une observation non moins judicieuse de M. du Lac, si versé en numismatique, et qui relate comme fait positif que, sauf des cas réellement exceptionnels, aucune médaille antérieure à Constantin n'a été trouvée sur le *camp de Clairoix.*

Le second de ces emplacements est placé, nous l'avons déjà dit, au Nord sur le territoire de *Coudun :* il n'accuse aucun de ces ouvrages militaires caractéristiques des Romains, si bien que par opposition au camp de *Clairoix*, M. Graves l'appelle PRÉTENDU *camp de César* (2). Malgré une aussi forte autorité, nous ne serons pas aussi absolu que M. Graves, et nous pensons que les Romains pouvaient très-bien ne pas *créer* des situations militaires en dehors de leurs principes ou de leurs habitudes, mais qu'ils pouvaient aussi néanmoins *profiter* habilement des situations toutes créées antérieurement par d'autres, quand la nature les avait presqu'entièrement façonnées. C'est là ce qui nous a fait considérer plus haut (p. 126) le camp au-dessus de *Coudun* comme un ancien

(1) Graves. *Statistique du canton de Compiègne*, p. 84.
(2) Ibidem.

oppidum Gaulois, ce qui ne veut pas dire que cet OPPIDUM *délaissé* n'ait pas été utilisé par les Romains conformément à une tradition dont la puissante ténacité est irrécusable.

On a vu que, dans notre opinion, l'*oppidum* en question avait déjà été utilisé par les Romains, au commencement de la deuxième campagne de César contre les Bellovaques, à un moment où cet *oppidum* était resté inoccupé par les Véromandiens neutres (p. 126); il put et dut être de nouveau utilisé, et alors d'une manière permanente, après le triomphe définitif de César à la suite de sa 2ᵉ campagne. La quantité de débris Gaulois de tout âge, mélangés aux débris Romains et recueillis à *Coudun,* est notable (1) et nous ne pensons pas que les observations numismatiques de M. du Lac leur soient applicables (2). La note ci-dessous qui s'appuie sur des faits

(1) Graves. *Statistique du canton de Ressons*, p. 54.
(2) D'ailleurs la numismatique ne paraît guère susceptible de pouvoir offrir des lumières bien significatives en ce qui concerne les produits extraits à l'intérieur même de l'*oppidum* où l'on ne remarque que l'ouverture d'un puits comblé, mais où il y a absence de tout vestige de construction (1) et où de plus, le sol semble veuf, du moins dans une couche assez forte, de débris et de médailles. Nous dirons même que M. de Roucy, occupé à des recherches à ce sujet, fit opérer une tranchée, en croix, dans l'enceinte, à un mètre de profondeur et ne trouva rien ... qu'une médaille de *Louis-le-Débonnaire* et quelques tessons de poterie carlovingienne.

Quelqu'insignifiante que puisse être, à première vue, cette médaille unique, elle peut avoir peut-être cependant une certaine signification, si on la rapproche :
    En premier lieu,
    De la tradition indéracinable :
1ᵒ Sur l'existence antérieure d'un château fort, répondant à l'emplacement de l'antique *oppidum* (2) ;
2ᵒ Sur l'existence d'un seigneur (du nom de Ganelon ou autre, peu importe), possesseur de ce château fort (3) ;
3ᵒ Sur la trahison de ce seigneur vis-à-vis de Charlemagne (4) ;
4ᵒ Sur l'exécution de ce seigneur par ordre de Charlemagne (5) ;

(1) Graves. « Statistique du canton de Ressons, » p. 54.
(2) Graves. « Statistique du canton de Compiègne, » p. 82.
(3) Ibidem. Voir notre note page 101.
(4) Ibidem. Cette trahison aurait causé la mort de Roland, à la bataille de Roncevaux.
(5) Ibidem.

bien postérieurs à l'époque Gallo-Romaine dont nous nous occupons, cherchera à jeter quelque jour sur les destinées du *camp de César* au-dessus de *Coudun* et à montrer comment, après avoir rempli sa mission successivement sous les Gaulois, sous Jules César et sous les Romains, il put remplir aussi, sous les Francs, le rôle nouveau que la tradition lui assigne.

Quant aux observations de M. Graves et à celles de M. du Lac signalées plus haut relativement au *camp de Clairoix*, elles

5° Sur le *rasement à fond* du château fort, détruit, à une certaine époque par ordre d'un Roi (1) ;

En second lieu,

De la découverte, du côté de Giraumont, d'une chaussée pavée trouvée à 3 mètres de profondeur sous le sol et conduisant au *camp de César* dont l'emplacement est identique avec celui de l'ancien *oppidum*, identique encore avec celui du château fort rasé (2).

Il serait certes intéressant, pour l'intelligence un peu claire de ce point d'histoire, de connaître la chronologie des seigneurs de Coudun depuis l'origine de leur seigneurie ; car on pourrait en déduire les faits les plus intéressants qui se rapportent à cette seigneurie ; mais nos renseignements connus ne remontent qu'à la naissance des *seigneurs de Coudun proprement dits* qui prennent source à la fin de la MAISON DE COUDUN, laquelle s'éteignit avec Béatrix, dame et héritière de Coudun, et qui épousa, vers 1260, Simon de Saint-Simon, des comtes de Vermandois (3). Raoul de Coudun, évêque de Soissons, qui fonda en 1245 (4) le prieuré d'Elincourt-Sainte-Marguerite, était peut-être, on peut le présumer, l'oncle de Béatrix.

Or, quelle fut la chronologie et l'historique *antérieurs* de cette MAISON DE COUDUN éteinte vers 1260 ? Nous l'ignorons et présumons seulement que par elle probablement, *en raison de la continuité de son nom*, en tous cas par ses auteurs, on doit remonter, soit à *Louis-le-Débonnaire*, soit à Charles-le-Chauve ; car c'est sous l'un de ces deux monarques que dut avoir lieu la vacance de la seigneurie de Coudun si la tradition est vraie ; c'est-à-dire si la dite seigneurie a dû *rentrer dans le domaine Royal*, après une dépossession violente et exemplaire ordonnée par Charlemagne qui, lorsque le château fut une fois démantelé, n'aura pas disposé de suite de la terre confisquée.

La nouvelle investiture ne dut pas toutefois être postérieure à 877, date des concessions faites par Charles-le-Chauve à Saint-Corneille sur les droits de navigation de l'Oise, concessions qui s'arrêtaient EN AVAL au pont de *Clairoix* et EN AMONT aux baies de Longueil-sous-Thourotte (5), ne laissant

(1) Graves. « Statistique du canton de Ressons, » p. 54.
(2) Graves. « Statistique du canton de Ressons, » p. 54.
(3) Ibidem, p. 52.
(4) Graves. « Statistique du canton de Compiègne, » p. 152.
(5) Carlier. « Histoire du Valois, » t. I, p. 110.

nous ont d'autant plus frappé qu'elles cadrent complètement avec
nos appréciations, et qu'en admettant tout-à-fait que le *camp
de Clairoix* est Romain, nous pensons néanmoins que le nom
de *César*, appliqué à ce camp, y exprime la qualification sou-
veraine d'un successeur de Jules César, et nullement la personnalité de Jules César lui-même. — On peut voir, en effet,
d'après nos présomptions exprimées plus haut, que l'occupation
permanente de l'*oppidum* de Coudun, par des forces très-
modestes, disposées à l'appui de forces plus importantes
installées dans la plaine, nous paraissait avoir été complètement suffisante, après la conquête, pour dominer le col de
Coudun et par lui tout le pays, tandis que le passage opposé

entr'elles que l'espace appartenant, de temps immémorial, aux seigneurs de
Coudun qui, évidemment, devaient être en possession en 877, car sans cela
Charles-le-Chauve n'aurait pas laissé subsister une telle lacune dans sa
donation.

L'investiture nouvelle de la seigneurie de Coudun, donnée sans doute à
la *maison de Coudun*, doit donc, d'après la tradition d'une part, et d'après
les concessions limitrophes de l'autre part, avoir eu lieu entre 814 date de
la mort de Charlemagne ou de l'avènement de Louis-le-Débonnaire, et 877,
date de la dotation de Saint-Corneille par Charles-le-Chauve. Il est probable
d'ailleurs que cette nouvelle investiture fut préalablement accompagnée
d'une interdiction de rebâtir jamais le château fort détruit, accompagné
aussi d'un complément radical à l'exécution des volontés du Grand Empereur
en *rasant à fond* même les fondations de tout ce qui restait de ce château
fort déjà démantelé : il est probable aussi que, par suite, le sol ancien de
ce château fort fut remblayé et nivelé en se servant des terres avoisinantes
et que, si quelques faibles vestiges ou débris de constructions subsistaient encore, le tout est enfoui plus ou moins profondément ainsi que dut
l'être, à la même époque, le chemin conduisant à ces lieux désormais
condamnés sans retour. — Nous émettrons, art 7 § 3, au sujet des constructions qui durent être placées sur l'*oppidum*, un supplément de présomptions que nous croyons motivées et qui réduisent ces constructions à
une tour Gallo-romaine, principalement consacrée aux signaux militaires.

La médaille unique de *Louis-le-Débonnaire* nous semble montrer que les
travaux précédents ont été exécutés de 814 à 877, et plus probablement
sous Charles-le-Chauve de 840 à 877, si l'on tient compte de la tradition qui
dit que le château *fut détruit* par ordre *d'un Roi*. Or, Charles-le-Chauve ne
fut *Empereur* que peu de mois avant sa mort arrivée à la fin de 877, et il
fut Roi pendant le reste du temps de 840 à 877, tandis que Louis-le-Débonnaire fut *Empereur* pendant toute la durée de son règne de 814 à 840.

Il n'y a du reste, on le comprend, dans ce qui précède, que de simples
aperçus s'appuyant sur des faits acquis, mais incomplets et cherchant a
relier ces faits acquis avec des traditions plus qu'incertaines.

de *Clairoix* sur la croupe du Ganelon était masqué par un réduit fortifié à *Janville* (note p. 101) dans lequel devait résider un officier du grand Péager de l'Oise.

Il ne devait donc y avoir nul besoin d'asseoir un camp de quelqu'importance et de quelque durée au-dessus de Clairoix.

Pareilles dispositions suffirent pleinement pour maintenir les indigènes tant que les Romains, n'étant pas sérieusement menacés au-dehors, restèrent les dominateurs incontestés du pays ; mais arriva le quatrième siècle dont nous nous occuperons succintement plus loin (art. 5), et avec ce siècle arriva aussi le règne de Constantin, et avec ce règne la scission de l'empire Romain en empire d'Orient et empire d'Occident ; aussi l'on vit se produire, dès 300, les attaques furieuses et qui allaient devenir incessantes des Barbares, massés de l'autre côté du Rhin, et prêts à frapper désormais sans relâche sur Rome en décadence. Il fallut donc alors pourvoir à des luttes prévues et essayer sans cesse de parer à des inquiétudes toujours croissantes. Le *camp de Clairoix* fut, nous le pensons, une des précautions employées d'une manière suivie, depuis Constantin, c'est-à-dire depuis le commencement du quatrième siècle.

On le voit : dans notre opinion, les deux natures des camps du Ganelon sont ici distinctes ; et bien que le *camp de Clairoix* soit bien exclusivement Romain, l'*oppidum* de Coudun n'en mérite pas moins autant et *plus que lui* le nom de *camp de César,* en ce sens que ce fut par les *ordres directs de Jules César* que cet *oppidum* fut deux fois occupé et dans le premier cas, c'était Jules César qui commandait en personne et qui présida au séjour.

§ 3.

L'exposé contenu dans le paragraphe précédent concerne les mesures probables prises par César *sur la rive droite de l'Oise*. Il est basé, on a pu le voir, sur les vestiges restants à *Canly*, à *Catenoy*, au *Ganelon*, à *Venette*.... comme sur la viabilité Gauloise décrite plus haut et sur l'ensemble des faits militaires qui ont dû très-logiquement se développer dans nos contrées.

Nous avons maintenant à envisager comment ces mesures pouvaient se combiner avec d'autres mesures analogues qui durent être prises sur la rive gauche pour relier l'ensemble d'une manière sûre, facile et directe avec Soissons capitale des Suessiones et avant-garde de Reims.

Si nous ne nous trompons, la garde, *sur la rive gauche* et du côté de Soissons, dût s'exercer au moyen d'un camp permanent et important par sa force propre, camp intermédiaire entre Soissons et le *gué*.... ou plutôt désormais, nous l'avons dit, entre Soissons et le PONT *de Venette*. Ici *Saint-Pierre* offre toutes les traces et toutes les probabilités d'un tel camp. S'il a pu paraître plus que douteux que ce camp eût été dans le cas d'abriter 25 à 30,000 hommes amenés devant Corréus, il n'y a nulle difficulté à reconnaître que les meilleures conditions étaient ici réunies en vue d'un camp à établir, pour un très-long espace de temps, et dans l'intention d'y loger un corps de troupes d'une force convenable, quoique beaucoup plus modeste que le chiffre ci-dessus. Placé à portée de la *ville des Gaules* (1) dont les vestiges frappent tant

(1) Nous ne savons si cette *ville* avait antérieurement des rudiments Gaulois où si elle fut et resta le produit d'une création spontanée des Romains

au Mont-Berny, non loin de Soissons et près de l'*Allée du Fatte*, un tel camp semble avoir été parfait, non seulement pour veiller sur le *pont de Venette*, mais aussi pour s'occuper des divers épisodes auxquels on pouvait prévoir que les grands défrichements projetés donneraient lieu.

Nous avons indiqué la probabilité (p. 131) d'une exécution rapide du *pont de Venette* aussitôt la victoire définitive de César et préalablement à toutes autres dispositions : aussi c'est à cette époque que nous avons rapporté (p. 96) la première modification qui fut apportée au tracé *primitif* de la route de Saint-Jean *au gué* sur lequel ce tracé se réglait précédemment.

Nous ne reviendrons donc pas ici sur les détails déjà longuement exposés (p. 88 et suiv.) au sujet de la VIEILLE ROUTE DE SAINT-JEAN, non plus qu'au sujet des modifications que cette route a subies à la suite de la construction du *pont de Venette* (p. 95); mais ces tracés une fois rappelés, nous dirons ne point douter qu'un poste militaire permanent d'observation n'ait été de suite résolu sur la rive gauche, près du nouveau pont et que la construction n'en ait alors été exécutée sans le moindre retard. C'est donc, nous le pensons, à ce moment de la conquête finale, 51 ans avant J.-C., que doit se rapporter la fondation de la TOUR DE CÉSAR, noyau futur du premier palais des Rois Francs, à Compiègne. puis de la ville *actuelle* de ce nom. C'est encore de ce moment que doit dater, selon nous, le camp de *Saint-Pierre*, mis en relief avec tant d'autorité par de savants archéologues qui le font au reste dater de la même année que nous, et nous pensons en outre que

---

par suite de concessions temporaires qui maintenaient le tout dans le Domaine des Empereurs. On peut le penser en voyant que cette ville a participé à l'abandon de toute revendication de propriété privée et à la renaissance sans obstacle de la végétation sur ses ruines. Quoiqu'il en soit, sous les Gallo-Romains, la *ville des Gaules* dut contribuer à la fréquentation du sentier de Pierrefonds, si cette voie existait déjà, sous les Gaulois, suivant nos soupçons de la page 115.

ce camp, construit avec beaucoup de soin et de luxe d'installation militaire (1), subsista pendant plus d'un siècle, c'est-à-
dire, le temps qui fut nécessaire pour constituer la *cité des
Sylvanectes* et les milices du sol, puis le camp définitif de
Champlieu occupé par ces milices et qui succéda d'une manière *permanente* au camp longuement provisoire de Saint-
Pierre.

Une chose frappe quand on considère la *tour de César* de
Compiègne et le *pont de Venette* : c'est la position de cette
tour éloignée d'environ deux kilomètres du pont qu'elle *surveillait* plus qu'elle ne le commandait. D'un autre côté en observant les environs de la rive gauche du côté opposé à la
tour de César, par rapport au *pont de Venette*, une autre
circonstance frappe également ; c'est que, symétriquement et
à une distance d'environ quatre kilomètres, on rencontre le
hameau de *Mercière* sur la limite du territoire de Compiègne
qui compte même une ou deux maisons attenantes à cet écart
de *Lacroix*. Or, sur l'emplacement de ce hameau, on a trouvé
une grande quantité de tuiles Romaines (2), de débris romains de tout genre, de médailles etc., en un mot des vestiges
de constructions Romaines antérieures à la conquête des
Francs. Tout porte à croire d'après une série d'études et
d'observations que nous résumerons plus loin (art. 5, § 4).
avant de les exposer successivement en détail, que là existait
aussi une *villa Cesariana* destinée au séjour du préfet romain
commandant à la frontière des Suessiones et qui *surveillait*
une très-grande étendue de la rive gauche concurrement avec
la *tour de César* placée sans doute sous son autorité, tandis
que la *villa Cesariana Venitta* des Bellovaques élevée sur
la rive droite, y *commandait* le débouché du pont. La *villa*
des Suessiones était, cela ne paraît point douteux, enclose

(1) Pelassy de l'Ousle. *Intr. à l'histoire du Palais de Compiègne.*
(2) Graves. *Précis statistique du canton de Compiègne*, p. 158.

par une *maceria*, terme *employé par les Romains* (1) et exprimant la clôture d'une *villa*, clôture consistant en deux rangées de pieux entre lesquelles on pilonnait des pierres et de la terre : le tout était surmonté d'une plantation d'épines, *Maceria* (2). Ce mot semble, *quoique fort tard*, avoir été employé chez les Francs pour désigner le fort même qui était revêtu de cette clôture (4) : les mots *Mazières, Maizière, Mercière*, appliqués à des localités, ont cette origine. Nous n'insisterons point davantage d'ailleurs en ce moment sur cette *villa Maceria* dont nous aurons à nous occuper ailleurs , et qui, selon toute apparence, reçut, sous la période Gallo-Romaine, le nom spécial de *Bellum villare* (3) vulgairement *Beaulieu*. Des traces de clôtures sont encore manifestes, non loin de la ferme de M. Boyenval, ancien prieuré substitué lui-même à cette antique *villa* ; des portions même de la *maceria* se sont perpétuées sur quelques points, et l'œil d'un archéologue exercé pourrait y trouver des éléments de vague reconstruction.

Disons de suite que cette *villa*, en raison de son éloignement du *pont de Venette* dut amener immédiatement la création d'un chemin spécial pour conduire à la fois à LA ROUTE DE SOISSONS PAR SAINT-JEAN et à *Champlieu*. Ce chemin, bien que *redressé*, existe encore aujourd'hui de *Mercière* au *Vivier-Corax* où se trouvait la Patte-d'Oie menant d'une part à *Champlieu* directement, puis d'autre part à *Saint-Jean* en rejoignant la VIEILLE ROUTE au point où le *chemin des Meuniers* coupait le *chemin de Crépy*. Les vestiges Romains trouvés au *Vivier-Corax* ne nous laissent aucun doute sur cet état de choses. Des intérêts multiples que nous indiquerons plus tard ont pu laisser des tronçons variables entre le *Vivier-Corax* et

(1) M. Martin-Marville. *Mém. ant. picard*, t. III, série 3ᵉ, p. 390.
(2) Ibidem. p. 370.
(3) Mot à mot : Bel ensemble de maison de campagne.

la VIEILLE ROUTE DE SAINT-JEAN AU GUÉ DE VENETTE, bien que les tronçons presque continus, depuis *Saint-Jean* jusques au *Vivier-Corax*, permettent de se retrouver ; mais sur Champlieu la direction est unique ; c'est cette direction que venait rejoindre au *Vivier-Corax* la *route des Lorrains* faisant suite à la *rue du Moulin-de-Venette prolongée* (p. 96).

Choisy, sans doute relié par un pont et un chemin à la TOUR de CÉSAR et au *pont de Venette*, ne complétait-il pas par une *villa* frontière des Véromandiens, et devenue *maison royale* importante chez les Francs, cette série de postes-frontières ? Nous en indiquerons la probabilité art. 7, § 3, 4.

§ 4.

Mouvement colonisateur dans les contrées autour de Compiègne. Leur territoire utilisé seulement pour l'occupation de COMPENDIUM et de COUDUN, ainsi que pour le commerce de TRANSIT par les deux rivières.

L'ensemble qui vient d'être esquissé nous semble devoir donner une idée suffisante de la physionnomie présentée par le territoire de Compiègne, tant pendant la lutte des Gaulois contre les Romains qu'à la suite de la conquête opérée définitivement par ces derniers. Et, disons-le immédiatement, cette physionomie ne doit pas avoir changé énormément pendant tout le temps de l'époque Gallo-Romaine. C'est que tout le mouvement, toute la vie furent portés, dès l'origine, à la circonférence du cercle dont *Compendium*, avec son pont, occupe le centre qui reste paisible, solitairement voué à sa mission de poste vigilant, de passage principalement consacré aux communications militaires abrégées entre Soissons et le pays des Bellovaques et il prend seulement part à la *romanisation* des principaux chemins Gaulois comme à la régularisation des rives de l'Oise et de l'Aisne.

Toutefois, le passage de *Compendium* n'était pas le seul lieu important dans la contrée sous le rapport militaire. On a pu voir par ce qui précéde qu'un autre passage ne le cédait en rien sous ce rapport, d'autant plus qu'il offrait un point topographique exceptionnel pour la surveillance. C'est le passage de Coudun, et si César avait apprécié la valeur du premier passage dans sa première campagne contre les Bellovaques, on a pu voir aussi combien il avait été à même d'apprécier la valeur du second passage dans la deuxième campagne. Nous avons déjà fait pressentir au chapitre III quelles présomptions nous aurions à émettre dès les commencements de la domination Romaine relativement au défrichement du plateau de Margny pour en faire la dotation probable d'un *Domaine militaire* ayant son siége à *Coudun*. Cette opération nous semble avoir été le complément et le lien solide de l'occupation militaire des trois cités Belges à leur point de jonction, occupation fortement centralisée sur tout le territoire de la contrée compiégnoise, tant par la possession bien assise de *Compendium* que par celle de *Coudun*.

Nous résumerons cet état de choses à l'article 7 ci-dessous sans insister ici davantage.

Jusques aux environs du règne de Vespasien vers 75, les défrichements et l'introduction des colonies Romaines bouleversèrent de fond en comble le massif boisé vis-à-vis Soissons, massif dont ils changèrent d'autant plus les conditions d'existence que la malheureuse population indigène commença à être atteinte dans cette contrée et qu'elle ne tarda pas à être bientôt décimée par les rudes corvées qu'on lui imposa *dans la crainte de lui laisser trop de loisirs* (1). Sur la rive droite de l'Aisne, les champs fertiles de la partie

---

(1) *Ne plebs esset otiosa.* Pline, lib. XXXVI, cap. XII. A. Piette, *Itinéraires, gallo-romains*, p. 45.

plus civilisée et partant plus soumise des Suessiones joints à une certaine fraction de défrichements, entretenaient aussi de ce côté une circulation active par la route *romanisée* de Barbarie qui, dirigée en raccourci sur Amiens, fut long-temps suffisante. Quant au territoire Compiégnois, il ne devait attendre un peu de mouvement que du commerce de transit destiné à s'établir sur l'Oise et l'Aisne dont le confluent était susceptible d'attirer des expéditions faites par le chemin direct et raccourci d'Amiens sur Venette, chemin *romanisé* sans doute et plus tard converti en *chaussée romaine*.

Une observation essentielle nous semble aussi devoir être faite en ce moment pour ce qui concerne *Venette* et elle a déjà été émise au chap. III ; c'est que, très-probablement, cette localité Bellovaque devait avoir alors une importance qui annulait celle de *Compendium* placé chez les Suessiones et maintenu en bois et en médiocre valeur. Il semble indubitable que le *strata Compendii* amenait un fort courant de transit commercial sur les deux rivières, et comme ce *strata Compendii* se terminait à Venette au-delà duquel il n'y avait, sur la rive gauche, que des chemins simples ou partiellement *romanisés*, ce doit être à Venette que les dépôts et les embarquements s'opéraient. — On peut remarquer sur le plan de Bussa (1772), nous l'avons déjà dit p. 113, de petites allées conductrices qui mènent à une station sur l'Oise et sur la rive droite *en face du port Saint-Germain*.

N'y a-t-il point là une réminiscence séculaire de l'ancien port de Venette qui fut en partie détrôné, après la conquête des Francs, par le port du bourg royal de *Compendium*? Nous reprendrons ces indications sur Venette art. 7, § 3, 4.

Un motif, en apparence secondaire, nous semble avoir dû contribuer à maintenir le territoire de Compiègne dans l'état d'abandon solitaire où il fut laissé dès l'abord et où il resta probablement, pendant la période Gallo-Romaine, sauf quelques groupes de villas de médiocre importance qui, sur la rive gauche, paraissent avoir dû prendre le nom du passage, *Compendium*, au droit du pont de Venette ; et, en effet, c'est seulement sous Charlemagne, c'est-à-dire, bien longtemps après la conquête des Francs, que la culture prit sur le territoire de Compiègne, un peu d'extension. Le motif de l'abandon ci-dessus nous paraît être la fureur de défrichements qui semble s'être emparé des colons et du monde officiel qui les patronait, relativement au massif boisé, vis-à-vis Soissons ; nous pensons que la forêt de Compiègne avait dû, en principe, être réservée pour les chasses qui avaient leur importance comme alimentation et même comme plaisir, mais que l'étendue en fut successivement amoindrie du côté de Soissons par des déboisements incessants. Saint-Jean, Sainte-Périne et la Brévière étaient réunis et mis à découvert (1) : les alentours et les environs de Champlieu furent bientôt aussi dégarnis par des défrichements et des constructions mises au jour, par M. de Roucy, et qui s'étendaient jusques au carrefour de la Hideuse (2). Si donc l'on eut commencé et favorisé un déboisement simultané sur la rive gauche de l'Oise, il est clair que les deux côtés défrichés se seraient rapidement rejoints, et la nudité du sol eut été complète.

C'est donc grâce à l'interdiction du déboisement sur la rive gauche de l'Oise composant le territoire de Compiègne pendant l'époque Gallo-Romaine, que la conservation ou plutôt la recomposition du sol planté de la forêt de Cuise est due ; car, les forts déboisements exécutés à Compiègne sous Charlemagne et ses successeurs furent beaucoup plus que compensés par les reboisements naturels, qui s'opérèrent d'eux-mêmes sur les établissements Gallo-Romains quand ils eurent été saccagés par les Barbares à Champlieu et dans ses alentours.

(1) *Hist. du Val.* t. 1, p. 53.
(2) Graves. *Statistique du canton de Compiègne*, art. Lacroix, p. 158.

3ᵐᵉ ARTICLE

DEUXIÈME SIÈCLE *(Gallo-Romain)*
De Vespasien, vers 75, à Caracalla, vers 215.

§ UNIQUE. *Effet général de la colonisation Gallo-Romaine. Achèvement et complément des chemins Romanisés et de la constitution des cités. Commencement de la construction des grandes voies Romaines.*

§ UNIQUE.

Effet général de la colonisation Gallo-Romaine. Achèvement et complément des chemins Romanisés et de la constitution des cités. Commencement de la construction des grandes voies Romaines.

« Depuis les règnes de Vespasien et de Tite, dit Carlier (1)
« plusieurs événements se sont passés dont on ne peut déter-
« miner la date avec certitude. L'Evangile a été annoncé aux
« Sylvanectes. Les empereurs ont établi à Champlieu un
« camp pour garder le pays ; ils ont embelli et perfectionné
« les grands chemins. Le canton a été défriché et peuplé
« par des bandes de *Lètes*, espèces de colonies que les
« empereurs y ont envoyées pour s'y fixer. Ces *Lètes*, mêlés
« aux naturels, ont donné naissance aux maisons de plaisance,
« si connues dans les fastes primitifs de notre monarchie,
« sous le nom de *villæ regiæ* et *villæ fiscales* où les
« empereurs et leurs lieutenants en premier lieu, puis nos
« rois des deux premières races, faisaient de fréquents
« voyages, attirés par la commodité et par l'agrément du
« séjour. »

Tel est bien, sauf réserve d'appréciation sur les *Lètes*,

(1) Carlier. *Hist. du Valois*, t. I, p. 18.

le résumé à peu près exact du développement général des
contrées attenantes aux grandes voies Romaines qui ne
tardèrent pas à entourer le territoire de Compiègne sans le
traverser, surtout si l'on veut faire abstraction dans le tableau
ci-dessus de la dureté du sort imposé aux naturels, quelle que
fût l'apparence pompeuse de l'autonomie accordée aux *cités*.
Toutefois la répartition des résultats indiqués, suivant les
dates historiques, demande quelqu'attention, bien que ce qui
concerne la localité de Compiègne n'ait eu qu'une part fort
modeste dans les mouvements qui précèdent.

Ainsi deux documents géographiques des Romains ont
guidé les travaux des archéologues dans l'étude des voies
Gallo-Romaines : ce sont, la carte de Peutinger et l'itinéraire
d'Antonin (1). C'est en s'appuyant sur le premier de ces
documents réputé comme bien antérieur au second, que
M. Peigné-Delacourt (2) se base pour juger, suivant les probabilités, que le chemin *romanisé* de Barbarie passait par
Bairi, aujourd'hui bac à Belle-Rive, mais désigné alors par
Isara ou *Lura*, puis remplacé en suite par le pont de la
Malemer (3) ; de là ce chemin montait par diverses sinuosités
à Royglise *(Rodium)* pour gagner Amiens *(Samarobriva)*, et il
constituait bien, lors de la rédaction de la carte, la seule grande
voie en activité entre Soissons et Amiens.

M. Peigné pense que l'embranchement du chemin précédent,
qui s'en détachait pour aller vers *Bratuspantium*, fut rapidement abandonné *par les Romains* et que les communications
de Soissons avec Beauvais, s'établirent par *Compendium* (4)
c'est-a-dire par le raccourci plus haut décrit de la *route du
Faite* continuée par le chemin de *Clermont.* Longtemps, ces

(1) Peigné-Delacourt. *Recherches sur Noviodunum* p. 30.
(2) Ibidem, p. 31.
(3) Ce pont a été découvert par M. Peigné-Delacourt. *Recherches sur
Noviodunum*, p. 21.
(4) Ibidem, p. 33.

relations, principalement militaires, durent suffire tant que les grands travaux de défrichement, puis les constitutions nouvelles des *cités* ainsi que des milices du sol, ne furent pas suffisamment établis. La confection des grandes voies Romaines ne dut commencer qu'après cette organisation solide et se combina sans doute avec la formation du camp de Champlieu. Nous regardons comme probable que la *romanisation* plus ou moins étendue des principales artères Gauloises avait suffi jusques là, mais que la fin du premier siècle et tout le second siècle furent remplis par les immenses travaux entrepris de toutes parts et dont une portion notable était sans doute en activité au commencement du troisième siècle sous Caracalla qui s'occupait des chemins de la Gaule, et dont les noms accolés à ceux de Marc-Aurèle, se trouvent rappelés sur une borne milliaire *de la voie Romaine* de Reims à Amiens, borne trouvée en 1712 près de Saint-Médard de Soissons (1). Les chemins romanisés n'en subsistèrent pas moins pour le vulgaire, la culture et les transports pénibles. Les énormes remblais, qui coupent encore aujourd'hui si étrangement de grandes surfaces de terrain, semblent même avoir été calculés pour mettre obstacle à la fréquentation des voies nouvelles par une circulation encombrante.

(1) Carlier. *Histoire du Val.*, t. I, p. 45.

4ᵐᵉ ARTICLE

TROISIÈME SIÈCLE *(Gallo-Romain)*

Depuis Caracalla, vers 215 jusques à 300 sous Maximien Hercules.

§ 1. *Poursuite active de la construction des grandes voies Romaines.
Établissement de la chaussée du* strata Compendii. *Dépopulation
Gauloise. Pénurie des bras à la fin du troisième siècle.*
§ 2. *Introduction du Christianisme. Persécution pendant la deuxième
moitié du troisième siècle jusques à Constantin.*

§ 1.

Poursuite active de la construction des grandes voies Romaines. Établissement du
STRATA COMPENDII. Dépopulation Gauloise. Pénurie des bras à la fin du troisième siècle.

Les travaux considérables relatifs aux voies Romaines qui
comprenaient une nombreuse série de voies de toute espèce,
*vias consularis, regia, militaris, solemnes, aggeres publicos,
vias vicinales,* contribuèrent profondément, et certes plus que
toute autre cause, à l'amoindrissement des infortunés indigènes
mis, pour ainsi dire, en coupe réglée par une exploitation
immodérée de leurs forces. De là dut naître, dès le troisième
siècle, une dépopulation Gauloise notable, un vide non suffisamment comblé par les colonies Romaines, et par suite
ressenti vivement dans les *cités,* à l'entour du territoire de
Compiègne ; car ces *cités* étaient le théâtre principal de ces
entreprises gigantesques. Le troisième siècle paraît d'ailleurs
être celui où l'essor donné aux travaux complémentaires de ce
genre fut poussé à son *maximum,* en sorte que dans la dernière partie de ce troisième siècle, la pénurie des bras excitait
de grandes plaintes. Aussi nous croyons que la colonisation

spéciale à Compiègne où à ses environs immédiats en fut gravement affectée et que, loin de gagner, elle languit plutôt dans tout ce siècle.

Il nous semble probable au reste que ce fut dans cette période que le chemin Gaulois de *Compendium* à Amiens, ou *strata Compendii*, déjà *romanisé* sans doute à l'origine, fut tranformé en chaussée Romaine. Comme les grands travaux ne dépassèrent guères le troisième siècle, cette construction nous paraît se rapporter indubitablement à l'époque en question en raison de son existence certaine, constatée sur les cartes de Cassini, et indiquée, comme nous l'avons vu plus haut, par Dom Grenier (p. 89), qui la signale comme présentant le plus court chemin d'Amiens au confluent de l'Oise avec l'Aisne. Il devait en résulter un mouvement commercial d'autant plus actif que les Romains entretenaient leurs voies navigables avec un soin égal à celui qu'ils apportaient aux voies de terre. Au reste, le quatrième siècle vint bientôt couper court sans doute à la progression de ces travaux en amenant d'autres préoccupations.

§ 2.

Introduction du Christianisme. Persécution pendant la deuxième moitié du troisième siècle jusques à Constantin.

Un événement important se produisit dans le milieu de ce troisième siècle : c'est la prédication dans la Gaule-Belgique du Christianisme dont les apôtres subirent pendant soixante ans de fortes persécutions (1). C'est dans cet intervalle qu'on signale plusieurs martyres, entr'autres celui de saint Quentin. C'est seulement vers l'avènemement de Constantin en 306, et

(1) *Histoire du Valois*, t. I, p. 19 à 29.

surtout après la victoire définitive qu'il remporta contre ses compétiteurs en 312, que commença la liberté, puis la diffusion de la religion chrétienne.

5ᵐᵉ ARTICLE

QUATRIÈME siècle (Gallo-Romain)

Depuis 300 sous Maximien Hercules, jusques à 420 sous Honorius.

§ 1. *Physionomie générale du quatrième siècle. Attaques et refoulement des Barbares.*

§ 2. *Expédition de Lètes par Maximien Hercules en 300 pour repeupler des contrées désertes.*

§ 3. *Distinction entre les colonies Romaines précédemment employées et les nouveaux envois de Lètes. Danger de ces introductions répétées.*

§ 4. *Suspension forcée des grands travaux dans le quatrième siècle par suite de l'état de lutte incessante avec les Barbares.*

§ 6. *Présomptions d'emploi de Lètes sur la rive gauche au Domaine de Beaulieu. Création probable de la villa de Beaulieu (novum villare). Modification qui s'ensuivit pour le double chemin sur Saint-Jean et sur Champlieu.*

§ 1.

Physionomie générale du quatrième siècle. Attaque et refoulement des Barbares.

Le troisième siècle est terminé. Le quatrième siècle s'ouvre en 300 : le grand cachet qui lui est propre, eu égard à nos pays, va se dérouler dans le cours de cette même année et donner en même temps aux événements le caractère qui leur sera désormais imprimé durant tout ce siècle pendant lequel les attaques des Francs et autres barbares campés au-delà du Rhin, se succèdent, enhardis qu'ils sont par les divisions intestines de l'Empire, par l'anarchie que produit la domination des prétoriens, puis par l'affaiblissement d'une autorité centrale qui allait être divisée en empire d'Orient et empire d'Occident. Sans doute, pendant tout le quatrième siècle, Rome l'emporte ; les Barbares se bornent forcément à des dévastations sur les frontières ; les massacres et la servitude en font justice : mais la lutte n'en est pas moins incessante entre ces masses innombrables de sauvages et une civilisation corrompue autant que cruelle qui, par des concessions de plus en plus impolitiques, prépare sa ruine inévitable.

On va juger de ces mesures par quelques récits résumés de Mézerai, dans son *Histoire d'avant Clovis*, sur le gouvernement de Maximien Hercules dans les Gaules en 297 et 300.

§ 2.

Expédition des Letes par Maximien Hercules en 300 pour repeupler des contrées désertes.

Mezerai suit d'abord Constantin dans son expédition aux îles du Rhin et de l'Escaut où il va combattre les Barbares soulevés contre les Romains : « En 297, dit-il, il en tua je « ne sais combien de milliers, chassa les autres et en prit un « grand nombre avec leurs femmes et leurs enfants qu'il « transplanta dans le pays des Nerviens et de Trèves, afin de « les obliger à labourer les terres que leurs ravages avaient « mises en friches (p. 231). »

Un peu plus loin, c'est Maximien qu'il suit aux îles Britanniques (p. 232): il parle du moment où, en 300, Maximien pénètre dans Londres et y ordonne un massacre immense. « Il pardonna, dit-il, à ceux qui restèrent de cette défaite et « en fit transporter une partie dans les territoires de *Beauvais*

« et d'Amiens, une autre partie dans ceux de Langres et
« d'Autun, afin de les cultiver et remettre en valeur…. On
« obligeait ces bandes ainsi transplantées de fournir certain
« nombre d'hommes pour les recrues, et quelques-uns
« s'imaginent que c'est ces soldats qui se trouvent nommés
« LÈTES, mot qui, en tudesque, veut dire SERVITEUR. »

§ 3.

**Distinction entre les colonies Romaines précédemment employées et les nouveaux
envois de LÈTES. Danger de ces introductions répétées.**

Est-ce bien là les LÈTES dont parle Eumènes (1) rhéteur
d'Autun au quatrième siècle, qui les dépeint comme une race
endurcie au travail, consommée dans la culture et dans le
trafic des grains comme du bétail, et en outre d'une nature
guerrière ? De tels détails semblent s'appliquer à des hommes
libres ou du moins à peu près libres, c'est-à-dire n'ayant
de lien qu'avec les Empereurs, autrement dit avec l'État Romain, à ces colonies militaires composées de *troupes qui
avaient mérité par leurs services un établissement tranquille* (2) ou bien d'hommes d'origine Germaine, à la vérité,
mais éprouvés, recrutés dans un canton spécial (3) et dans des
conditions déterminées. Quant à ceux dont il est ici question,
ils ne se trouvaient pas dans une telle position : d'après le
sort des prisonniers de guerre à cette époque, ce ne devait
plus être que des multitudes subissant l'esclavage, devenant
forcément attachées à la terre, *addicti terræ*, et dont le sort se
trouvait simplement soumis aux améliorations régulières qui

(1) Eumènes. *Panegyrici veteres*. Beauvais. *Dict. hist.* art. Eumènes.
(2) Encyclopédie in-folio de Diderot, art. *municipe*.
(3) *Hist. du Valois*, t I, p. 33.

pouvaient être la conséquence de leurs services. Toutefois, une nouvelle ligne de conduite officielle semble prendre naissance en ce moment, à l'égard des essaims de Barbares, avec lesquels la lutte offre des difficultés de plus en plus multiples : aussi l'envoi des *Lètes,* en 300, apparaît comme le premier essai d'un système dans lequel on transplantait des populations entières en les cantonnant dans des terres déterminées où elles jouissaient d'un état mixte entre la liberté et la servitude, de manière à amener des modifications profondes dans les aspirations de ces hordes, sans modifier néanmoins beaucoup leurs mœurs habituelles, car l'état mixte en question constituait le sort des masses dans leurs pays germaniques où ces gens étaient dominés par des maîtres indigènes et y portaient le nom de *Lèti* (1). Ces *Lètes* ne faisaient ainsi que changer de dominateurs en se trouvant soumis aux Empereurs au lieu de l'être à leurs maîtres.

Il semble donc y avoir eu, dès 300, dans les Gaules, deux classes distinctes introduites :. D'abord les anciennes colonies primitives solidement installées et d'une grande fidé-lité ; puis les *Lètes,* cantonnés par masses dans les terres *délaissées,* y conservant leurs mœurs, et qui allaient bientôt se multiplier outre mesure.

Sans doute c'était un moyen convenable, dans une certaine mesure, pour repeupler des contrées ravagées ; mais on en arriva, pour satisfaire la politique, à mettre les Lètes en possession des terres ; et l'emploi multiplié de ce procédé rendait l'ennemi maître effectif du pays. Un tel moyen devait, par son abus excessif, rendre cet ennemi d'autant plus dominateur que la jouissance des terres finit par être concédée à des tribus sans précaution ni réserve, dans le seul but de les opposer les unes aux autres, et que les

---

(1) M. Deloche. *De l'Anstrutionat.* Appendice p. 341 et suivantes.

fonctions publiques elles-mêmes ne tardèrent pas beaucoup à être accessibles aux Barbares.

Au moment dont nous nous occupons, la raison des *terres mises en friches* est-elle bien la cause dont parle Mézerai quand il en accuse les Francs ? Les Nerviens et le pays de Trèves pouvaient être dans ce cas comme frontières ; mais assurément les Francs n'avaient point porté alors leurs incursions jusques aux Bellovaques et même ils ne les avaient probablement jamais poussé jusques aux Ambiani : il peut encore paraître très-douteux que les Germains eussent envahi les territoires de Langres et d'Autun. Cependant les envois de Lètes à ces contrées *désertes* sont très-formellement constatés dans l'histoire. Or, la cause véritable, nous croyons l'avoir signalée dans le paragraphe précédent : c'est la dépopulation Gauloise. — La mise en friche de beaucoup de terres dans l'intérieur de la Gaule-Belgique fut sans doute un fait vrai, mais il était imputable aux Romains.

§ 4.

Suspension forcée des grands travaux dans le quatrième siècle par suite de l'état de lutte incessante avec les Barbares.

Les grands travaux relatés plus haut durent être fort raréfiés dans le courant de ce quatrième siècle par l'état perpétuel d'inquiétude et de lutte dans lequel la Gaule-Belgique fut plongée. Nous répéterons à ce sujet les paroles de M. Piette sur le travail duquel nous nous sommes déjà appuyé plus haut, (p. 142) : « A partir du règne de Constantin, dit-il (1), c'est-à-dire vers l'année 311, *tout est muet au sujet des chemins de la Gaule, inscriptions et historiens.* Des peuples indisciplinés,

(1) A. Piette. *Itinéraire Gallo-Romain*, p. 46.

« mal affermis dans leur conquête, ne durent guères songer
« aux routes publiques qui furent complètement abandonnées
« pendant la funeste période des invasions ainsi que dans les
« premiers temps du régime féodal. »

§ 5.

**Présomptions d'emploi de Lètes sur la rive gauche au Domaine de Beaulieu.
Création probable de la villa de Beaulieu (novum villare). Modification qui
s'ensuivit pour le double chemin sur Saint-Jean et Champlieu.**

Mais on peut au moins se demander si le territoire de
Compiègne et de ses alentours retira quelque bénéfice de
l'envoi des *Lètes* plus ou moins esclaves dont nous avons
parlé, envois qui se renouvelèrent bien des fois dans ce siècle
et dans le suivant.

Nous doutons de ces bénéfices et pensons que la quantité
de *Lètes* qui fut attribuée aux Bellovaques combla principalement le vide de la population Gauloise dans la portion du
massif boisé appartenant en partie aux Bellovaques et sillonnée
de grandes voies, ainsi que dans les environs de Beauvais et
Clermont également pourvus de ces chaussées Romaines.

D'ailleurs le défrichement du plateau de Margny, dont nous
avons parlé au chapitre III, p. 111, devait être terminé depuis
longtemps, les *milites* de Coudun devaient être installés, et le
strata Compendii était certainement en activité ainsi que le
commerce de transit des deux rivières.....

Au reste, ce qui précède ne concerne que la rive droite et
offre seulement, nous l'avons dit, des présomptions fort problé-
matiques sur lesquelles nous reviendrons un peu plus loin à
l'article 7 ; mais, ce qui se passa sur la rive gauche est encore
plus compliqué et forme un problème historique très-obscur.

Les présomptions qui vont être émises sont donc fort précaires et offrent seulement une base d'appréciation au sujet des destinées historiques qui concernent la contrée de Royallieu.

Nous avons dit ci-dessus (p. 140) que très-probablement les constructions Romaines, dont *Mercière* offre les traces, se rapportent à la *villa Cesariana* Gallo-Romaine enceinte d'une *maceria* et habitée par le préfet romain préposé à la surveillance du territoire des Suessiones au débouché du *pont de Venette*. Nous avons vu aussi que l'emplacement de cette *villa Cesariana* était éloigné de quatre kilomètres du *pont de Venette* lui-même ; cet éloignement dût décider, dès l'abord, l'établissement d'un bac pour les communications directes avec la rive droite, et avec *Gallis villa*(1) notamment, au moyen d'un chemin conduisant de la *villa Cesariana* à ce bac, chemin qui trace encore la limite actuelle du territoire de Compiègne et qui conduit toujours à un bac, dit de l'église de Jaux. Ce dernier chemin nous paraît remarquable en ce qu'il séparait dès lors l'emplacement de la *villa* nouvellement créée d'avec *ses dépendances* proprement dites. Il nous paraît hors de doute, quant à nous, que l'ensemble des dépendances ainsi affectées à la *villa* nouvelle se terminait à la *rue du Moulin-de-Venette* juste en face du *pont*, et que cet ensemble se retrouve *avec précision* avoir été *le même* sous Philippe-Auguste quand ce monarque concéda *le territoire de Royallieu à la commune de Compiègne afin de compléter sa juridiction*. Le même ensemble, sous le même nom de *Royallieu*, se retrouve *encore aujourd'hui sur le cadastre tel qu'il était sous Philippe-Auguste et sous l'époque Gallo-Romaine*.

Si nous en revenons au préfet romain et que nous le considérions comme installé dans sa *villa Cesariana Maceria* ci-

(1) *Gallis villa* (Jaux). Il est ainsi désigné dans la charte de Dagobert pour la fondation de l'abbaye de *Lacroix-Saint-Ouen* (Histoire du Valois, tome I, p. 108) et est indiqué comme étant en regard de *Bellum villare*.

dessus indiquée, il y a deux conséquences qui nous semblent résulter de sa position dans le lieu qui fut choisi.

La première conséquence c'est qu'il arriva ici ce qui arrivait dans toutes les *villæ Cesarianæ* Romaines créées dans un canton, c'est-à-dire que d'autres villas inférieures tendaient à s'établir dans ses environs et sous son égide : ici des colons cherchèrent sans aucun doute à obtenir des concessions plus ou moins temporaires dans la *rue du Moulin de Venette* où ils formèrent le noyau, de *Compendium*, partie sur le domaine public, partie sur les dépendances de la *villa Cesariana Maceria*.

La deuxième conséquence fut que la position de la *villa Cesariana Maceria*, qui reçut le nom de *Bellum villare* (Beaulieu), se trouva bien éloignée pour la direction des *villæ* concédées sur *Compendium* comme sur les dépendances, bien éloignée également pour la surveillance du passage du pont. Il semble alors qu'on dut sentir bientôt la nécessité pressante de créer une *villa intermédiaire* (1) destinée à recevoir un officier chargé d'observer le pont d'une part et chargé aussi d'autre part de présider non-seulement à la direction des *villæ* de *Compendium* au nom des empereurs, mais aussi d'administrer les dépendances elles-mêmes de *Beaulieu* (Bellum villare) ; cet officier, placé à portée de Beaulieu *(Bellum villare)*, était à même d'y puiser sans cesse ses instructions. Nous ne serions pas étonné que cette *villa intermédiaire*, destinée à jouer un rôle assez notable dans l'avenir, n'ait reçu alors, par analogie, le nom de *novum villare* qui paraît avoir figuré dans des chartes ou diplômes des premiers temps de la monarchie (2). Il serait intéressant d'avoir la série chronologique des documents où il a été fait mention des établissements de Royallieu, sous des noms quelconques, avant

(1) L'ancienne abbaye de Royallieu récemment occupée par M. de Lagrange.
(2) Carlier. *Hist. du Valois*, t. I, p. 108.

le douzième siècle ; la situation pourrait en être fort éclaircie.

On devine que toute notre pensée réside ici dans la simultanéité des deux établissements relatifs à *Mercière*, savoir la *villa Cesariana maceria* du préfet romain (autrement dit *Bellum villare* ou Beaulieu), puis la *villa dépendant de Beaulieu* (autrement dit *novum villare),* le premier établissement exerçant le commandement, et le second n'étant qu'un rouage entièrement subordonné.

Tout ce qui précède dut aussi, suivant nos prévisions, avoir été constitué dans le cours du quatrième siècle qui nous occupe spécialement dans ce paragraphe et pendant lequel la pénurie de bras fut atténuée par l'introduction de nombreuses bandes de Lètes, dont les préfets se firent attribuer une partie convenable (1).

(1) Notre opinion ci-dessus, celle de la simultanéité des deux établissements de. *Bellum villare* et de *novum villare* est le point essentiel dans les considérations qui précèdent, et nous regardons cette simultanéité comme ayant existé dans un temps immémorial ; mais dire la durée de cette simultanéité est beaucoup plus difficile, parce qu'il manque un élément du problème, c'est-à-dire l'époque un peu précise de la *création de novum villare.* — Si cette époque était connue, comme ce *novum villare* n'a plus cessé d'exister, *sous divers noms, mais sur le même emplacement,* jusqu'en 1789, les moyens de rapprochement avec *Bellum villare* seraient faciles, car *Bellum villare,* d'après ce qui précède, a dû être créé aussitôt après la conquête de César, 51 ans avant J.-C., et comme nous le dirons tout à l'heure, il a dû subsister, sous divers noms, jusqu'en 945.

Mais la date de la création de *novum villare* ne nous paraît pas offrir d'éléments de présomption un peu solides. Aussi, en plaçant cette date au quatrième siècle, nous indiquons simplement une *possibilité* plus encore qu'une *probabilité,* et nous ne voyons là qu'un moyen de FIXER PROVISOIREMENT LES IDÉES A CE SUJET. Mais si la *création* de *novum villare* est douteuse sous l'époque Gallo-Romaine, on peut regarder comme certain qu'elle suivit rapidement la conquête des Francs, et que les premiers rois, après avoir établi un séjour stable auprès de la *tour de César,* déterminèrent ainsi, contre le *pont de Venette* un grand accroissement de *Compendium,* accroissement prouvé par la prompte construction d'une église (Saint-Germain), dès le premier successeur de Clovis, et dont l'une des promptes et nécessaires conséquences dût être la création de *novum villare* aussi bien pour la chasse que pour l'administration. Dès lors la simultanéité de *novum villare* avec *Bellum villare* fut à même d'exister pendant encore plusieurs siècles, puisque nous jugeons, ainsi que nous l'indiquerons dans la note ci-dessous que *Bellum villare,* construit 51 ans avant J. C., ne prit fin qu'en 945.

Du reste, quand les établissements furent créés, aucune mutation sensible ne doit plus avoir été introduite dans cet état de choses jusques à la conquête des Francs (1).

(1) Malgré l'inconvénient grave de hors-d'œuvres qui entraînent au-delà des matières d'une division en général et ici de la division Gallo-Romaine en particulier, nous croyons que l'intelligence actuelle et future de nos hypothèses sur Royallieu demande de renouveler ici ce que nous avons fait plus haut (note p. 100) pour le chemin de Flandres, c'est-à-dire d'exposer de suite, dans une note distincte, un résumé sommaire, mais général, sur ce qui concerne ce point essentiel de l'histoire locale. Nous reviendrons ensuite successivement avec plus de facilité sur la série des présomptions sommairement exprimées.

La domination des Romains finit, et celle des Francs commence ; ceux-ci s'emparent des deux établissements ci-dessus indiqués, et leurs rois substituent au Préfet romain et à ses subordonnés des chefs de leur race avec d'autant plus de raison qu'ils se déterminent de suite à créer pour eux un lieu de séjour à proximité de *Bellum villare (Beaulieu)*, c'est-à-dire un séjour placé à côté de la *tour de César,* soigneusement conservée.

Autant que nous pouvons en juger, sans avoir, sur ces premiers temps, d'autres documents que la charte de Dagobert et les inductions qu'en déduit Carlier (1), les Rois s'occupèrent sans doute ici un peu de la partie utile ; mais la destination majeure qu'ils eurent en vue dans leurs arrangements fut d'avoir à *Bellum villare (Beaulieu)* une maison royale de chasse, ce qui n'entraîna pas de mutation dans les noms qui avaient été donnés aux mêmes lieux par les Romains : *Bellum villare (Beaulieu)* continua à être le nom affecté à la *villa Cesariana* devenue *maison Royale* close par une *maceria ;* puis la *villa intermédiaire* désignée pour être une sorte de vénerie en même temps qu'un centre d'administration du Domaine, put porter le nom déjà sans doute appliqué sous les Romains de *novum villare* (2). — Mais progressivement le nom affecté à la *maison Royale* tendit à changer et à se transformer dans le nom de la clôture *maceria* (3), en sorte qu'à une certaine époque, le nom vulgaire en question sera certainement devenu *maceria,* soit en roman *maizière* ou *mercière ;* puis, en même temps, par un effet analogue et correspondant, le nom de la *villa intermédiaire* tendit de son côté à se confondre avec celui du Domaine général de *Beaulieu* et à ne plus recevoir d'autre appellation que celle de *Beaulieu.*

Ainsi, primitivement, la *maison royale* fut identifiée de nom avec le reste de son Domaine *Bellum villare (ou Beaulieu),* et la villa intermédiaire reçut alors un nom distinct *novum villare ;* quand, au contraire, les

(1) Carlier « Histoire du Valois,» t. I, page 108 ; t III, p. 57.

(2) On peut voir que si « novum villare » prit seulement naissance alors avec les premiers rois Francs, comme nous en avons réservé la possibilité dans notre note page 159, la succession des faits importants n'en souffre aucun trouble réel.

(3) Martin-Marville. « Mémoire des Antiquaires de Picardie, » t. III, 3ᵉ série, p. 390. Après son exposé, M. Martin-Marville ajoute : « CE MOT (Maizière ou Mer-« cière), NE SEMBLE AVOIR ÉTÉ EMPLOYÉ QUE FORT TARD POUR DÉSIGNER LE FORT LUI-« MÊME » donc néanmoins il finit par être employé ainsi et substitué à « Bellum villare. »

Si nos présomptions ci-dessus sont exactes, on voit bien
ici que c'est encore au quatrième siècle que devrait être alors
rapporté le changement de direction ou plutôt la variante qui

mutations de nom se manifestèrent, ce fut la *villa intermédiaire* qui iden-
tifia son nom avec le reste du Domaine qu'elle administrait *Bellum villare
(ou Beaulieu)*, et ce fut *la maison Royale* qui prit le nom distinct venant
de sa clôture *maceria.*
De nouveaux siècles se passent, puis la phase des Normands se déroule.
Si l'histoire s'explique sur le sort subi alors par la *villa Venitta* entièrement
détruite ainsi que le village de Venette (1), cette histoire se tait sur le sort
probable de *Bellum villare* qui, à ce moment, avait déjà dû prendre le nom
de *Mercière*. La destruction de *Mercière* fut-elle complète aussi, en ne
laissant sur le sol que les traces romaines offertes depuis lors aux méditations
des antiquaires ? Ou y eut-il seulement saccage du Domaine suivi d'incendies
auxquels les constructions romaines en pierre résistaient mieux que les constructions en bois des Francs ? Dans le doute, nous pouvons admettre que,
lors des restaurations compiégnoises opérées par Charles-le-Simple , au
commencement du dixième siècle, les restes de Mercière purent recevoir
quelques réparations de nature à maintenir une appellation défensive en
faveur de cette pauvre maison royale à moitié détruite, tandis que la *villa
pratique*, la villa de chasse et d'administration, fut aussi l'objet de quelques
efforts pour relever un peu les ruines des diverses *villæ* du Domaine.
Tout à coup un ennemi imprévu, et par là même plus terrible peut-être
que les Normands, surgit : c'est l'ennemi féodal, se déclarant à l'improviste.
Ainsi, par exemple, en 945, Bernard, comte de Senlis, ayant pris parti
contre le Roi Louis IV, d'ailleurs absent de Compiègne, fond subitement sur
le Domaine royal et ravage l'*oppidum* de ce Domaine avec un certain nombre
des *villas* du même Domaine.
Écoutons ici Flodoard :
« *Compendium* etiam *regalis sedis* OPPIDUM pervadit cum quibusdam
« villis ei sedi subjectis. (2) »
Quel est cet OPPIDUM *compiégnois* du *siège royal* ravagé avec *quelques
villæ* qui lui sont assujetties ? Assurément cette expression OPPIDUM n'a plus,
au dixième siècle, sa signification gauloise et ne semble plus devoir indiquer
que l'ensemble d'un *bourg*, selon la désignation des anciens dictionnaires ;
ce pourrait donc être l'ensemble de ce BOURG *ouvert* de Compiègne, sis à
Saint-Germain, et que les Chartes royales de Louis VII et autres sur Compiègne vont bientôt nommer clairement *Burgum*. Toutefois, dans la phrase
citée, le mot OPPIDUM *sedis regalis*, employé en 945, peut et doit paraître
applicable à un *réduit plus ou moins fortifié*, chef-lieu direct des *quelques
villæ du Domaine royal* qui avoisinent le réduit. Ce réduit ne peut être
évidemment la forteresse de Charles-le-Chauve dont nous nous occuperons
en détail dans la quatrième division et qui venait d'être alors récemment
restaurée par Charles-le-Simple. Aucun document historique ne signale, en
945, une pareille crise dans cette forteresse où les événements suivent au

(1) Graves. « Statistique du canton de Compiègne, » p. 171.
(2) Rer. fr. scrip. t. VIII, p. 198. (Dom Grenier. man. Cayrol 2777 p. 262).

11

s'opéra de nouveau, lors de la création de *novum villare*, dans la continuation de la voie d'Amiens (du *strata Compendii*) au-delà du *pont de Venette*. En effet le *novum villare* une

contraire leur cours. En outre, si l'historien avait eu en vue la dite forteresse, il aurait employé le mot *castellum* par lequel elle est toujours désignée et non le mot *oppidum* qui n'était plus qu'un diminutif à peu près effacé, à cette époque, en fait de fortification. Nous pensons donc, précisément à cause de ce diminutif et de l'adjonction « *cum quibusdam villis et sedi subjectis* » que le mot *oppidum* de Flodoard veut désigner l'OPPIDUM de la *maceria* (maison royale, ou *Mercière)* qui avait encore apparence de réduit fortifié et qui possédait autorité sur les *villæ* de cette portion du domaine Royal, mais plus particulièrement sans doute sur quelques *villæ (quibusdam villis)* qui environnaient la *maceria*. — Si cette explication est vraie, et nous la jugeons telle, *Mercière* dut recevoir là un nouveau coup dont il est à croire que, dans la situation où l'on se trouvait, cette *maison royale* ne se releva plus.

Ce n'est point à dire que les Rois aient renoncé alors pour l'avenir à avoir une maison Royale à *Beaulieu ;* mais ils renoncèrent probablement, croyons-nous, à avoir cette *maison Royale* à *Mercière* avec double emploi de *villas officielles*. Le démantèlement complet de Mercière dut être achevé, pensons-nous, quand on prit assez vite un parti de ce côté, et on dut donner alors plus d'importance *successivement* à la *villa de Beaulieu* (ancien *novum villare*) qui devint à la fois *maison royale*, vénerie et villa administrative. C'est là du moins ce qui nous semble résulter de ce qui apparaît sur la *maison royale de Beaulieu*, à la suite des dévastations de Bernard. A la vérité nous ne connaissons aucune mention de cette *maison Royale de Beaulieu* dans le reste du dixième siècle, témoin de l'agonie de la dynastie Carlovingienne, et, dans de telles conditions, le silence ne doit pas surprendre : nous n'en trouvons pas non plus de mention dans le onzième siècle, bien que les Capétiens sous lesquels l'ordre renaissait silencieusement s'en soient certainement occupés : mais nous allons retrouver cette *maison Royale toute créée* au douzième siècle où elle est inscrite dans les chartes de Louis VII, de la reine Adélaïde et de leurs successeurs.

Seulement, à ces moments, il n'y a plus aucune désignation de *maison Royale* qui puisse, directement ou indirectement, se rapporter à Mercière : les chartes la nomment *villa nova*, ou *villa nova in bosco*, c'est-à-dire, *la Neuville-aux-Bois*, de même qu'antérieurement on disait *maceria* ou *maceria in bosco*, c'est-à dire *Mercière-aux-Bois*, comme on le dit encore aujourd'hui. Mais l'expression de *villa nova* appliquée à la maison Royale, sans rappel de *Mercière* dont l'emplacement, quoique nivelé, existait toujours sous ce nom de *Mercière*, montre bien qu'il s'agissait d'une position *nouvelle*, position que la *succession des faits postérieurs* ne permet pas de faire rapporter à un autre endroit que celui où fut fondée l'ancienne abbaye de Royallieu (1). C'est évidemment depuis le moment où la *maison Royale* fut installée à la *villa nova* que le Domaine de *Beaulieu* prit le nom de *Royallieu*, et que *Mercière* n'eut plus de signification que comme

(1) M. de Lagrange occupait récemment l'emplacement de cette abbaye.

fois établi, on dut évidemment placer vis-à-vis de lui, un point de départ spécial pour aller rejoindre directement le Vivier-Corax où se trouvait déjà établie une patte-d'oie pour les com-formant l'assiette d'un hameau constitué par quelques villæ détachées et élevées sur l'emplacement de la maison royale primitive.

Ici se pose la grosse question relative à *Mercière* dont l'origine ne semble pas douteuse à nos yeux, et cependant, dans les faits postérieurs que nous relaterons tout à l'heure, *Mercière* devra être, désormais, distrait de la juridiction Royale directe pour suivre la même juridiction que l'abbaye de Lacroix-Saint-Ouen et être soumis, comme elle, à la châtellenie de Pierre-fonds, tandis que Royallieu restera soumis à la prévôté Royale.

Toutefois il n'y avait point pourtant de confusion entre *l'abbaye de La-croix-Saint-Ouen* et le hameau de *Mercière*. Nous voyons en effet que l'abbaye de Lacroix fondée par Dagobert fut *soumise*, dès le début, à l'abbaye considérable de Saint-Médard de Soissons (1), puis qu'elle souffrit tellement des Normands que, sous Charles-le-Chauve, on ne la nommait même plus qu'*abbatiola*, et qu'on la réduisit en prieuré simple ; puis enfin que le 14 mars 918, les biens de l'abbaye de Lacroix furent concédés *en propriété* par une charte de Charles-le-Simple, datée de Compiègne, à Saint-Médard (2).

Quant à Mercière, il fut si peu compris dans les donations faites par Da-gobert d'abord à l'abbaye de Lacroix, et par Charles-le-Simple ensuite à l'abbaye de Saint-Médard, qu'en 1470, des lettres patentes de Louis XI relatent les biens possédés *par l'abbaye de Royallieu* à *Mercière* (3), biens provenant des bienfaits royaux accordés ÉVIDEMMENT *depuis la fondation de cette abbaye de Royallieu*, EN 1303.

Pour tacher de démêler ce qui a dû probablement se passer à l'égard de la juridiction de *Mercière*, il est nécessaire de se rendre compte de l'état politique où se trouvait la France à cette époque de 945 qui fut témoin de la destruction de la *maison Royale de Mercière* et des *villæ* qui l'entouraient.

En droit, depuis l'origine de la monarchie, la Justice émanait du Roi ; quant à sa distribution, elle était exercée dans les domaines Royaux par des Prévôts royaux ou Gouverneurs châtelains royaux commis à cet effet ; ailleurs, le Roi la concédait aux grands vassaux directs de sa couronne qui l'exerçaient par des Prévôts ou Gouverneurs châtelains seigneuriaux (4). Il y avait donc des Prévôts royaux ou Gouverneurs châtelains attachés pour le Roi aux maisons royales, et il y avait aussi des Prévôts ou Gouverneurs châtelains seigneuriaux délégués par les grands vassaux directs. Sous Louis-le-Débonnaire, les Prévôts châtelains des maisons Royales s'appelaient *Provisoires regii* (5).

En fait, quand l'anarchie féodale s'étendit sur tout le pays peu après le règne de Charles-le-Chauve et au milieu de l'invasion des Normands, l'usur-pation de tous les droits royaux fut générale et la justice comme tout autre

(1) Graves. « Statistique du canton de Compiègne, » p. 156.
(2) Ibidem p. 156.
(3) Ibidem, p. 145.
(4) « Dictionnaire des Français » t. II, p. 382.
(5) Carlier. « Histoire du Valois, » t. I, p. 223.

munications propres à *Mercière* (V. p. 140); c'est sur le tronçon qui allait ainsi rejoindre le Vivier-Corax, que venait

droit souverain appartint à ceux qui surent se rendre les plus puissants dans leur contrée et par suite les plus indépendants autour d'eux. A ce titre, les Gouverneurs châtelains primitifs de la *maison Royale* du Chesne (premier château de Pierrefonds) (1) se cantonnèrent dans leur fief, puis s'y firent remarquer, dès le dixième siècle, par l'intelligence et la vigueur avec lesquelles ils surent s'élever en protégeant d'une manière sûre et effective tous ceux qui soumettaient leurs terres à la justice de leur châtellenie (2,; ils bâtirent alors le deuxième château de Pierrefonds sur l'emplacement actuel après la destruction du château du Chesne par les Normands ou autres (3), et parvinrent à étendre leur influence et le ressort de leur châtellenie jusqu'au Bourget, près Paris (4).

Sans aucun doute l'abbaye de Lacroix était originairement comprise dans le Domaine royal et par suite dans le ressort de la Prévôté royale de Compiègne qui en était fort rapprochée. Aussi, quand, en 918, Charles-le-Simple donna à Saint-Médard les biens de l'abbaye de Lacroix ravagée par les Normands, ces biens devaient être soumis à la châtellenie royale de Compiègne, comme *Mercière*, NON DÉTRUIT ALORS, y était soumis lui-même.

Nous regardons comme probable que l'expédition de Bernard, en 915, amena de grandes inquiétudes chez les possesseurs des biens de Lacroix, comme elle sema une profonde terreur chez les rares habitants de ce qui était devenu le hameau de *Mercière*. La réputation des Seigneurs de Pierrefonds était encore fort récente et l'on put tarder à s'adresser à eux pour la protection de Lacroix, mais nous *présumons* que ce fut cette réputation croissante qui amena la demande de cette protection et le classement des biens de Saint-Médard sur Lacroix dans la châtellenie de Pierrefonds, *avec l'autorisation du Roi*. Nous présumons encore, que cet exemple fut suivi en ce qui concerne *Mercière*, condamné comme *maison royale*, transformé en hameau, et attenant aux biens de Lacroix. Bien qu'il y eut là deux localités entièrement distinctes, la juxta-position des deux territoires favorisait un tel désir naturel de la part des habitants et auquel le Roi dut se prêter volontiers dans l'impuissance où il se trouvait sans cesse de protéger son propre domaine (5).

(1) Carlier. « Hist. du Valois, t. I, p. 190. »
(2) Ibidem. t. I, p. 232.
(3) Ibidem. t. I, p. 391.
(4) Ibidem. t. I, p. 233.
(5) C'est là l'origine de ce long « chemin des Plaideurs » qui sillonne encore transversalement la forêt, de Lacroix à Pierrefonds, en passant par La Brevière. Le chemin qui partant de **Mercière** allait d'abord au Vivier-Corax, joignait aussi le chemin des Plaideurs à sa croisée avec le chemin de Champlieu. Il le joignait encore plus rapidement en prenant au Vivier-Corax la direction vers la ROUTE DE SAINT-JEAN ; on voit en effet, que de cette direction il se détachait environ au « carrefour du Pélican. » un embranchement oblique qui allait atteindre le chemin des Plaideurs sur la route de Crépy au carrefour de Crépy.

« Mercière, » on peut le voir, eut besoin pour son compte du chemin des Plaideurs ; mais il n'eut aussi qu'à profiter, à ce sujet, des communications déjà existantes.

s'embrancher *le chemin des Lorrains* partant d'une autre patte-d'oie située sur la rue du Moulin de Venette prolongée.

Une telle abdication des devoirs essentiels pour l'autorité Royale peut sembler extraordinaire aujourd'hui ; mais au dixième siècle, cette autorité n'avait ni le droit, ni la faculté d'être fière, et l'on doit juger que la permission royale fut facilement accordée ; peut-être même la décision royale a-t-elle été prise spontanément : car, vers 1070, à peu près, et sous les Capétiens, la Prévôté royale de Compiègne fut elle-même, *dans sa totalité*, concédée à titre de *fief héréditaire* à la *même maison de Pierrefonds* dont la protection était réputée si précieuse. — Ce fief resta dans ladite maison jusques à son extinction vers 1193, par suite de la mort sans enfants d'Agathe de Pierrefonds, dame et héritière de cette seigneurie. Nous en verrons, en temps et lieu, toutes les conséquences.

Pour reprendre notre récit, on peut voir, que la *nova villa in bosco* n'offre aucune idée de création nouvelle, si ce n'est en montrant *l'adjonction d'une maison Royale* à une très-antique villa, la *villa* de *Beaulieu* ou *novum villare*; très-antique, disons-nous, car cette villa prenait sa source, à notre sens, dans l'époque Gallo-Romaine, mais en tout cas, au plus tard, dans les premiers temps de la monarchie. Il faut donc bien se garder d'établir la moindre confusion entre ce vieux Domaine pourvu de ses établissements séculaires et la création toute nouvelle de *la Neuville* ou *Franqueville* décrétée par la Reine Adélaïde, de concert avec son fils Louis VII. Nous établirons en son lieu la position très-précise de cette *Neuville* attenante à la forteresse de Charles-le-Chauve et placée du *côté opposé à Royallieu* par rapport au bourg de Compiègne, sis à Saint-Germain. Nous indiquerons également la position précise du Logis Royal correspondant à cette *Neuville* et qui n'eut aucun rapport avec la *nova villa in bosco* de Royallieu.

Quand la reine Adélaïde et Louis VII ordonnèrent, en 1153, la création de la *Neuville* ci-dessus mentionnée et la construction simultanée d'un nouveau Logis Royal correspondant ; quand, en même temps, ils promulguèrent la charte communale de Compiègne, leurs décisions furent prises et signées dans l'ancien logis royal et primitif de Charles-le-Chauve placé dans le deuxième palais de Compiègne ; mais les actes postérieurs de constitution du territoire de la commune, au moyen du don, fait par Louis VII, en 1179, de la *Neuville*, puis au moyen du don fait par Philippe-Auguste, en 1208, de la prévôté de Margny dans le ressort de laquelle se trouvait Saint-Germain, *Royallieu* et le *Vivier-Corax* ; ces actes, disons-nous, furent résolus et signés dans le nouveau Logis Royal correspondant à la *Neuville*.

Quant à la *nova villa in bosco*, son seul rôle, dans ces arrangements, fut d'avoir son emplacement compris dans la nouvelle juridiction communale ; car cet emplacement était situé à *Royallieu*..

Un demi-siècle se passe depuis la donation de Philippe-Auguste en 1208 : Louis VIII et Louis IX (Saint-Louis) lui succèdent ; puis, ce dernier prend tout à coup une résolution qui va changer les destinées de la *nova villa in bosco* en la classant au premier rang, parmi les établissements royaux de Compiègne. C'est que Saint-Louis, fixé dans le nouveau Logis Royal correspondant à *la Neuville*, y habitait ce nouveau logis bâti dans l'ancienne forteresse de Charles-le-Chauve et dans une portion de l'enceinte du deuxième

Le *novum villare,* de l'entrée duquel partait le tronçon sur le *Vivier-Corax,* reliait ce tronçon, pris à son origine, avec la *rue du Moulin de Venette,* et par suite avec le

palais, laquelle devait être antérieurement vague et attenante à *la Neuville.* Or, le saint roi concéda, en 1257, ce Logis Royal aux Dominicains et dès lors les Rois n'eurent plus d'habitation dans la forteresse de Compiègne ; car le reste du palais de la Neuville ne consistait qu'en dépendances en dehors des murs. Pour pouvoir continuer à séjourner dans leur domaine de Compiègne, il fallut donc que les Rois comptassent sur le seul logis royal existant encore sur ce domaine, c'est-à-dire, sur la *nova villa in bosco* comprise au reste, depuis 1208, dans le territoire de la commune de Compiègne, mais placée en dehors de l'enceinte fortifiée de la ville. C'est le parti que prirent les successeurs immédiats de Saint-Louis.

Le second de ces successeurs, Philippe IV, introduisit à la *nova villa in bosco,* une mutation notable qui devait influer d'une manière prépondérante sur l'avenir de ce palais. Ce fut la fondation dans le palais (1), en 1303, d'un ordre religieux destiné à desservir les chapelles royales dans tout le domaine de Compiègne (2) ; et, ici, un fait spécial offre une certaine importance pour confirmer nos présomptions sur les origines de *Mercière.* Nous lisons en effet dans la Statistique du canton de Compiègne par M. Graves, p. 158 : « Il y avait (à Mercière) une chapelle dédiée à Saint-Pierre, *à la « charge de l'abbaye de Royallieu* : elle était en tête du village en venant « de Lacroix : elle fut démolie, et le titre transféré dans l'église Saint-Jacques « de Compiègne. »

Il semble résulter de la citation qui précède que la chapelle de *Mercière* fut fondée par les rois, à une époque quelconque, en commémoration de l'ancienne *maison royale de Mercière* puis de la chapelle, qui, sans aucun doute, y était jointe, et probablement, sous le vocable de Saint-Pierre C'est même probablement là l'origine du prieuré qui existait à la ferme de M. Boyenval, laquelle *est en tête du village en venant de Lacroix.* Ce serait alors à titre de chapelle royale que les religieux en auraient eu la *charge.* Il est encore probable que, quand en 1634, les religieux de Royallieu permutèrent avec les religieuses de Saint-Jean-aux-Bois, la chapelle fut démolie et que son titre fut transféré à l'église Saint-Jacques, comme étant la paroisse royale (3).

(1) Carlier. « Histoire du Valois, » t. III, p. 57. Graves. « Statistique du canton de Compiègne, » p. 144. Le palais perd dès lors son nom de « nova villa » et n'est plus appelé que « Royallieu ».

(2) Le logis royal de la « Neuville » concédé aux Dominicains, avait sa chapelle royale de Saint-Éloi, datant de Charles-le-Chauve, et reconstituée par le fait de la création d'une chapellenie en 1170. Cette chapelle n'avait point fait partie de la concession aux Dominicains : les nouveaux religieux furent expressément chargés de la desservir.

(3) L'autel de Saint-Pierre, entre le chœur et la sacristie ne correspondait-il pas au titre en question ? Ce serait alors la commémoration d'une bien antique « maison royale » de Compiègne, puisqu'elle devait puiser sa première origine dans les commencements de l'époque Gallo-Romaine, lors de la conquête de nos contrées par Jules César.

pont de Venette, au moyen d'un chemin oblique qui existe encore sur le cadastre, bien qu'il soit peu suivi dans la pratique actuelle. Nous verrons à l'article 7 § 3 quelle était l'utilité spéciale de ce raccordement.

Les rois séjournèrent à Royallieu pendant le quatorzième siècle durant lequel la privation d'une habitation royale, dans la forteresse même, dut d'autant plus se faire sentir que la Jacquerie, jointe aux incursions des Anglais et des Navarrais, rendait le séjour des lieux ouverts fort dangereux. Aussi l'une des premières résolutions de Charles V fut-elle de faire construire un *troisième palais dans l'intérieur* des murs de la forteresse de Compiègne: ce troisième palais fut inauguré en 1370 et dès lors *Royallieu* fut à peu près abandonné aux religieux. Bientôt d'ailleurs il n'en aurait pas pu être autrement, et la prévoyance de Charles V fut bien justifiée ; car l'invasion des Anglais, unis aux Bourguignons, amena, en 1430, la destruction complète de la *maison royale* et du village de *Royallieu* (1). Le couvent seul fut épargné et subsista sans autre établissement royal dans ces parages : il fut occupé par les religieux jusques en 1634 ; alors ces religieux permutèrent avec les religieuses de Saint-Jean-aux-Bois lesquelles y demeurèrent jusques à la révolution de 1789.

(1) Graves. « Statistique du canton de Compiègne, » p. 145.

6ᵐᵉ ARTICLE

CINQUIÈME SIÈCLE (Gallo-Romain)

Depuis 420, sous Honorius, jusques à 481, époque de la conquête par les Francs, sous Clovis.

§ 1. *Dernière division des* Cités *identique avec celle des* Diocèses. *Remarques sur le camp de* Champlieu.
§ 2. *Envahissement de l'Empire par les Barbares. Partages partiels dans la Gaule.*
§ 3. *Destruction de* Vermand. *Remarques sur les circonstances successives qui ont amené la translation de l'évêché de* Vermand à Noyon *par saint Médard.*
§ 4. *Victoire de* Clovis *sur les Romains. Soumission de la Gaule Romaine. Commencement du royaume des Francs.*

§ 1.

Dernière division des Cités identique avec celle des Diocèses. Remarques sur le camp de Champlieu.

Le dernier aperçu que nous allons donner sur le cinquième siècle, qui marque la fin de la domination Romaine dans les Gaules, commence en 420 vers la fin du règne d'Honorius, ce fils incapable du grand Théodose. C'est sous son règne qu'eut lieu le dernier remaniement des *cités* (1) dont la circonscription devint alors identique avec celle des *diocèses* et se maintint presque telle depuis lors jusques en 1789 (2). C'est aussi à une époque rapprochée de celle-là, en 425, sous Valentinien III, que parut la *Notice des dignités de l'Empire* où il est fait mention des dignitaires du camp de

(1) Carlier. *Histoire du Valois*, t. I, page 30.
(2) Ibidem.

Champlieu (1) ; nous avons vu au reste que ce camp devait subsister depuis la fin du premier siècle, et avait dû, croyons-nous, succéder au camp de Saint-Pierre. Suivant la coutume des Romains, ce camp de Champlieu devait avoir pour éléments de sa formation les colons installés dans le pays et organisés en milices du sol (2). D'après le texte de la *Notice*, le camp de Champlieu faisait, sans aucun doute, partie de la *cité de Senlis* en 425, tandis que, depuis la conquète des Francs il a toujours fait partie du *diocèse de Soissons* (3). Il semble donc probable que ce remaniement administratif aura eu lieu, entre 425 et 480, pour donner plus de force à la concentration des forces militaires dans les mains du général Romain, commandant à Soissons, et si dangereusement menacé qu'il succomba.

§ 2.

Envahissement de l'Empire par les Barbares. Partages partiels dans la Gaule.

Le cinquième siècle dont il est ici question vit, dans l'Empire en général et dans les Gaules en particulier, le terme des luttes victorieuses de la part des Romains contre les Barbares qui, de tous côtés, les assaillaient sans relâche. Dès le commencement de ce cinquième siècle, tantôt par trahison, tantôt par incapacité, on leur laissa franchir les limites de l'Empire partout et même en Italie où Rome fut livrée au pillage : dans les Gaules envahies, on abandonna même aux Bourguignons une partie du territoire des Œduens (4), aux Visigoths une autre partie de l'Aquitaine et de la Narbonnaise, aux

(1) Carlier. *Histoire du Val.*, t. I, p. 34.
(2) Ibidem, t. I, p, 33.
(3) Ibidem, t. I, p. 44.
(4) *Vict. et Conq. des Français*, t. I, p. 378.

Alains des terres un peu partout. Mais ce qui nous a porté à faire partir de 420 la date du présent article, c'est que ce fut l'année où, dans le Nord, Pharamond et les Francs parvinrent à faire leur trouée et à s'implanter sur le sol : on pût depuis, et pendant un peu plus d'un demi-siècle, leur disputer des villes ou des provinces avec plus ou moins de succès ; mais, à partir de ce moment, les jours de la domination Romaine dans la Gaule-Belgique furent comptés, malgré l'union momentanée que ces divers Barbares, ainsi installés dans les Gaules, contractèrent avec les Romains pour repousser Attila avec ses Huns, en 451.

L'idée persévérante des Romains consistant à tenter de s'assimiler les Barbares par des mesures dont l'envoi des Lètes, sous Maximien Hercules, avait été un essai en quelque sorte timide, cette idée allait bientôt porter ses fruits suprêmes : car la promiscuité des Romains avec les Barbares ne tarda pas à être poussée si loin que les Francs eux-mêmes, dans un moment d'inconstance, déposèrent leur roi Childéric, et élirent à sa place.. (1) Egydius (le comte Gilles, gaulois d'origine) général en chef de l'armée Romaine dans les Gaules : mais la brouille, entre Francs, fut courte, et quand Childéric revint prendre sa place, la haine du nom Romain fut doublée chez son fils CLOVIS d'une haine dynastique dont la victoire remportée par lui, près de Soissons. sur Syagrius, fils de Gilles, fut en effet décisive.

(1) *Victoires et conquêtes des Francs*, t. I, p. 388.

§ 3.

C'est certainement dans l'une des phases de dévastation du cinquième siècle, et probablement lors de la foudroyante invasion d'Attila avec ses Huns, en 451, que VERMAND fut détruite. Les longues discussions auxquelles *Vermand* a donné lieu, sont traitées avec un grand sens dans les *Itinéraires Gallo-Romains de M. Amédée Piette p.* 77 à 79, et ne laissent guère de doute que cette ville disparue n'ait été l'ancienne capitale *Gauloise* des Véromandiens, et n'ait dû céder son rang, après la conquête des Romains, à Saint-Quentin, autrement dit *Augusta Veromanduorum,* ce qui n'empêcha point cette ville de Vermand d'avoir une existence séparée très-importante et d'avoir été prise comme siége de l'évêché de la cité des Véromandiens, lors de l'organisation du Christianisme, dans le quatrième siècle. La destruction de Vermand ne peut manquer d'avoir eu lieu vers la première moitié du cinquième siècle, lors de ces invasions désordonnées et temporaires résultant de l'état désolé de la Gaule à cette époque. C'est après une retraite momentanée des Barbares que le grand camp Romain de Vermand (1) aura été établi dans une partie, jugée favorable, des ruines de cette malheureuse ville fort étendue et qui comprenait dans son enceinte plusieurs villages qui sont actuellement placés près du village même de Vermand. La nécessité d'un tel camp n'était que trop démontrée pour essayer d'opposer au mal croissant une digue désormais impuissante. Du reste, quelque profonde qu'eut été la destruction de Vermand, il nous paraît probable que certaines

(1) Amédée Piette. *Histoire Gallo-Romaine,* p. 80.

parties de la ville furent, sinon épargnées, du moins suscep-
tibles d'être assez réparées pour offrir un abri à des populations éperdues, sous la protection du camp Romain. C'est
en ce sens que l'on peut comprendre, selon nous, les *études
faites à Vermand* par saint Médard *né à Salency, en 457*,
puis son séjour à Tournai à la cour de Childéric (1) qui y
mourut en 481 (2), année de la victoire de son fils et successeur CLOVIS. L'on peut encore comprendre comment, après
ladite victoire, le camp Romain de Vermand fut de suite
abandonné et comment les ruines de Vermand se trouvèrent
alors en butte à de nouvelles atteintes. Néanmoins Clovis se
fait chrétien en 496, et saint Médard, entré dans les ordres,
est nommé évêque de Vermand en 530, à 72 ans, après la
mort de son prédécesseur l'évêque Alomer (3). Vermand avait
encore alors des parties habitables, germe sans doute des
villages qui ont retenu des souvenirs de leur ancienne aggré-
gation à cette ville ; car saint Médard *jugea à propos de
transporter*, DÈS L'ANNÉE SUIVANTE, *le siége épiscopal de la
ville de Vermand, qui devenait déserte dans ses ruines, à
celle de Noyon qui était, dès lors, une place forte* (4). Le
village de Villevêque, près Vermand, était sans doute le quar-
tier anciennement affecté aux établissements religieux (5),
et aura été dans ce cas la première habitation épiscopale de
saint Médard.

Nous sommes entré dans ces détails en raison de l'intérêt
historique que présente le rapport existant entre la destruction de Vermand et la translation du siège de l'évêché de
Vermand à Noyon.

(1) Beauvais. *Dictionnaire historique*, p. 1934.
(2) *Vict. et Conq. des Français*, t. II, p. 110.
(3) Baillet. *Vie des Saints*, t. III, p. 451.
(4) Ibidem.
(5) A. Piette. *Histoire Gallo-Romaine*, p. 86.

§ 4.

Sans nous occuper minutieusement du reste de ce cinquième siècle, témoin de tant de ruines, on peut dire que, même avant leur chute complète, il ne se produisit plus de lutte bien réelle de la part des Romains. C'est plutôt une lente agonie de leur domination qui s'accuse d'abord, puis qui s'achève lors de la défaite par Clovis, près Soissons, en 481, de Syagrius, général en chef des armées Romaines, lequel était devenu à peu près indépendant et souverain de fait (1) depuis la chute de l'Empire d'Occident par la déposition et la mise à mort d'Augustule en 475.

Il ne faut pas croire, au reste, que, dans leurs expéditions, les Francs agissaient par masses innombrables, comme les Huns avec Attila. Jusques à la venue de Clovis, véritable fondateur d'Empire, les Francs formaient une horde nomade plutôt qu'un peuple distinct, et ils se subdivisaient en tribus à peu près indépendantes les unes des autres (2). C'était là une émanation du *Compagnonnage* Germain exposé par Tacite et sur lequel nous dirons quelques mots au CHAP. V. Cette formation des tribus Franques n'a pas seulement en effet servi de base à leurs premières mœurs et à leur ligne de conduite avant la conquête des Gaules : elle a encore inspiré le gouvernement des Mérovingiens sur lequel les travaux de M. Deloche ont jeté un jour qui montre dans ce gouvernement un certain ensemble logique et non une sorte de pure anarchie barbare telle qu'on l'envisageait le plus souvent. Il est donc

(1) Grégoire de Tours lui donne même le titre de roi.
(2) *Vict. et Conq. des Français*, t. II, p. 2.

1

essentiel de connaître ces points de vue primitifs en les prenant à leur source.

Ainsi, quand les Francs passèrent et repassèrent, plusieurs fois, le Rhin, sous les successeurs de Pharamond et de Mérovée, jusques à Childéric qui parvint à s'établir roi à Tournay, plusieurs chefs de tribus, parents de Childéric, avaient été investis de petites royautés particulières par les Romains qui cherchaient toujours à opposer les chefs les uns aux autres, ou bien ces parents de Childéric s'étaient installés sans obstacle (1), l'un comme roi de Cologne et environs, l'autre comme roi de Gand et autres localités, un autre encore comme roi de Cambrai. Ces tribus d'aventuriers ne devaient pas être nombreuses, car Clovis qui commandait à la tribu principale, ne comptait pas plus de 4000 hommes de son fait quand il partit pour aller combattre Syagrius, et il lui fallut obtenir des contingents de ses parents, les rois de Cologne, de Gand et de Cambrai pour arriver à 8000 hommes (2). Ce fut le total de son armée à la bataille de Soissons, et quand, après la bataille postérieure de Tolbiac contre les Allemands, il se fit baptiser en entraînant toute son armée, Grégoire de Tours cite 3000 des guerriers directs de Clovis qui reçurent le baptême (3).

La soumission, de tout ce qui restait aux Romains dans les Gaules, suivit d'assez près la victoire de Clovis à Soissons, et, les circonstances aidant, c'est encore la victoire qui se décida en sa faveur vis-à-vis des autres Barbares, Bourguignons et Visigoths, installés et reconnus depuis assez longtemps dans les Gaules comme nous l'avons dit au deuxième paragraphe ci-dessus, bien que les résultats de ces nouveaux succès soient restés incomplets, car Clovis laissa encore sub-

(1) *Vict. et Conq. des Français*, t. II, p. 8.
(2) Ibidem. t. II. p. 57.
(3) Ibidem, t. II, p. 18.

sister le royaume des Bourguignons et celui des Visigoths (1).

Après avoir réglé son voisinage avec les Bourguignons et les Visigoths, Clovis ternit la fin de son règne en massacrant par ruse ou par force les divers rois, ses parents, afin d'unifier son empire (2). La postérité eut été moins sévère à ce sujet pour un monarque inculte, si ce fondateur d'Empire avait compris l'importance d'empêcher les divisions de son royaume après sa mort, et s'il eut pu employer sa puissance à en prescrire et à en assurer l'unité territoriale permanente ; il fallut bien des siècles de ruines et de guerres sanglantes avant d'en arriver là, et encore en passant par le détour de la féodalité dont les abus et les excès furent si monstrueux, à son origine, qu'un tel bienfait de sa part resta inaperçu.

Quoiqu'il en soit, l'autorité Romaine fut abattue partout, peu après la bataille de Soissons, et ce fut tout-à-fait le royaume des Francs qui se fonda dès 481.

(1) *Vict. et Conq. des Français*, t. II, p. 45 et 46.
(2) Ibidem, t. II, p. 48 et suivants.

Aspect du territoire de Compiègne et de ses alentours, sous les Romains, au moment de la conquête des Francs.

§ 1. *Classification des domaines officiels Gallo-Romains.*

§ 2. *Aspect de la rive gauche. Caractère de la* tour de César. *Nécessité de sa communication directe avec* Saint-Pierre *et* Champlieu. *Voie vers* Saint-Pierre. *Voie vers* Champlieu *par la* Brevière. *Sentier direct de la* tour *de* César *sur* Soissons *par la* Croix du Saint-Signe. — *Vues sur l'ensemble probable de* Bellum Villare *(Mercières). Son enceinte et ses défenses intérieures probables. Garnison probable. Création probable de* Novum Bellare *(Royallieu). Création probable de la* route *de* Noyon à Paris *par les* bacs *et* Choisy. *Trajet probable de cette route, par le haut de* Compendium, *devant* Novum Villare *(Royallieu) et devant le côté inférieur de* Bellum Villare *(Mercières).* — *Rappel des deux routes de Paris, l'une par le bac de la vallée d'Oise vis-à-vis* Jaux, *l'autre par le haut de* Compendium. *Raccordement des deux routes. Création probable du* Broïlum Compendii.

§ 3. *Aspect de la rive droite. Mutations dans* Venette *comme constructions.* Castellum, *résidence du préfet des Bellovaques et d'une milice Romaine. Création probable de* Margny. *Vues sur le rôle joué par* Coudun *et ses alentours. Vues sur l'*Oppidum de Coudun. *Signaux possibles dans la contrée. Relations au loin avec le* Ganelon.

§ 4. *Mise en état des rivières d'*Oise *et d'*Aisne. *Pont de* Venette. *Pont de* Choisy. *Chemin de halage au* Petit-Margny.

§ 1.

Classification des domaines officiels Gallo-Romains.

Pour arriver à la connaissance de l'état de la contrée Compiégnoise à la fin de l'époque Gallo-Romaine, il faut d'abord se reporter à ce que nous avons exposé au chapitre III sur l'état de la même contrée à la fin de la domination Gauloise, afin d'y puiser des motifs de comparaison et de juger des mutations successivement accomplies.

Ainsi nous pouvons partir du moment de la conquête de César, et nous rappelant ce qui a été dit au chapitre IV et notamment aux articles 2 et 5, nous allons voir de suite l'aspect des lieux se modifier sensiblement, quoique d'une manière bien moins profonde que dans les portions plus éloignées et dépendantes des trois *cités* qui se joignaient au confluent des deux rivières. La modification capitale résulte d'abord de l'établissement du *pont de Venette*.... ; sa conséquence immédiate fut la transformation des abords du *strata Compendii* sur la rive droite, et de la *route du Faîte* sur la rive gauche comme nous l'avons longuement expliqué p. 91, et répété p. 139; puis comme autre conséquence, l'assiette de quelques habitations à créer sur *Compendium* se fixa désormais sur la *rue du Moulin-de-Venette* : mais avant de poursuivre ces études, comme il existe des différences notables entre les établissements Gallo-Romains formant les domaines impériaux ou formant les domaines militaires, il est utile de les mettre en relief.

Disons donc d'abord ici quelques mots, le plus rapidement possible, sur la classification des établissements officiels Gallo-Romains qui succédèrent à ceux usités pendant la domination Gauloise.

Les plus petits de ces établissements consistaient en un quadrilatère muni de fossés entourés d'un *tunimus*, terrasse. Le côté du quarré variait de 30 à 45 mètres de longueur, fossé compris (Martin Marville, p. 427); l'espace intérieur libre *était rempli par une tour ronde* ou *quarrée* (M. M., p. 420) qui constituait la MOTTE considérée comme signe d'autorité dont nous avons déjà parlé p. 108 (chap. III, § 2), en relatant son usage chez les Gaulois ; le nom particulier à ces *mottes* était alors BURG ou *petit châtelet* (castellum parvum quem burgum vocant. *Vegèce*, de re militare, IV. *Adrien de Val. Not. Gal.* p. 263-7) ; leur défense était confiée aux milices du sol,

12

læti casati, stationnarii, limitanei, castriciani, castellani, burgarii, exploratorii, custodiacii, præpositi (M. M., p. 426): c'étaient là les *milites* Gallo-Romains organisés en colonies militaires mises en jouissance d'un sol déterminé, et le chef qui habitait la tour, dite *monopurgos*, était le *miles* impérial, précurseur des *miles* féodaux qui, en grand nombre, basèrent leurs usurpations du moyen âge sur le vieux prestige de ces traditions sur les *mottes*. (M. M., p. 427).

Au-dessus du *burg*, venait le châtelet proprément dit, CASTELLUM, quadrilatère d'au moins 80 mètres de côté, fossés compris (M. M., p. 427) ; l'emplacement intérieur utile et libre était aussi fermé ; il était nommé COUR, *chors*, *curtis*, terme dont l'emploi fut pris dès lors dans une foule d'acceptions (1) et cette *cour* se trouvait entourée de bâtiments qui, dans le *castellum* purement militaire étaient destinés à une fraction suffisamment nombreuse de *milites* impériaux, toujours fournis par les milices du sol, produit, comme nous venons de le dire, de ces colonies militaires, implantées sur le sol, par les Romains, pour sa colonisation, fournies aussi en partie plus tard par les Lètes, masses Germaines que nous avons vu (art. V, § 2 et 3) avoir été introduites successivement, à divers titres, dans les Gaules.

Enfin, à côté de ces établissements isolés et purement militaires, se trouvaient les habitations attachées aux domaines, soit que ces domaines dépendissent de l'Etat, c'est-à-dire, des empereurs, ou autrement dit, du FISC, soit qu'ils dépendissent de l'administration MILITAIRE. Les habitations ci-dessus, prises dans leur ensemble, avaient le nom général de VILLA, appliqué aussi à des habitations particulières. Mais quand il s'agissait des domaines du *fisc*, les noms de *villæ fiscales, pala-*

---

(1) La cohorte militaire, *cohors* et le *cohors (pretoria)* venant de *cohortari*, haranguer, ne paraissent pas étrangers, pour M. Martin Marville, à l'étymologie de *chors, curtis*.

tium publicum (du nom des palissades formant la clôture) *villæ
cesarianæ*, etc., étaient appliqués. Toutes ces *villas* étaient
composées de *cours*, entourées de bâtiments et closes d'une
manière plus ou moins solide, plus ou moins défensive, suivant le but poursuivi (M. M., p. 360). Les petits domaines ne
comportaient qu'*une cour* ; les domaines plus étendus se
composaient de *deux cours* (M. M., p. 359) ; l'une CURTIS, la
cour d'honneur, était consacrée à l'assiette de l'habitation
avec ses dépendances directes ; l'autre, *curtis inferior*, la
basse cour, renfermait les bâtiments et aménagements domes-
tiques ou ruraux. Ces *cours*, qui dépassent quelquefois le
nombre de *deux*, offrent beaucoup d'exemples de leurs positions respectives dans les villas Franques étudiées par M. Martin
Marville (M. M., p. 458 à 488), et ces positions réciproques
accusent, *en général*, deux quadrilatères se rapprochant chacun
du quarré et dont la réunion, par juxtaposition, forme un
quadrilatère unique et allongé. La première cour constituait
une *villa urbana*, la seconde cour une *villa rustica*. Varron,
Columelle, Pline-le-Jeune et autres sont entrés dans beaucoup
de détails au sujet des *villas* romaines. Nous ajouterons seulement ici à ce qui précède que les emplacements des villas
romaines étaient situés au pied des collines, près d'une eau
vive, mais non contre les fleuves, en un mot d'une manière
sèche et saine. Nous ajouterons encore que les bâtiments, entourant la cour d'honneur, étaient munis de PORTIQUES. Ces
bâtiments devaient n'avoir qu'un rez-de-chaussée suivant la
méthode romaine (1) qui fut suivie jusqu'à ce que l'invasion

---

(1) « A Pompéï, les maisons n'ont qu'un rez-de-chaussée, à très-peu
« d'exceptions près; les peintures antiques indiquent rarement des habi-
« tations composées de plusieurs étages. Au contraire, dès l'epoque méro-
« vingienne, les maisons possédaient un ou plusieurs étages au-dessus du
« rez-de-chaussée. Les auteurs mentionnent souvent *leurs étages*. Grégoire
« de Tours signale des maisons à plusieurs étages. » (Viollet le Duc. *Dict.
d'arch*. art. Maison, p. 216).

des Barbares ayant produit l'accumulation dans les villes qui se fortifièrent à la hâte, ces évènements amenèrent la création d'étages plus ou moins nombreux (1). Dans les *villas* importantes ou impériales dont bien peu de vestiges ont survécu aux dévastations des Barbares (tels que les thermes de Julien à Lutèce), on devait retrouver les principales dispositions *copiées* par les rois Francs dans leurs propres villas, le *solarium* ou bâtiment central pourvu d'un belvédère et dominant la *villa*, le *salutatorium*, le *trychorum* ou salle à manger, *l'hyppocauste* et *l'hyppodrome* pour les bains, etc. (M. M., p. 378. Lacroix, *Mœurs du moyen âge*, p. 64).

Ces variétés diverses de constructions, bouleversées par les invasions, mettent souvent de nos jours l'antiquaire dans un grand embarras, en ce sens que la conquête des Francs s'est superposée à la période Gallo-Romaine, et que, tout en conservant les dispositions générales des Romains (M. M., p. 364), les Francs-Germains ont introduit dans ces dispositions des changements conformes à leurs mœurs en transportant l'emplacement de leurs propres villas dans des lieux bas et humides que leurs devanciers fuyaient comme la peste (M. M., p. 365), et en excluant la pierre de leurs constructions pour y substituer uniquement le bois (M. M., p. 375), en sorte qu'ils n'ont laissé d'autres indices de leur passage que les vestiges de leurs clôtures quadrilatérales et les descriptions des rares auteurs contemporains, tels que Fortunat, etc. Cet emploi du bois dans toutes les constructions des rois Francs jusques à Charlemagne a-t-il été toutefois aussi absolument exclusif que l'affirme M. Martin Marville? Quelle que soit l'autorité incontestable de ses recherches à cet égard, nous soumettrons, quand le moment en sera venu, des observations qui nous paraissent peut-être,

_____

(1) Viollet le-Duc. *(Dict. d'arch.* art. Architecture, p. 313).

en ce qui concerne le premier palais de Compiègne, difficilement compatibles avec une certitude aussi absolue.

Ajoutons encore que ce qui précède concerne seulement les constructions Gallo-Romaines de luxe, et que si l'on veut se rendre compte des constructions rurales et de leur aspect, sous cette période Gallo-Romaine, pour ce qui a rapport aux *villæ rusticæ* distinctes et isolées, il nous semble qu'on doit se guider, pour l'appréciation, sur ce que dit à cet égard M. Viollet-le-Duc dans son *Dictionnaire d'architecture*, article *Maison*, p. 289.

« Les habitants de nos campagnes, dit cet auteur, renou-
« vellent moins souvent que ceux des villes, leurs demeures,
« d'abord parcequ'ils sont plus pauvres, puis parceque leurs
« besoins varient peu. En parcourant les campagnes de nos
« provinces Françaises..... on découvre encore des habita-
« tions séculaires qui n'ont été que bien légèrement modi-
« fiées, et qui nous fournissent très-probablement, par
« transmission, des exemples des demeures des campagnards
« Gallo-Romains..... On ne peut assigner à ces types une
« époque précise, d'autant mieux que ces constructions n'ont
« pu résister à l'action du temps et n'ont conservé leur
« caractère primitif que par la reproduction des mêmes pro-
« cédés, l'emploi des mêmes matériaux et la conformité des
« habitudes. »

On peut en conclure, sans témérité, que, sous les Gallo-Romains, les habitations des colons romains qui, dans nos contrées, formaient, concurremment avec les Gaulois, le fond de la population, devaient avoir leurs constructions réglées sur les matériaux facilement *disponibles dans le pays,* et que ces habitations devaient probablement ressembler singulièrement aux bâtiments des villages picards qui, jusques à nos jours, étaient en pans de bois hourdis en terre mêlée de paille et couverts en chaume.

§ 2.

Aspect de la rive gauche. Caractère de la TOUR DE CÉSAR. Nécessité de sa communication directe avec Saint-Pierre et Champlieu. Voie vers Saint-Pierre. Voie
vers Champlieu par et la Brevière. Sentier direct de la TOUR DE CÉSAR sur
Soissons par la CROIX DU SAINT-SIGNE. — Vues sur l'ensemble probable de
BELLUM VILLARE (Mercières). Son enceinte et ses défenses intérieures probables.
Garnison probable. Création probable de NOVUM BELLARE (Royallieu). Création
probable de la ROUTE DE NOYON A PARIS PAR LES BACS et par Choisy. Trajet probable
de cette route, par le haut de Compendium, devant NOVUM VILLARE (Royallieu) et
devant le côté inférieur de BELLUM VILLARE (Mercières). — Rappel des deux routes
de Paris, l'une par le bac de la vallée d'Oise vis-à-vis Jaux, l'autre par le haut de
Compendium. Raccordement des deux routes. Création probable du BROÏLUM
COMPENDII.

Quelque rapides et incomplètes qu'aient été ces explications fondamentales, elles peuvent suffire pour mettre un
peu d'ordre dans les idées au sujet des parties principales
de la contrée Compiégnoise sous la période Gallo-Romaine ;
et, en premier lieu, nous nous occuperons de ce qui dut
exister sur la rive gauche.

· Nous voyons d'abord avec certitude dans la *tour de César*,
longuement décrite dans notre première subdivision, un de
ces BURGS, de ces *monopurgos* carrés, confiés à un *miles*
Gallo-Romain, chef résident et qui y commandait à des milices
du sol placées dans la sphère d'action de la *tour de César* placée
elle-même chez les Suessiones, ce qui nous a porté à présumer
que les détachements de milices furent fournis à l'origine par
le *camp de Saint-Pierre*, puis ensuite par le camp définitivement organisé de Champlieu, p. 139 et 140. Les colons placés
à *Compendium* nous semblent en effet avoir dû être tout-à-fait
insuffisants comme milices, pour la garde du pont de Venette,
confiée à la *tour de César* et à la *villa Maceria*. Utiles comme
gardes ordinaires, ils devaient perpétuellement avoir recours
à l'appui des camps de Saint-Pierre d'abord, de Champlieu
ensuite. *Compendium*, cela est certain, envisagé au moment

de la conquête des Francs, n'avait même point d'église
paroissiale, laquelle ne fut créée à Saint-Germain que sous le
successeur de Clovis, et cependant le Christianisme, en pleine
ferveur, était organisé depuis plus d'un siècle et demi dans
les Gaules. Si la vallée possédait un marché public, c'est à
Venette qu'il était situé, comme nous en fournirons la présomption plus loin, p. 191. Privé de paroisse et de marché (1),
Compendium n'était donc qu'un *hameau*.

Les rapports militaires que la nécessité engendra de suite
entre la *tour de César* et les camps ci-dessus relatés ne
purent tarder à commander une communication *directe* entre
cette tour et les susdits camps, et nous voyons incontestablement là l'origine de la voie qui partait en forme de sentier
de la *tour de César*, gagnait d'abord la *rue des Lombards*,
puis la *rue du Plat-d'Étain* pour arriver de là obliquement
sur le chemin de Saint-Pierre (devenu depuis en partie le
chemin de Saint-Corneille). Nous expliquerons ce tracé à la
troisième subdivision (chap. 1, § 5 et suiv.). Sur le parcours
il se détachait une autre voie allant vers la Brevière. Elle rencontrait en chemin la *route du Faite* et atteignait ensuite la
Brevière et les premières éclaircies des Romains qui préparèrent ainsi l'avènement de la grande Maison Royale de Cuise.
A hauteur de la Brevière (au carrefour de l'Oiseau), la direction
était tracée sur Champlieu par le chemin d'Orrouy.

Une seconde communication directe de la *tour de César*,
communication qui ne manque pas d'intérêt, nous semble
encore avoir certainement pris naissance à cette époque; c'est
le petit sentier raccourci qui, partant toujours de la *tour de*

_____

(1) D'après le classement de l'*Encyclopédie de Diderot*, etc. (édition
in-folio), au mot *village*, la distinction des *hameaux*, *villages* et *bourgs*
s'échelonne : en partant du HAMEAU qui n'est qu'un simple assemblage de
villæ rusticæ. Quand l'importance de ce groupe motive la création d'une
église paroissiale, il devient un VILLAGE ; et si le village est doté d'un
marché, il se nomme un BOURG.

César, allait joindre le sentier renforcé qui courait parallèlement à l'Aisne jusques à Soissons. Ce petit raccourci rejoignait le sentier principal à un point qui fut nommé depuis la
Croix du Saint-Signe, comme il sera dit plus tard. Avant
d'atteindre la Croix du Saint-Signe, il traversait, en diagonale disparue, le grand parc actuel, après s'être détaché du
chemin de Saint-Pierre, vers la première barrière des Avenues qui existent aujourd'hui.

La grande *villa romaine* de Cuise qu'atteignait à la Brevière
le chemin direct parti de la *tour de César*, avait-il une
origine d'éclaircies Gauloises ? Nous ne connaissons rien de
certain à cet égard ; mais l'origine Romaine des morceaux
désagrégés de cette antique villa est moins douteuse que
jamais depuis les importants travaux de M. de Roucy. Il
nous paraît difficile de reconnaître un plan d'ensemble dans
cette villa qui devait se composer de plusieurs parties détachées
se reliant les unes aux autres par des plantations diverses et
distinctes. La Brevière, Sainte-Périne, Saint-Jean, Malassise,
l'Etang-de-Saint-Jean, etc., ont dû jouer là des rôles analogues
à ceux des deux Béthisy-Saint-Pierre et Béthisy-Saint-Martin
dans le domaine royal unique de Béthisy, ou bien de Tracy-
le-Mont et de Tracy-le-Val, etc. (M. M., p. 431).

Il est encore plus difficile de dire quelque chose d'un
peu positif sur *Bellum villare* qui a précédé *la Maceria*
(Mercière). Aussi les appréciations qui vont suivre n'ont
qu'un caractère fort précaire : elles ont été inspirées par le
travail de M. Martin Marville qui met sur la voie de l'établissement des clôtures des villas antiques et porte à com-
parer ici à la fois sur les lieux et sur les plans cadastraux
les directions antiques et les directions modernes. Le relief
n'offre d'ailleurs que des ressources d'appréciation fort limi-
tées ; car la culture, appliquée sur cet emplacement *romain*
et suffisamment fertile de Mercière, a complètement défiguré

l'état primitif des *tunimus* ou terres de l'enceinte. Quoiqu'il en soit d'hypothèses fort vagues qui pourront seulement servir de jalons sur la route de la vérité, on peut voir en examinant la position, puis les plans de Mercière, que l'ensemble des chemins, qui englobent ses habitations et les champs qui y tiennent, forme un quadrilatère A F G H assez irrégulier dont les angles F et G sont émoussés. Ce quadrilatère est placé sur un plateau légèrement élevé (niveau à peu près de Royallieu) par rapport à la rive de l'Oise, et la carte de l'état-major signale même par des hachures cette différence de niveau peu sensible à l'œil, quant aux alentours immédiats.

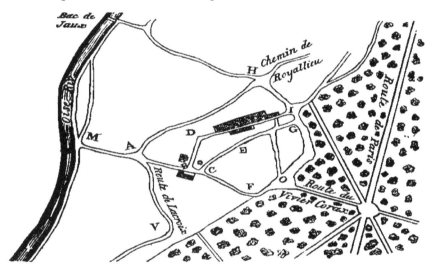

Malgré la disparition des *tunimus*, ou plutôt des fossés qui devaient séparer ces *tunimus* de l'enceinte plantée ici en *maceria*, nous pensons que la ligne de cette enceinte est encore marquée par le contour A F G H, que les chemins A H, H G, G F sont assis sur les anciens *tunimus* dont les fossés ont été comblés pour la culture, et en même temps que

les *macerias* de l'enceinte ont été arrachées pour la même
cause; nous pensons encore que le côté A F seul est assis
sur l'emplacement (1) de la *maceria* de ce côté, laquelle
maceria a été conservée et s'est perpétuée, car les souches
sont d'une grande antiquité, ont beaucoup de lacunes et
M. Boyenval, le propriétaire de la ferme isolée, qui fut un
prieuré, les regarde comme existant depuis plusieurs siècles.
Le Chemin-Maisière F A prolongé droit vers M va à la
rivière où il rencontre le chemin latéral à l'Oise que nous
avons vu page 115 avoir été le premier chemin de Compiègne
vers Paris. Il y a cela de remarquable que l'ancien fossé,
entre l'extrémité du Chemin-Maisière F A et le chemin
tunimus A H, est encore, si non existant, du moins très-visible,
et occasionne des mares longuement stagnantes dans le chemin
qui est creux sans écoulement. Une entrée de la villa devait
pouvoir se faire en B ou C sur le côté A F contre lequel
viennent aboutir *intérieurement* deux chemins B D, C E
garnis aussi de maisières comme divisions *intérieures de la*
villa. Cette entrée devait correspondre à la cour d'honneur
qu'on peut supposer avoir été placée dans le compartiment
E C F O de manière à faire face à l'entrée O située sur le côté
F G juste en face de la route du Vivier-Corax allant à la fois
à Champlieu, à la route du Faîte et à Saint-Pierre (2) par
la Brevière. La même cour est aussi correspondante par l'entrée G avec le chemin de Royallieu. L'entrée 1 placée sur le
côté G H correspondait en E C B D, verger où se trouvait un
puits, maintenant comblé, et où se trouvait aussi, peut-être,
le réduit principal du *Castellum*, réduit entouré intérieurement
de *macerias*. Elle correspondait encore en D B A où des

---

(1) Sur l'intervalle entre les rangées d'épines qui formaient la clôture et,
dans lequel intervalle, la terre était pilonée pour plantation.
(2) Les traces d'une vieille route allant de la Brevière à Saint-Pierre sont
sensibles près de *la Muette*.

bâtiments existent pour la culture maraîchère ; elle correspondait enfin et surtout aux *villæ rusticæ* destinées sans doute à cultiver la partie défrichée de la plaine. Ce sont là probablement les « quibusdam villis » de Flodoard dans la citation faite plus haut, p. 161.

Les *villæ* précédentes ne devaient pas plus que celles de *Compendium* fournir assez de *milites* pour la garde de la *maceria*. La nécessité d'une communication avec Saint-Pierre d'abord, avec Champlieu ensuite n'en était que mieux démontrée et les constructions attenantes à la cour d'honneur devaient évidemment être conçues en conséquence.

La position de la ferme-prieuré nous avait d'abord fait penser que son emplacement devait nécessairement être compris dans l'intérieur de la villa romaine primitive, et que comme le chemin H A remonte en A V vers la forêt pour redescendre ensuite transversalement vers le hameau du Bac, c'était la portion A V qui formait elle-même le quatrième côté du quadrilatère ; mais il n'y a dans le haut aucune jonction du point V avec le côté-chemin F G, et de plus le développement *fermé* de la villa eut réellement été immense et bien difficile à défendre.

Nous nous sommes donc maintenu dans l'hyppothèse précédente.

Laissant *Bellum villare* dans la position que nous avons essayé de lui reconnaître, nous rappelerons ici que c'est à l'époque romaine (p. 158, 159) et plus probablement au quatrième siècle que nous avons rapporté la création probable de *Novum bellare* (Royallieu). L'un des motifs à l'appui de cette opinion est la position *romaine* de ce *novum villare* établi sur un point relativement élevé (niveau de Mercière) de la colline qui s'élève graduellement à partir de l'Oise. Il est certain que si la création en était due aux Francs, ceux-ci l'eussent établi, d'après leurs goûts, sur le bord de l'Oise, contre le chemin de Paris qui, venant de Choisy, devait conduire à la fois, primitivement, au bac de Jaux et dans le bas du territoire de Mercière.

Après l'établissement de *Novum bellare* dans une POSITION *romaine* aussi bien caractérisée que l'était celle de *Bellum villare*, la direction du chemin *primitif* de Paris servit principalement à mener au bac de Jaux vers lequel le côté H G de *Bellum villare* (Mercière) fut prolongé pour faire profiter cette villa du bac, et le chemin de Paris eut deux directions jusques au *hameau du Bac*, l'une, dans le bas de la vallée par le chemin primitif côtoyant la rivière, l'autre, dans le haut de cette vallée, lequel chemin cotoyait l'entrée de Novum villare (Royallieu), puis le côté H A de *Bellum villare* (Mercière), ce qui formait une section de ce qui fut appelé plus tard *Chemin de Noyon à Paris par les bacs.*

Car c'est devant l'entrée de *Novum bellare* (Royallieu) que venait passer, probablement dès la période Romaine, ce *chemin de Noyon à Paris par les bacs* partant de Choisy pourvu alors sans doute d'un pont, comme nous le dirons plus loin, et venant, en ligne *à peu près* directe, par la *petite route de Choisy,* par ce qu'on appelle encore aujourd'hui chemin de Paris, et par la Justice, terminer sa longue ligne, à peu de distance de l'entrée susdite que le chemin en question atteignait ensuite par une courbe légère, après laquelle le même chemin se continuait sur Mercière. Nous avons déjà dit qu'arrivé en A, le chemin remontait en V pour revenir en diagonale, au *hameau du Bac.*

Les deux chemins du haut et du bas se raccordaient par une ligne oblique partant de la *rue du Moulin-de-Venette* et venant aboutir à l'entrée de *Novum bellare.* Nous avons déjà mentionné p. 166, ce raccordement encore inscrit au cadastre.

Nous regardons comme probable que, sous l'époque Gallo-Romaine, cette longue ligne de communication, denommée

chemin de Noyon à Paris par les bacs, suivit *en grande partie*
la séparation qui indiquait déjà une transformation antérieure
en taillis pour la portion de forêt comprise entr'elle et la
rivière d'Oise, marquant ainsi une première limite à la formation
de ce *Breuil de Compiègne, Broïlum Compendii* qui joua, un
grand rôle de chasse ou autre sous les règnes Mérovingiens
et Carlovingiens. Cette limite spéciale est nettement tracée,
d'une manière implicite, dans une pièce de 1246 qui montre,
indirectement, que cette ligne du *Breuil* qui, depuis la *petite
route de Choisy*, passait DROITE par la *rue de la Madeleine*,
la *rue de la Fosse-Moyenne* et la *Justice*, devait être antérieure au chemin de Paris en question et qu'elle a dû servir
de base, dans un parcours notable, au défrichement important
désigné sous le nom de *culture de Charlemagne*. La courbe
qui, à la suite de la longue ligne droite venant de Choisy, rejoignait l'entrée de Royallieu, puis, à la suite de cette courbe,
le chemin de Mercière lui-même, ont longtemps servi et servent
encore, en grande partie à tracer les limites de la futaie.

Les éléments qui ont été rassemblés, dans les deux paragraphes qui précèdent, doivent, ce nous semble, donner une
idée aussi nette que possible de l'aspect, sur notre territoire,
de la rive gauche de l'Oise à la fin de la domination Romaine.
Nous avons maintenant à nous occuper de la rive droite.

§ 3.

Aspect de la rive droite. Mutations dans Venette comme constructions. CASTELLUM,
résidence du préfet des Bellovaques et d'une milice Romaine. Création probable de
Margny. Vues sur le rôle joué par Coudun et ses alentours. Vues sur l'OPPIDUM de
Coudun. Signaux possibles dans la contrée. Relations au loin avec le Ganelon.

C'est maintenant de l'aspect particulier à la rive droite que
nous avons à nous occuper pour y observer les mutations

introduites depuis l'époque Gauloise envisagée au chapitre III.

Or, c'est surtout à Venette que les mutations deviennent sensibles par suite de la substitution du *pont de Venette* au gué. Une rue transversale fut de suite nécessaire pour rejoindre désormais le *strata compendii,* et, cette rue, on la trouve dans la *rue de Jaux* qui longeait sans doute les dépendances de l'ancien *castellum* Gaulois, et qui se couvrit de constructions rustiques Romaines entre cette rue et la rivière. La *rue du Prêtre* perdit son importance précédente, en rejoignant seulement par un crochet le port vers lequel la *rue d'En-Bas* conserva seule son mouvement antérieur. Quant au castellum Gaulois, il fut sans aucun doute confisqué par les Romains et devint la base d'un *castellum* Gallo-Romain dont les dépendances devaient se prolonger probablement jusques à la forêt sans clôture spéciale qui empêchât la traversée de certaines voies publiques et notamment de la *grande rue* à la suite du pont ; mais ces dépendances s'opposèrent, nous le présumons, à la propagation des habitations dans cette direction.

Les nouvelles constructions Romaines durent être toutes applicables sans doute à des colons chargés de la culture de terres, soit prises par droit de partage aux Gaulois, soit provenant de certaines portions défrichées dans le massif boisé au-dessus de Margny, massif dont nous avons indiqué le rasement probable au chapitre III. Nous croyons donc qu'ici les colons Romains installés à Venette et réunis au besoin à une plus ou moins grande partie de ceux qui furent cantonnés, à l'entour du massif boisé défriché, formèrent un nombre de *milites,* très-suffisants pour occuper le *castellum* de Venette à titre de garde du préfet des Bellovaques, mais non à titre de jouissance d'un *domaine militaire* et sans faire perdre à la *villa Venitta* Romaine son caractère de *villa fiscales* dont elle se trouvait munie à la conquête des Francs, ce qui motiva la prise de possession de cette *villa* par les rois Francs. On peut remarquer ici sur le plan cadastral de Venette que la saillie du prieuré sur le *strata compendii* commence au-delà de la *Ruellette* faisant suite au chemin des Martelloys et dont l'origine semble placée comme pour représenter une entrée pratiquée un peu avant l'angle émoussé d'une enceinte saillante. Il ne serait pas impossible que telle eut été en effet la première disposition adoptée par les Romains pour pouvoir sinon supprimer, du moins fortement commander un passage dont ils avaient usé avec succès lors de la deuxième campagne de César contre les Bellovaques. Le passage opposé, celui qui traversait le cimetière actuel avait continué de faire librement partie de la voie publique ; mais nous ne pensons point qu'il en ait été ainsi jusques à la fin de la domination Romaine.

Le quatrième siècle avait vu en effet l'organisation générale du Christianisme dans l'empire Romain , son épiscopat classé et doté, et il nous paraîtrait complètement impossible qu'on eut laissé alors une population comme celle de Venette sans secours spirituels. La construction de l'église de Venette nous semble donc devoir être rapportée au quatrième siècle, non point celle de l'église actuelle qui ne paraît dater que du seizième siècle, mais celle de l'église primitive dont les soubassements se retrouvent peut-être dans les soubassements du chœur actuel ; ces soubassements sont romans (1), et ont peut-être été déjà dénaturés dans plusieurs reconstructions. Cette église, établie alors d'ailleurs pour servir à la fois à la population et au préfet des Bellovaques, fut placée, comme on peut le voir, à l'extrémité du *castellum*. Peut-être l'emplacement du cimetière fut-il d'abord laissé libre pour la voie publique ; peut-être aussi fut-il bientôt clos et disposé comme aujourd'hui de manière à former, par l'arrondissement de

(1) Graves. *Statistique du canton de Compiègne*, p. 171.

l'abside, une sorte de pendant à l'arrondissement qui se manifeste en saillie, à l'entrée de la Ruellette, et sur lequel nous avons exprimé plus haut quelques présomptions.

Venette était-il alors pourvu d'un marché, servant de centre d'approvisionnement au pays ? Cela doit sembler probable d'après le rôle que la force des choses faisait jouer alors à Venette ; mais le fait est historiquement plus certain encore par l'acte de fondation de Saint-Corneille par Charles-le-Chauve, en 877. Ce monarque, dans la dotation qu'il fit au nouveau monastère, lui assigna non-seulement *tout le tonlieu* (droit de tonnage) de l'ancienne *foire qui se tenait habituellement* CONTRE VENETTE, mais encore *le pré formant l'emplacement sur lequel se tenait ladite foire* : « perpetuo haben-« das delegavimus..... *omne telonum annui mercati cum* « *prato ubi* CONTRA VENITTAM *congregari solet* » Le diplôme où cette foire est relatée est cité par Mabillon, *de re diplomatica*, p. 404.

Sans nous occuper ici de ce qui concerne cette foire, nous ne nous arrêtons que sur son antiquité constatée en 877 et de laquelle on peut parfaitement déduire que *le pré en question* CONTRE VENETTE concédé à propos de la fondation de Saint-Corneille, et où se tenait la foire, était aussi celui où se tenaient les marchés habituels ; qu'il se trouvait être vers le débouché du pont communiquant avec *Compendium*, et se confondait avec le pré qui sert aujourd'hui aux fêtes publiques du pays. Le fait est d'autant plus assuré que, quand en 1092, ladite foire annuelle fut transportée dans la *Cour-le-Roi* du palais de Compiègne, maintenant le *Marché-aux-Herbes*, tous les marchés habituels y furent également transportés, et le pré resta désormais sans marchés ni foire, en raison de la suppression du pont de Venette, laquelle eut lieu vers cette époque.

En résumant ce qui précède, nous voyons donc ici dans

la *Villa venitta* Romaine, une *villa fiscales* occupée en même temps, comme à *Bellum villare* (Mercière), par le préfet des Bellovaques et par une garnison puissamment motivée, sans que cette occupation donnât à la villa un caractère de *domaine militaire*. La route moderne de Clermont n'existait pas alors et l'emplacement réuni des deux prieurés, qui ont été fondés plus tard sur les débris de cette *villa fiscales* tant de fois bouleversée, permettait facilement l'établissement des deux cours mentionnées, au § 1 ci-dessus, en y joignant autant d'aménagements qu'on pouvait le juger nécessaire. Le bâtiment ogival du prieuré contre l'église et dans lequel se trouve la cave qui a été signalée p. 132, ne présente-t-il pas encore de la sorte les vestiges souterrains de la première construction *romaine* élevée dans la *villa fiscales* de Venette ? —Il y a là des indications plutôt assurément que des présomptions.....

Indications encore plutôt que présomptions au sujet de la fondation de Margny et du défrichement non-seulement de la plaine, mais de son plateau supérieur. Si nos idées émises à ce sujet sont justes (p. 110), nous pensons que ces opérations furent effectuées sans doute aussitôt la conquête, mais que les souffrances engendrées dans le pays, par la dépopulation, pendant le troisième siècle ne permirent l'achèvement complet de toutes les opérations, comme la création de *Novum bellare* (Royallieu), que dans le quatrième siècle, quand une expédition nombreuse de Lètes chez les Bellovaques vint y renforcer les *milites* et rendre quelqu'impulsion momentanée à tous les travaux agricoles suspendus, en même temps que les travaux publics étaient arrêtés pour toujours.

Indications aussi plutôt que présomptions relativement à ce qui advint, pendant l'époque Gallo-Romaine, à l'emplacement de COUDUN et à son *oppidum* ou CAMP DE CÉSAR. On peut croire que le château de Coudun, qui tint si longtemps un rang important (1), succéda à un véritable *castellum Gallo-Romain* dans le genre de ceux cités au § 1 ci-dessus, p. 178, lequel constituait un *domaine militaire* possédé en bénéfice (2) par un chef notable do *milites*, c'est-à-dire des milices en rapport avec celles de Venette, milices fortement attachées au sol dont elles avaient la jouissance sous condition déterminée. Le silence gardé par l'histoire sur une possession *primitive*, directe et immédiate, même temporaire, de Coudun et de ses alentours par les rois Francs, peut être rapproché de l'assertion de M. Martin Marville sur la prise de possession *primitive* par les *chefs*-Francs des domaines NILITAIRES (M. M., p. 422) pendant que les *rois*-Francs prenaient possession dès l'abord des domaines du FISC, ce que ces rois firent à Venette, Choisy, Mercière, Béthisy, etc.

Quant à l'OPPIDUM, peut-être fut-il le siège d'un *miles* détaché en quelque sorte régulièrement du *castellum* de Coudun et ne reçut-il qu'un poste de vigilance analogue aux *monopurgos* tels que la *tour de César*. Le puits comblé placé vers le milieu de l'oppidum (3) et qui déjà avait pu être établi *seul* par les Gaulois pour les prévisions de la défense, ne serait-il pas un vestige central de cette tour que la tradition désigne-

---

(1) Graves. *Statistique du canton de Ressons*, p. 53.
(2) « Ce terme nous est venu des Romains. Ils avaient coutume de dis-
« tribuer aux gens de guerre, sur les frontières de l'empire, une partie des
« terres qu'ils avaient conquises. Les militaires qui jouissaient de ces sortes
« de récompenses s'appelaient *beneficiarii*, en français *bénéficiers* ; et on
« nommait *beneficium* la terre qu'on leur donnait parceque c'était un pur
« bienfait et une libéralité du prince. » *(Dict. des Francais*, t. 1, p. 271).
Ces *bénéfices* s'accordaient à vie, à charge de service militaire et passaient
ordinairement aux enfants dans les mêmes conditions. Nous avons déjà dit,
p. 178 (d'après M. Martin Marville à la p 426), la longue liste des *domaines
militaires* romains, mais toutes les terres ne s'aliénèrent pas ainsi en bénéfices, et elles restaient alors dans le Domaine de l'État comme *villx fiscales*.
Ce furent les *Domaines militaires* qui, à la conquête des Francs, furent
d'abord distribués aux chefs Francs et qui furent la source des autres *bénéfices* concédés par les rois sur leur propre domaine du FISC.
(3) Graves. *Statistique du canton de Compiègne*, p. 82.

rait pour avoir été en communication bien postérieure (évidemment par signaux) avec *Montépilloy* et *Dammartin* (1), puis pour avoir été détruite par suite de trahison envers Charlemagne (p. 138).

Cette tradition, quelle que soit la valeur qu'on lui attribue en elle-même, nous semble se rattacher à une question plus étendue et non dépourvue d'intérêt archéologique ; c'est celle de l'ensemble, puis de la position spéciale de ces divers *monopurgos* associés, on peut le croire, à d'autres constructions à signaux en correspondance. Les Romains, peut-être après les Germains-Belges (M. M., p. 426) se servirent de ces tours de guet pour la garde et la défense du pays et Eumènes, dans son panégyrique de Constantin, loue cet empereur d'avoir assuré la défense des frontières de l'empire par des tours fortes (2). C'est précisément la correspondance des signaux fournis par les *monopurgos*, ou par les belvédères des *Solarium* (M. M., p. 371) existants dans les villas de quelqu'importance, qui faisait la force de cette organisation. Les cours de fleuves notamment, où la vue est naturellement plus dégagée à distance, devaient se prêter à ces signaux qui se rattachaient à d'autres points topographiques bien choisis, et le signal du Ganelon devait ici, cela est manifeste, jouer un rôle centralisateur fort important. Thourotte, Janville, Choisy, la *tour de César,* les belvédères de Venette, Mercières, Rivecourt, le Bois-d'Ageux, le *prædium* de Verberie offraient des ressources évidentes sous ce rapport, car les rois Francs qui aimèrent tant à *copier* les Romains, éclairaient même de fanaux pendant la nuit les *belvédères* de leurs *Solarium* (M. M., p. 378). Il n'y a donc rien d'excessif ni d'étonnant à croire que le signal du Ganelon fut en rapport avec Mon-

(1) Graves. *Statist. du canton de Compiègne*, p. 82.
(2) *Panegyrici veteres* déjà cité, p. 153. V. aussi *Amm. Marcell. Pancirole, etc* (M. M., p. 426).

tépilloy et Dammartin. S'il a existé, il fut en rapport avec bien d'autres.

En nous reportant aux prises de possession distinctes par les *rois* Francs et par les *chefs* Francs, il nous semble y avoir dans l'assertion ci-dessus rappelée de M. Martin Marville jointe à la sympathie constatée des Lètes et des colons d'origine Germaine pour les Francs, lors de leur triomphe définitif, des points de vue très-essentiels pour l'intelligence de notre histoire nationale, si on les combine avec la bizarre, mais puissante institution du *vasselage* existante déjà chez quelques peuples Germains et qui finit par être adoptée par les Francs vainqueurs, après un travail de transformation dont la cause est aussi intéressante à étudier que les effets à connaître. Ce n'est point ici le lieu de nous occuper de ces points de vue restés jusques ici dans l'ombre, tant les éléments, avec lesquels les Francs se trouvèrent en contact, furent variés, disparates et confus. Les travaux de M. Deloche ont jeté récemment quelque lumière sur ces questions fondamentales que nous reprendrons : car c'est dans les époques successives que nous étudions en ce moment que se trouvent les bases, obscures sans doute, mais fondamentales de l'histoire nationale générale, comme des histoires locales, et l'on ne saurait trop puiser de son mieux à ces sources vives.

Quels que soit les rôles respectifs remplis par *Coudun* et par son *oppidum*, sous la période Gallo-Romaine, rôles qui ne peuvent varier que par leur importance militaire précise pour chacun d'eux, le même doute ne nous parait point devoir subsister sur les dispositions prises, au-delà du passage de Coudun, pour en surveiller les abords. Le point capital de cette surveillance devait, nous le pensons, consister en une tour isolée, *un burg*, un *monopurgos* placé à Thourotte et habité par un *miles* Gallo-Romain, comme l'indique le titre pris, avec une intention traditionnelle évidente, dans une pièce de 1205 par *Gobertus* MILES *de Thorota* (M. M., 423). La position de cette tour est choisie d'une manière remarquable à la croisée des deux routes qui, unies pendant le passage du col de Coudun, divergent à sa sortie, allant d'une part par Annel et Longueil, et de l'autre par Giraumont, se rejoindre à Thourotte, en sorte que des signaux, de Thourotte à la tour de l'oppidum, pouvaient facilement donner l'éveil au castellum de Coudun dans lequel des moyens d'action importants étaient concentrés par les *milites*.

En face de la tour de Thourotte et de l'autre côté de l'Oise, se trouvait, sous son regard, à Montmacq, où passait le chemin de Flandres, une villa ROMAINE assez importante dont il ne reste que des indications d'enceinte et des débris épars trouvés contre la route et *non contre la rivière*. Détruite de fond en comble par les Barbares, cette *villa fiscales* fut remplacée par une petite villa FRANQUE, domaine ne comportant QU'UNE seule cour et *située contre la rivière*. C'est là que vinrent s'étioler les derniers rois Mérovingiens, relégués dans cette retraite par leurs maires du palais (M. M., 429).

On peut remarquer que le *monopurgos* de Thourotte devint entouré d'un village qui lui-même se trouva compris dans une enceinte rappelant les terrassements d'un camp retranché. Ce vestige est distinct (M. M., 413) et indépendant du *monopurgos* dont nous avons parlé pour Thourotte et peut faire penser qu'il y a là l'indice d'un de ces camps temporaires établis au cinquième siècle aux approches de Coudun, pendant les épisodes de la lutte finale qui marqua le terme de la domination Romaine dans les Gaules.

§ 4.

Mise en état des rivières d'Oise et d'Aisne. Pont de Venette. Pont de Choisy. Chemin de Halage au Petit-Margny.

Nous dirons peu de choses sur les rivières d'Oise et d'Aisne à ces époques pour lesquelles la privation de renseignements est presqu'absolue. La certitude de l'existence du Grand-Péager de l'Oise est toutefois indubitable, et son siége est formellement indiqué comme fixé à Rivecourt *(riparii curtis)*, où était sa résidence (1) sur le canal de la Conque (2) qui formait alors un bras spécial de l'Oise. De plus, les attributions importantes de ce Péager, chargé non-seulement de la perception des droits de navigation, mais aussi de l'entretien des ponts et chemins de halage, montre avec quel soin les Romains s'occupaient de cet article si essentiel. Un Grand-Péager de l'Aisne résidait également à Rivière *(Berni rivière)* près de Vic-sur-Aisne.

L'autorité exercée par le Grand-Péager de l'Oise sur le *pont de Venette* attire naturellement l'attention sur ce pont ; aucun indice ne prouve qu'il ait jamais été en pierre : du moins nous ne sachions pas qu'aucune culée ou trace de maçonnerie ait été observée près de la rue du Moulin-de-Venette comme cela a eu lieu pour le *pont de la Malemer* dont l'emplacement a été reconnu par M. Peigné-Delacourt (3). Des pieux, faisant l'office incontestable de pilotis, ont été à la vérité ou arrachés, ou constatés sur ce point; mais les piles auxquelles ils se rapportent peuvent parfaitement n'avoir supporté qu'un pont en charpente (4).

(1) Carlier. *Hist. du Val.* t I, p. 109.
(2) Ibidem.
(3) *Recherches sur Noviodunum*, p. 21.
(4) Des culées en bois appartenant à un ancien pont en charpente ont été reconnues par M. Méresse près du chemin qui descend de Royallieu. Ces

Nous en dirons autant d'un pont sur l'Aisne qui, très-probablement, a subsisté à Choisy, à l'époque Gallo-Romaine sous l'autorité du Péager de l'Aisne et qui devait servir de correspondance au chemin Gallo-Romain de Noyon à Paris par les bacs. Non-seulement Choisy est indiqué par Dom Grenier comme étant un lieu considérable à l'extrémité de la cité des Vermandois (Dom Grenier, *Dict. hist.* art. *Choisy*, man. Cayrol, p. 453); mais son importance, sous l'époque Gallo-Romaine, est attestée par le seul fait de la prise de possession d'une *villa fiscales*, devenue maison royale importante, où les rois des deux premières races firent des séjours très-fréquents. Ces séjours, à eux seuls, préjugent l'existence d'un pont permanent, et ce pont d'ailleurs existait encore, au quinzième siècle, comme cela est constaté par des lettres de 1423 (1) qui indiquent que le bois nécessaire *pour l'entretien du pont* était fourni par la *forêt de Choisy* qui porte aussi le nom de *forêt de Laigue*.

Le pont de Choisy ne disparut que quand, en 1430, Choisy fut pris, détruit et rasé par le duc de Bourgogne (2). Un bac fut alors substitué au pont et donna son nom à *Choisy-au-Bac.*

On a vu (p. 100 et 101) ce que nous pensions de Janville, dont nous croyons que la position fut occupée, sous la période Gallo-Romaine, par un officier fiscal du Grand-Péager de l'Oise, posté sur un petit *castellum* placé contre le chemin de halage, lequel chemin avait été établi par le Péager, suivant les devoirs de sa fonction. Ce chemin devait suivre au-dessous de Janville, les contours de l'Oise signalés p. 112, et rem-

débris se rapportent incontestablement et par des preuves que nous mettrons en évidence quand en viendra le moment, à l'un des ponts temporaires jetés entre Venette et Royallieu pendant le siége de 1430 par les Anglo-Bourguignons, et notamment pendant la deuxième partie du siége qui eut lieu de ce côté de la ville.

(1) Dom Grenier. *Dict. hist.*, art. *Choisy*. Man. Cayrol, p. 453.
(2) Ibidem, p. 456.

placer les sentiers dont nous avons parlé p. 82. Nous verrons dans la division suivante les Francs créer quelques habitations le long de ce chemin de halage placé pour eux dans de meilleures conditions que Margny, trop éloigné de l'Oise, et ils préparèrent ainsi, sur la rive droite, la fondation de cette chapelle de Saint-Eloi, qui nous occupera plus loin, et dont les derniers vestiges existent encore dans la cour de l'Hôtel-Dieu de Compiègne.

V° CHAPITRE

ÉTAT SOCIAL CHEZ LES GAULOIS ET PRINCIPALEMENT CHEZ LES GALLO-ROMAINS.

ARTICLE UNIQUE.

§ 1. *Aperçu des institutions politiques Gallo-Romaines.*
§ 2. *Aperçu général sur la condition des personnes sous les Gallo-Romains.*
§ 3. *Des esclaves.*
§ 4. *Considérations sur la nouvelle classe Germaine des Lètes introduite par les Romains dans les Gaules.*
§ 5. *Physionomie de la Gaule pendant l'époque Gallo-Romaine.*

§ 1.

Aperçu des institutions politiques Gallo-Romaines.

Après nous êtes occupé de l'état matériel du pays et des principales phases de son histoire sous les Gallo-Romains, il est maintenant éminemment utile de tracer ici un aperçu des institutions, un peu sous l'époque Gauloise, beaucoup sous l'époque Gallo-Romaine, puis ensuite un aperçu de la condition des personnes, c'est-à-dire, qu'il est utile de donner une idée de l'état social général établi par les Romains dans les Gaules, et par conséquent dans nos contrées, avant la conquête de Clovis et la domination des Francs, afin de pouvoir reconnaître postérieurement quelles furent les conditions premières de cette dernière domination, quelles furent les institutions qui s'ensuivirent et pour essayer enfin plus tard d'y trouver l'explication d'une foule de points historiques.

On a dit plus haut (p. 60) que l'unité administrative, trouvée et conservée dans les Gaules par les Romains, était la CITÉ : ces *cités* à peu près isolées et indépendantes sous les Gaulois, furent centralisées, tout en conservant leur autonomie, sous les Romains qui n'en firent plus qu'une subdivision de *Provinces*, et il en résulta que, pour l'étendue, les *cités* ont subi des variations en rapport avec celles de la colonisation.

Les *cités* reçurent, depuis leur premier remaniement romain et la constitution qui s'en suivit, des priviléges successifs; mais, « depuis Vespasien, tous les Gaulois, dit le *Dictionnaire* « *des Français* (1), furent mis en possession pleine et entière « de tous les droits et de toutes les prérogatives dont jouis- « saient les *citoyens Romains*, nés à l'ombre du Capitole.

« A l'exemple de Rome, chaque *cité* avait son *Sénat* parti- « culier, son *district*, où il rendait et où il faisait rendre la « justice. Chaque *cité* avait aussi ses revenus particuliers qui « provenaient de deux sources. La première était le produit « des octrois ou des droits particuliers que le prince per- « mettait à chaque *cité* de lever sur les denrées ou marchan- « dises, afin qu'elles fussent en état de subvenir aux besoins « de la commune. La deuxième source du revenu particulier « des *cités* était le produit des biens fonds dont la propriété « appartenait à la commune ; enfin, dans ce temps là, il ne « manquait rien à chaque *cité* pour être, en quelque manière, « un corps d'état particulier ; non-seulement elle avait son état « et ses revenus ; mais elle avait encore sa milice. On lit « même dans *Tacite* que les cités des Gaules faisaient quel- « quefois la guerre l'une contre l'autre ; mais elles ne pou- « vaient faire ces guerres qu'avec leur propre milice . »

Quant aux divisions des pays, si *civitas* (CITÉ) était le nom du territoire d'une peuplade, *pagi* (pays) désignait les cantons

_____

(1) *Dictionnaire des Français*, Paris 1767 ; t. I, art. CITÉ.

dont il était composé, *urbes* les villes ouvertes, *vici* les bourgs et villages, *castra* les camps, *oppida* les villes fortifiées des Gaulois, ou bien aussi les lieux de refuge disposés par eux pour recevoir les populations et leurs troupeaux et autres objets précieux.

D'après ce qui précède :

1° Les *cités* paraissent ainsi avoir généralisé, sous les Romains, dans les Gaules, les MUNICIPES qui, dans les provinces si variées des Romains, constituaient des *lieux diversement administrés suivant les conditions de leur adjonction à l'Empire* (1). Chaque cité devint, par le fait, un *municipe* distinct qui concentrait plus particulièrement son existence indépendante dans sa capitale où siégeait le Sénat.

2° Si nous consultons dans *l'Encyclopédie in-folio* de Diderot, l'article *municipe*, nous y lirons : « Le lieu, c'est-à-« dire, la communauté qu'on appelait *Municipium*, différait « de la COLONIE en ce que la *colonie* était composée de « *Romains que l'on envoyait pour peupler* une ville, ou bien « encore de *troupes qui avaient mérité par leurs services* « *un établissement tranquille*, et que l'on y installait pour « les récompenser.

« Ces Romains portaient avec eux les lois romaines, et « étaient gouvernés, selon ces lois, par des magistrats que « Rome leur fournissait. »

Nous voyons dans ce peu de lignes l'indication de deux mesures importantes qui furent immanquablement prises pour contrebalancer la concession faite en apparence aux Gaulois de leur ancienne autonomie.

L'une de ces mesures eut pour but de brider les Gaulois par l'envoi de *colonies militaires* auxquelles fut concédée la jouissance d'une partie du sol conquis. Nous avons déjà dit

(1) *Encyclopédie in-folio*, art. municipe.

un mot suffisant (p. 194) de ces concessions et bénéfices militaires.

L'autre mesure dut consister dans l'envoi successif d'une population civile *Romaine* propre à prendre intérêt d'abord, puis ensuite racine dans la *cité*, à s'y mélanger avec l'élément actif des Gaulois, si bien qu'il se présenterait un moment, le moment de la constitution des *nouvelles cités*, où une grande quantité de Romains se trouveraient placés dans toutes les conditions désirables pour jouir du *plein droit de cité*, et qu'il suffirait alors de rendre un décret *pompeux* de fusion des deux races pour mettre l'administration et la puissance effective des *cités* entre les mains des Romains qui désormais tiendraient tous les fils. L'on a vu ci-dessus que ce décret fut rendu par Vespasien dès que la *nouvelle constitution des cités* ET DES MILICES DU SOL fut assurée et bien assise. — Les dispositions relatives à la législation Romaine furent même faciles, pensons-nous, à concilier avec les vues de Rome ; car, dès que la composition des *Sénats* fut à la discrétion réelle des empereurs, ils purent supprimer progressivement leurs magistrats spéciaux et il dut suffire de modifier un peu les applications du droit Romain par l'introduction des coutumes locales, en sorte que l'on doit sans doute trouver là l'origine de nos droits coutumiers si divers, mais tous basés au fond sur le droit Romain.

C'est aussi dans la première phase de la période Gallo-Romaine que dut s'asseoir la *propriété* avec les conditions nouvelles créées par la conquête et qui devaient avoir dès lors une influence notable sur notre propre histoire ; car les Francs quand, à leur tour, ils fondèrent leur empire, prirent pour base de leur établissement la propriété Gallo-Romaine telle qu'elle se trouvait constituée au moment de leur triomphe définitif. — Nous ne connaissons point d'une manière précise les mesures qui furent imposées par les Romains vainqueurs, mais on

peut regarder comme certain que les terres communes appartenant jusques là aux *cités Gauloises* furent saisies par les
vainqueurs qui s'y firent la part du lion et assurèrent aux
empereurs Romains la possession de tous ces domaines considérables qui composèrent plus tard l'apanage des rois Francs ;
une part fut également faite, surtout dans les pays Belges, aux
domaines militaires et enfin une autre part de biens communs
fut allouée aux *nouvelles cités* qui en remirent une portion aux
pagi ou cantons qui leur étaient subordonnés. Ce doit être
là l'origine des biens communs tels qu'ils se sont trouvés constitués lors de la grande victoire de CLOVIS remportée en 481.
— Quant aux fractions de biens soustraites aux particuliers
comme part de butin, elles devinrent sans doute le lot de
Romains propres à seconder la mission des *milites,* et à appuyer de leur influence dans l'intérieur des *cités* l'action des
représentants de la puissance Romaine.

§ 2.

Aperçu général sur la condition des personnes sous les Gallo-Romains.

Ce que nous venons de dire peut donner une idée générale
d'ensemble sur les institutions politiques Gallo-Romaines en
elles-mêmes : mais ce *pur mécanisme* ne touche pas à la
condition des personnes qui forme néanmoins la base d'un
état social donné. Ces questions fondamentales prennent les
plus grandes proportions quand des révolutions radicales se
produisent et qu'une domination est obligée d'accepter comme
legs les conditions de personnes telles qu'elles existaient,
sous la domination précédente, dans le pays conquis. Ainsi
la domination Franque reçut de la domination Gallo-Romaine
une population d'un état civil fort bigarré et auquel vint

s'ajouter l'élément Franc lui-même devenu prépondérant. Nous pourrous essayer dans la division suivante, à l'aide de M. Deloche et des savants qui l'ont précédé, de mettre ici un peu d'ordre dans cette tour de Babel ; mais le principe de toute recherche, relative à la Société Mérovingienne, se trouve dans l'état de la Société Gallo-Romaine, de même que celle-ci a dû régler primitivement ses combinaisons sur l'état de la société Gauloise tel qu'il existait quand la domination Romaine succéda à l'indépendance Gauloise dans cette vaste contrée des Gaules.

Si nous jetons un regard sur la société Gallo-Romaine qui nous occupe en ce moment, nous y trouverons comme condition des personnes :

1° Les *milites,* dont on connaît la situation, possesseurs viagers de leur sol avec l'hérédité en perspective ; ils ont là en même temps et la position acquise du moment, et aussi les stimulants d'avenir pour un bon soldat laboureur. Ces *milites* sont soumis à l'autorité militaire ; ils comptent comme nombre et comme force, mais point comme membres directement actifs de la société civile.

2° Les Romains établis civilement dans les *cités* : ceux-ci étaient libres, nés de parents libres et désignés par le titre *d'ingenui* ; quand ils eurent acquis la position de propriétaires dans les *cités,* ils réunirent les conditions *d'ingenuus* et de *propriétaire,* c'est-à-dire les conditions du *plein droit de cité* ; quand donc le décret d'égalité entre les Gaulois et Romains parut, ils durent avoir en effet le *plein droit de cité.*

3° Les Gaulois libres et nés de parents libres, c'est-à-dire, *ingenui,* quand ils étaient de plus *propriétaires,* avaient encore le *plein droit de cité.*

La conquête Romaine dut singulièrement raréfier cette catégorie : les confiscations partielles des terres qui suivirent inévitablement cette conquête, les impôts excessifs, les charges de toute nature ne purent probablement être supportés que par les grands propriétaires que les Romains avaient d'ailleurs intérêt à rallier : les autres eurent sans doute plus ou moins de peine pour se maintenir bien amoindris parmi les propriétaires et pour ne pas tomber dans la classe des non propriétaires *libres*, si ce n'est au-dessous.

4° Les Romains libres et nés de parents libres, c'est-à-dire *ingenui*, mais *non propriétaires* : ils avaient sans doute un certain *droit* RESTREINT *de cité* (1) et de telles situations pouvaient se présenter assez souvent ; car les Romains, par leur origine et leur intelligence, avaient bien des moyens de gagner leur existence sans aliéner leur *ingenuitas* ou la *pleine liberté* de leur personne.

5° Les Gaulois, libres et nés de parents libres, c'est-à-dire *ingenui*, mais *non propriétaires* : ils avaient sans doute aussi un certain *droit* RESTREINT *de cité* (1) ; mais la présente catégorie devait être fort rare ; si la confiscation partielle et les impôts ruinaient la *propriété* des Gaulois, les impôts et les exactions ruinaient la *pleine liberté* du prolétaire Gaulois obligé, pour exister misérablement, de se placer sous quelque dépendance qui lui faisait perdre *l'ingenuitas* et le livrait aux durs sévices des dominateurs Romains qui, nous l'avons dit (p. 143, 149) furent impitoyables pour lui quand ils purent l'atteindre.

6° Une sixième classe, évidemment *privée de tout droit de cité*, sans être esclave, était celle des *affranchis*, tenant le milieu entre les libres et les esclaves qui ne comptaient point comme existant dans la société proprement dite. C'est le cas de dire ici quelques mots de cette cruelle institution qui était en vigueur dans les *villæ cesarianæ* comme dans les autres domaines particuliers, soit dans nos contrées, soit ailleurs.

(1) Naudet. *Mémoire de l'Acad. des Insc.* t. VIII, p. 461.

§ 3.

Des Esclaves.

D'abord éloignons ici tout ce qui pourrait faire porter les idées sur les recherches d'une personnalité relativement aux *esclaves*. S'occuper d'une question de personnes, supposerait l'existence de cette personne ; or *l'esclave*, dans les temps antiques, n'était pas une personne, mais UNE CHOSE. Le droit de vie ou de mort fut absolu sur eux pendant de longs siècles comme sur un animal domestique et ce n'est que l'empereur Adrien qui abolit ce pouvoir exorbitant dans le second siècle.

Cette odieuse coutume, dont les Romains sont principalement responsables aux yeux de la postérité en raison de leur puissance civilisatrice, s'alimentait par la guerre qui permettait de condamner les prisonniers à l'esclavage, à titre de butin dont une part était réservée au public et livrée aux marchés dans lesquels des négociants spéciaux exerçaient ce triste commerce.

On vendait les esclaves de trois manières : *sub hastâ*, ou *sub coronâ*, ou *sub pileo*. *Sub hastâ* au plus offrant et dernier enchérisseur, ayant planté une javeline ; *sub coronâ* quand on mettait sur leur tète une guirlande ou couronne de fleurs ; *sub pileo* quand on leur mettait sur la tète un chapeau, et le vendeur ne le garantissait pas.

Les esclaves portaient au cou un écriteau sur lequel on écrivait leurs bonnes ou mauvaises qualités, leur santé, etc.

Une pareille institution, mise à l'usage des Barbares, devait retarder beaucoup leur transformation, qui eut encore été bien plus longtemps entravée si l'influence de l'Evangile n'eut amené, deux ou trois siècles après la conquète des Francs, la suppression progressive des marchés publics *d'esclaves* ;

ces esclaves, n'ayant plus d'alimentation nouvelle, furent dès lors concentrés dans le nombre existant et arrivèrent successivement à une organisation définitive toujours fondée sur le système romain des *addicti terræ* ou serfs attachés à la terre : seulement les serfs du Moyen âge devinrent alors *légalement* attachés à la glèbe d'une terre *déterminée*, avec laquelle on les vendait comme instrument de travail, ce qui fut dès ce moment une garantie et une amélioration relative pour ces malheureux qui purent attendre du temps, et de l'intervention des rois de la troisième race, leur affranchissement définitif et la destruction de l'esclavage sur le sol français.

Ce n'est point que les affranchissements n'aient été pratiqués chez les Romains et n'aient aussi, *de tout temps,* été pratiqués chez nous, *à leur exemple* ; mais c'étaient des actes isolés, et comme dit le *Dictionnaire des Français* (t. I., au mot *affranchi)* il en résultait des hommes qui, chez nous (1), *comme chez les Romains*, ne faisaient que changer d'esclavage, tant ils restaient retenus dans les liens du *patron* dont ils ne pouvaient se dégager qu'à la troisième génération pour devenir *fulfréates*, c'est-à-dire, *pleinement libres*. Ce fut l'origine de ces *manants* ou assujétis à résidence, de ces *hommes de poète (sub potestate),* qui peuplèrent nos bourgs et villes quand les affranchissements furent *décrétés en masse par nos rois,* préludant ainsi à la constitution du *tiers-état.*

Mais on peut juger des difficultés qui se présentèrent pour balayer l'institution de l'esclavage, quand on songe que, tout récemment encore, elle existait sur une grande échelle en Amérique, et qu'aujourd'hui même, tout vestige n'en a pas disparu.

Nous retrouverons successivement ces modifications.

(1) Voir nos observations à la page 223.

14

§ 4.

Les diverses classes énoncées au § 2 qui précède ont composé toute la société Gallo-Romaine jusques en 300, époque à laquelle nous avons vu, p. 152, qu'eut lieu, sous Maximien, la première introduction dans les Gaules des *Lètes* au sujet desquels nous devons émettre quelques considérations sur ces masses étrangères à la Gaule et d'origine Germaine. Cette classe en effet a joué un certain rôle dans la condition des personnes dans la société Mérovingienne, influé sur l'avenir et donné lieu à bien des dissertations archéologiques.

Qnoique séparés par la nature et par des communications difficiles, les Gaulois comme les Germains, leurs voisins, ont passé néanmoins nécessairement par des phases assez correspondantes, bien que, parmi tant de peuplades différentes, il y ait eu de grandes variétés dans les résultats de leur vie sociale à mesure qu'elle se développait en partant d'une commune origine.

Aussi, pour apprécier ces différences, il est essentiel de partir de cette origine évidemment commune à tous les peuples primitifs et résumée dans ces deux mots allemands :

LEUTE qui signifie : gens, hommes (comprenant les deux sexes) subordonnés aux supérieurs.

ALLER LEUTE qui signifie : de tout le monde, de tout le peuple proprement dit.

Les deux mots précédents, francisés, ont produit :

Lètes, ou *lites* ou *lides* pour — *leute.*

Alleud ou *aleu* pour — *aller leute.*

Le mot *aleu* rapproché du mot *terres*, produit : *terres d'aleu* ou terres de tout le peuple, ce qui signifie plus clairement de nos jours, bien que le fait ne soit plus que très-partiel : *biens communaux.*

Toute la science sociale à l'origine, chez les Gaulois comme chez les Germains, a consisté dans le jeu des deux mots précédents ; mais presque toutes les peuplades se sont plus ou moins rapidement éloignées du point de départ que l'ambition ou la cupidité devait faire assez vite abandonner.

Ainsi, d'une part.

Il est clair que, à l'époque des campagnes de César, les Gaulois avaient terriblement dévié de l'état primitif, puisque César, dans ses *Commentaires*, livre VI, § 13 et 15, s'étend sur les nobles Gaulois, traînant à leur suite une foule de *clients*, et enlevant la direction des affaires publiques au peuple qui se livrait à eux en servitude. Seulement quand César assimile ainsi cette *clientèle* à l'ESCLAVAGE, il a doublement tort, car d'abord une *clientèle* de ce genre renfermait certainement, dans les Gaules comme à Rome, des *affranchis* et aussi des hommes *libres* ayant aliéné *volontairement* leur ingennitas ou *pleine liberté*, ce qui les assimilait aux affranchis ou *demi-esclaves* ; mais, dans les Gaules comme à Rome, cette clientèle renfermait aussi des hommes *pleinement libres* ; ensuite il eut pu faire un retour sur lui, le *patron* par excellence, puis sur Rome elle-même chez laquelle fut créée par Romulus cette institution des *clients*, destinée à fusionner le pauvre et le riche, et qui dégénéra, elle aussi, et bien avant César, en un esclavage adouci. — Toujours est-il qu'il y avait, à cette époque, chez les Gaulois, des *nobles* et des hommes *libres*, INGENUI, dont les nobles se servaient, comme à Rome, pour assurer et maintenir leur influence.

Et, d'autre part.

Nous voyons que, à la même époque des campagnes de

César, les Germains sont aussi cités, dans les *Commentaires*, au même livre **VI**, § **22**, comme ayant conservé entr'eux *l'égalité primitive* et la communauté des terres divisées annuellement entre les familles qui ne pouvaient conserver les mêmes terres deux ans de suite, afin, disaient-ils, qu'aucun ne pût devenir plus puissant que les autres et que personne ne fut tenté de s'agrandir.

Mais ces barrières ne furent pas bien longtemps respectées chez les Germains non plus ; et, à la conquête des Gaules par les Francs, on peut s'assurer, dans les lois des Alemans, des Saxons, des Bavarois..., en un mot, de toutes les peuplades Germaines, que tous avaient chez eux, comme ci-dessus les Gaulois, deux classes d'hommes LIBRES, les *nobles* et les *ingenui* ; et de plus, une troisième classe, non citée chez les Gaulois, comme classe régulière de la nation : c'est une *classe* très-nombreuse de DEMI-LIBRES, *serviles*, les *lazzi (Leti)* (1); ces hommes étaient inférieurs aux *libres*, car ils avaient un *maître, dominus* (2); mais ils étaient supérieurs aux *esclaves*, car les mêmes hommes pouvaient posséder, acquérir, s'engager et ester en justice (3). La loi salique, titre **26**, reconnaît même au *Lète* la faculté de s'affranchir entièrement devant le roi, par le *denier (ante rege per dinario)* (4).

Sans doute, comme classification, de tels hommes existaient partout depuis longtemps ; c'étaient les *affranchis* cités plus haut ; mais il ne s'agissait là que d'esclaves isolés que le caprice d'un maître faisait MONTER à la demi-liberté. Sans doute il s'était encore produit partout des *ingenui* ou *pleinement libres* qui vendaient leur *ingenuitas* pour se mettre au service d'un *patron*, soit par dégradation, soit par nécessité ; mais c'étaient

(1) Deloche. De l'*Austrutional*, Append. p. 343.
(2) Ibidem, p. 333.
(3) Ibidem, p. 339.
(4) Merkel, 1850, p. 14.

là encore des actes plus ou moins isolés et d'ailleurs volontaires de la part des hommes qui descendaient ainsi à la
demi-liberté ; mais nulle part on n'avait encore vu descendre,
officiellement et sans secousse apparente connue, une portion
énorme d'un peuple à une position subordonnée comme celle
des *Lazzi (Leti),* et on peut même dire à une position *assujétie,*
puisque les *Leti* étaient sous la dépendance d'un maitre,
dominus. Aussi, on doit se demander comment une telle
mutation a pu se produire parmi ces Germains si égalitaires
du temps de César et s'effectuer entre l'époque dudit César
et le quatrième siècle, date de la première introduction des
Lètes dans la Gaule-Belgique, en 300, sous Maximien-
Hercule (p. 152).

Toutefois on peut déjà remarquer que, du temps de
Tacite, qui vivait au commencement du second siècle, une
modification profonde s'était opérée dans les peuplades Germaniques parmi lesquelles avait surgi une *noblesse* ardente et
belliqueuse, quoique sans influence prépondérante dans les
assemblées générales de la nation, ni dans la distribution de
la justice (1), et bien que la communauté des terres n'eut
pas cessé d'exister tout en en faisant alors la répartition
annuelle *suivant les rangs* (2). Mais la création d'une classe
demi-servile, intermédiaire entre les *nobles,* les *ingenui* et les
esclaves n'existait pas alors, du moins d'une manière assez
notable pour être mentionnée par Tacite, et les recherches
doivent se porter entre le second et le quatrième siècle.

D'après Eichborn et M. Deloche, on pourrait penser que
cette classe demi-esclave, les *lètes,* puiserait sa source dans
des propriétaires originairement libres, mais asservis par un

(1) Eligientur in iisdem conciliis et principes, qui jura per pagos vicosque
reddent. (Tacite *De moribus Germ.* § 12).
(2) Agri, pro numero cultorum, ab universis per vices occupantur, quos
mox interse secundum dignationem partiuntur. (Tacite *De moribus Germ*
§ 26).

peuple conquérant ou par une noblesse opprimante (1). M. Deloche estime que ces deux causes ont pu y contribuer par suite de guerres de tribu à tribu qui en auront généralisé l'application. Mais cette explication nous paraît bien vague pour satisfaire l'esprit, et nous ajouterons qu'à la réflexion, il semble qu'un pareil changement, introduit dans l'ensemble des peuples Germains, n'aurait pu y être produit, par une violence ouverte, sans laisser des traces de mécontentement de nature à se faire jour à l'occasion. Or, les *Læti*, transportés par les Romains sur le sol Gaulois par populations entières et *avec leurs maîtres antérieurs*, ces *Læti* devenus les simples *sujets* de l'Empire au lieu d'être les *Leti sujets* de leurs anciens maîtres, ne se résignaient pas avec satisfaction à ce changement d'état qui devait pourtant leur sembler préférable, et ils accueillirent de la manière la plus sympathique les Francs, quand ceux-ci survinrent en démolisseurs de cet empire qui les avait épargnés et installés sur des territoires avec de simples conditions de tribut militaire (2).

Nous nous sommes ici demandé tout en nous inspirant du travail de M. Deloche, si la création et la multiplication de cette classe de *Lètes* demi-libre, n'est pas un résultat naturel et progressif des mœurs nouvelles des Germains décrites par Tacite et qui dépeignent la formation, sous l'égide de la noblesse, de ces *compagnonnages* bizarres et puissants (3) où nos pères, les Francs, puisèrent leur origine et dont ils firent

(1) Deloche. De l'*Anstrutionnat*, Appendice p. 344.
(2) Deloche. De l'*Anstrutionat*, p. 342.
(3) Dans un article du *Polybiblion* (t. XII, 2ᵉ série p. 100), M. de Barthélemy conteste que les compagnonnages soient d'origine germaine et, d'après deux citations de César, l'une sur les *equites* (*Comm.* liv. VI, § 15), l'autre sur les *Solduri* accompagnant le roi des Sotiates (l. III, § 22), il en attribue la première formation aux Gaulois ou même aux tribus celtiques. Cette question d'origine a sans doute de l'intérêt historique, mais elle peut être négligée ici où l'étude porte sur les effets spéciaux du *compagnonnage germain* dont l'existence est hors de doute, quels que soient du reste les modèles antérieurs que les Germains aient pu trouver dans d'autres peuples.

aussi l'un des principaux ressorts de la monarchie primitive qu'ils fondèrent. Cette influence étendue des compagnonnages, influence dont les conséquences prolongées furent longtemps retentissantes et ne nous semblent même pas encore éteintes, nous portent à nous y arrêter avec soin en citant d'abord les commentaires fait par M. Deloche sur les exposés de Tacite, en transcrivant en note (3) le texte exact de ce remarquable au-

(3) ..... tum in ipso concilio vel principum aliquis, vel pater, vel propinquus, scuto flameaque juvenem ornant : hæc apud illos toga, hic primus juventæ honos; ante hoc domus pars videntur, mox reipublicæ. Insignis nobilitas aut magna patrum merita principis dignationem etiâm adolescentulis assignant ; ceteri robustioribus ac jam pridem probatis aggregantur ; nec rubor inter comites adspici. (a) *Gradus quin etiam et ipse comitatus habet, judicio ejus quem sectantur ; (b) magnaque et comitum æmulatio, quibus primus apud principem suum locus et principum cui plurimi et acerrimi comites.*

Quum ventum in aciem, turpe principi virtute vinci, turpe comitatui virtutem principis non adæquare. Jun vero infame in omnem vitum ac probrosum superstitem principisuo ex acie recessisse. (c) *Illum defendere, tueri, sua quoque fortia facta gloriæ ejus assignare, præcipum sacramentum est. Principes pro victoria pugnant, comites pro principe.* (d) *Si civitas in qua orti sunt longa pace et otio torpeat, plerique nobilium adolescentium petunt ultro eas nationes que tum bellum aliquod gerunt :* quia et ingrata genti quies, et facilius inter ancipitia clarescunt, magnum que comitatum non nisi vi bello

.... C'est dans l'assemblée que l'un des chefs, le père ou un parent, décore le jeune homme d'un bouclier ou de la framée. C'est chez eux la robe virile ; c'est le premier honneur de la jeunesse: jusque-là ils étaient à une famille ; désormais ils sont à la république. Une haute naissance, les grands services des ancêtres, confèrent la dignité de chef même à des adolescents ; les autres s'attachent à des chefs d'un âge plus robuste et depuis longtemps éprouvés et ils ne rougissent pas d'être vus dans leur suite. (a) *Cette place même a des grades dont est juge celui qu'ils accompagnent; (b) et il y a une grande émulation, soit parmi les compagnons pour la première place auprès du chef, soit parmi les chefs, pour avoir le plus de compagnons et les plus valeureux.*

Quand on en vient aux mains, c'est une honte pour le chef d'être surpassé en courage par ceux de sa suite, c'est une honte pour ceux-ci de ne pas l'égaler. On se déshonore pour la vie si l'on revient vivant d'un combat où le chef est mort. (c) *Le défendre, le protéger, faire de grandes actions pour les rapporter à sa gloire est le premier de leurs serments. Les chefs combattent pour la victoire, les compagnons pour les chefs.* (d) *Si la cité où ils sont nés languit dans l'oisiveté d'une longue paix, la plupart de ces nobles jeunes gens vont s'offrir d'eux-mêmes aux nations qui sont en guerre ;* car le repos est insupportable à ces peuples, outre qu'il est plus facile de s'illustrer dans les hazards et qu'un chef ne peut

leur, et en soulignant les passages principaux sur lesquels
s'appuient les commentaires en question.

« Nulle part, dit donc **M.** Deloche (*de l'Anstrutionat,*
* p. 44), on ne voit les marques de fraternité et de dé-
« voûment qui animent les guerriers entr'eux. Le livre de
« Tacite parle, en beaucoup d'endroits, des compagnons d'un
« PRINCEPS (passage c) *qu'ils jurent de défendre et à la gloire*
« *duquel ils promettent de travailler dans les combats. Beau-*
« *coup de ces hommes* (passage a) *ont eux-mêmes une suite qui,*
« *à un degré inférieur, a contracté envers eux des obligations*
« *analogues.* C'est une grande hiérarchie où les groupes de
« chaque degré sont formés autour d'un personnage supérieur
« à qui ils doivent un concours dévoué, tous leurs efforts et
« tout leur sang, mais on ne voit pas chez eux d'associations
« volontaires, intimes, solidaires, entre les personnes d'égale
« condition et d'égale puissance. On remarque même, d'après
« l'historien romain, *qu'il y avait d'ardentes rivalités* (pas. b)
« *entre les membres de chaque* COMITATUS, *qui recherchaient*
« *avec avidité les préférences et la familiarité du chef.* »

M. Deloche, discutant ailleurs sur l'organisation des COMITA-
TUS ou *compagnonnages,* y voit (*De l'Anstrutionat,* p. 275),
« une correspondance au mot allemand LEUTE, *hommes, gens,*

que tucare ; exigunt enim principis sui liberalitate illum hella-
torem equum, illam cruentam vic-
tricemque frameam. Nam epulæ, et
quanquam incompti, largi tamen
apparatus pro stipendio cedunt :
materia munificintiæ per bella et
raptus. (g) *Nec arare terram aut*
espectare annum tam facile per-
suaseris, quam vocare hostes et
vulnera mereri : pigrum quin
immo et iners videtur sudore
acquirere quod possis sanguine
parare.

obtenir une grande suite que par la force
et la guerre; car ce cheval de bataille,
cette sanglante et victorieuse framée,
sont des dons exigés de la libéralité du
chef. Sa table et des festins abondants
quoique d'un apprêt grossier, tiennent
lieu de paye : la guerre et les rapines
suffisent à la munificence. (g) *On ne*
leur persuadera pas facilement de
mieux aimer labourer la terre, et at-
tendre l'année, que de provoquer les
ennemis et de gagner des blessures ;
ce leur semble paresse et inertie d'a-
masser par la sueur ce qu'on peut
conquérir par le sang.

« dans le sens collectif. Quand l'historien et l'annaliste, dit-il,
« parlent des *Leudes* d'un roi, cela signifie les *hommes,* les *gens*
« de ce roi. Le mot (*homines suos*) est la traduction du *Leudes*
« des Germains, terme qui désigne les hommes attachés au
« prince par un lien personnel, dans des conditions particu-
« lières et plus étroites que celles des sujets ordinaires. »
  Parlant ensuite du passage des *Leudes* du service d'un roi
à un autre, M. Deloche ajoute : « Voilà des personnages
« assermentés, qui passent d'un parti à un autre et qui
« rappellent, d'une manière frappante, le serment *et la mobi-*
« *lité des compagnons de chefs* ou *principes* dont parle
« Tacite. »
  Et maintenant, si les chefs de bandes Germains, affiliés à un
compagnonnage, formaient la *leute,* autrement dit les *Leudes*
du PRINCEPS ou chef suprème d'un compagnonnage : ces
chefs de bandes n'avaient-ils pas aussi une suite *inférieure à*
eux tous ? Ces chefs, en effet, auraient-ils été, auraient-ils
pu être des officiers..... sans soldats ? les innombrables introductions de *Lètes* dans les Gaules pendant les luttes du
quatrième et du cinquième siècle répondent ici.
  Qu'étaient donc alors ces *Lètes ?*
  N'était-ce pas la *Leute* INFÉRIEURE, les *hommes, gens,*
ASSUJÉTIS sans doute, par le fait, mais assujétis *volontaire-*
ment dans l'origine ? n'était-ce pas la *Leute* des serviteurs-
soldats *recrutés* librement pour le *compagnonnage* à titre d'engagement envers les chefs de bandes qui comprenaient déjà,
par la pratique de la guerre, la nécessité d'une *obéissance*
passive et de la coopération de subordonnés nombreux dont
la présence dans le *comitatus* ne serait pas soumise à leur
volonté arbitraire et à des caprices dangereux ?
  N'est-ce pas un tel engagement *volontaire* qui a produit
primitivement pour les *Lètes* la demi-perte *acceptée* par eux
de l'*ingenuitas* ? L'esprit belliqueux des Germains, le pres-

tige des chefs, l'attrait des aventures, l'espoir du butin, devaient amener autant qu'on en voulait de ces engagements, pris sans compter, *sollicités* même, sans aucun doute, et qui d'ailleurs, à l'origine, pouvaient être temporaires. Est-ce que notre législation militaire à nous, est la même encore, aujourd'hui, pour les militaires et pour les civils ? et cela empêche-t-il, en cas de guerre, de voir affluer les enrôlements? Est-ce que dans un régiment, par exemple, considéré un instant comme une lointaine image maintenant effacée d'un *comitatus*, les conditions de service de la *Leute* des chefs, c'est-à-dire, des officiers qui sont les *Leudes* du colonel ou *princeps*, sont les mêmes que celles de la *Leute* des soldats qui sont les *Lètes* attachés à ce *comitatus* ou *compagnonnage* modifié ? Est-ce que ces officiers ou *Leudes* du colonel ne sont pas libres de se retirer à volonté par simple démission, tandis que la *Leute* des soldats c'est-à-dire, les *Lètes* sont forcés de rester à leur poste ? Est-ce que les compagnons ou officiers d'un même grade, sont beaucoup plus exempts de rivalités que les compagnons Germains du temps de Tacite, rivalités d'autant plus graves quelquefois que le rang est plus élevé ? L'homme est toujours l'homme, et nous devons peu nous étonner aujourd'hui d'apprendre que les anciens Germains ont sacrifié sans marchander et avec joie une demi-liberté occupée à des labours dont ils s'ennuyaient (voir ci-dessus Tacite, passage g) et en retour de laquelle des jouissances infinies miroitaient aux yeux de ces hommes grossiers.

Du temps de César, la classe des *Lètes* demi-libres était nulle chez les Germains ou César ne mentionne même pas le compagnonnage et où il donne de tels détails sur l'état égalitaire et primitif des Germains qu'on peut affirmer que de telles associations n'y existaient certainement pas. Au temps de Tacite, le compagnonnage existait brillamment sans doute, mais n'était pas encore organisé depuis assez longtemps pour avoir multiplié la classe *assujettie* dans de grandes proportions de nature à frapper Tacite ; mais deux siècles après, en 300, nous voyons apparaître ces *Lètes* en grand nombre qui désormais ira toujours croissant. En vérité, quand on songe qu'avant 1789, les colonels, propriétaires de leurs régiments, les complétaient facilement par le *raccolage*, sans stimulant bien actif pour le soldat, ne peut-on point penser que le *recrutement libre* de la *Leute* inférieure des compagnons Germains se faisait sur une forte échelle parmi les *ingenui* NON-NOBLES et avec une grande facilité ? Et cette explication ne peut-elle suffire à montrer la véritable source de cette nombreuse classe Germaine introduite par les Romains dans les Gaules, sous le nom de *Lètes* ? Il ne faut pas oublier, d'ailleurs que cette classe de *Lètes* demi-libres, quelque nombreuse qu'elle fût, n'avait nullement tari la source des INGENUI *non-nobles*, chez les Germains ; le texte des lois citées plus haut (p. 212) en fait foi ; elles constatent l'existence chez les peuplades Germaines des *nobiles* (nobles), des *ingenui* (pleinement libres), des *serviles, lazzi* (ou *Leti*).

Malgré l'avis si éclairé de M. Deloche (De l'*Anstrutionat*, p. 346) nous devons penser, d'après nos explications ci-dessus, que les *Lètes des Francs* étaient généralement de leur propre tribu et qu'ils ont même pu contribuer à rendre permanente la perte de la demi-liberté pour la classe des *Lètes*, si tant est que les enrôlements dans les compagnonnages aient d'abord été temporaires. Il nous paraît probable en effet, nous l'avons suffisamment indiqué plus haut, que la tribu des Francs est le produit des compagnonnages spéciaux (voir plus haut le texte de Tacite, passage d) réunis dans le but, longuement convoité, d'un établissement dans les Gaules : un tel but ne comportait point d'enrôlements temporaires pour les serviteurs-soldats, et l'enrôlement définitif exigé par les Francs, s'il était inusité, dut se reproduire ailleurs.

Les présomptions que nous venons d'émettre sur l'origine des *Lètes* nous paraissent d'autant plus rationnelles qu'elles favoriseront l'explication de la transformation progressive du *compagnonnage* en *vasselage*, cette source de la féodalité. Une fois les *Lètes*, serviteurs-soldats, constitués d'une manière permanente, ils furent *liés* à leurs maîtres *(domini)* comme de vrais *vassaux (vassi)*, de telle sorte que, dans un compagnonnage, il y eut *lien* complet dans la *Leute* inférieure, celle des soldats, et absence de lien réel dans la *Leute* supérieure, celle des chefs, celle des *Leudes* : il y avait là une lacune pour les chefs et un exemple pour la combler en créant aussi un certain lien de dépendance entre les chefs. Ce lien se créa progressivement, et, les circonstances aidant, le développement ne s'en fit point attendre ; nous en verrons plus tard les conséquences.

Disons en passant que notre explication montre encore quelle fut, dès l'origine de la conquête des Francs, la différence réelle entre les *Lètes* et entre les *Lites* ou *Liddes* ; ces derniers étaient issus des *esclaves* par affranchissement ; ils étaient devenus *hommes de poète* (sub potestate) pendant trois générations, au bout desquelles ils arrivaient à être *fulfréates* (p. 209) c'est-à-dire pleinement libres, s'ils avaient supporté convenablement le cours de cette longue et pénible épreuve ; pendant ce temps ils formaient le type de ces *manants* assujétis à résidence, passant leur *stage* (stagium), sous l'œil du *maître* (dominus), dans des demeures obligées. Ils pouvaient bien être assimilés au *Lète*, pour la demi-liberté, dans un classement de tarif (Wehrgeld) fixant la valeur comparative des existences (1) en égard à l'*ingenuitas* ; mais comme position assise, il y avait, croyons-nous, une grande différence entre le

---

(1) Cette fixation forma toute la base de la législation mérovingienne et procura le moyen d'apprécier les nuances qui marquaient la condition des personnes pendant cette période.

Lite et le *Lète*, de même qu'une différence radicale existait encore, il n'y a pas longtemps, dans nos colonies, entre le blanc *libre* par sa race et le mulâtre *affranchi*, ne pouvant, malgré le temps se débarrasser de la couleur, et nourrissant alors, par suite, une haine secrète qui s'évanouissait bien plus rapidement autrefois chez le *Lite* lequel, heureusement, ne conservait aucune trace personnelle indélébile.

Le *Lète*, lui, n'a pas monté de l'esclavage à la demi-liberté; l a, *par héritage*, sacrifié volontairement la demi-liberté à la soif généreuse des combats, au désir passionné de se soumettre à des chefs nobles, illustres ou éprouvés, pour partager eur destinée. Il est content de son sort et ne demande pas à en changer, car il peut acquérir, posséder, ester en justice, se marier librement, tester, et ses maîtres, dont les familles urent choisies par ses ancêtres pour s'y attacher, n'ont pas cessé d'avoir toute son affection, tout son dévoûment. Ses droits civils essentiels sont intacts, et il n'a perdu que le *droit de cité*, droit politique pour lequel il a peu de souci. Sa résidence doit évidemment être sur le domaine du maître, mais non pas en un point obligé et sous un toit qui sente la servitude. Sa maison peut être à lui : son champ peut être à lui, indépendamment de ceux qu'il peut tenir à ferme pour d'autres. Il doit accompagner son maître *(dominus)* à la guerre *(in oste);* mais l'idée seule l'en fait tressaillir de joie : ui et ses compagnons forment la pépinière des hommes d'armes de leur chef : ils endossent la cuirasse, sont armés et prêts à mourir pour ce chef, car ils se souviennent sans cesse des prescriptions de leurs ancêtres : « *principes pro vic-* « *toria pugnant, comites pro principe.* » (V. plus haut Tacite, passage c).

D'ailleurs, si, par impossible, le dévoûment du *Lète* trouvait des mécomptes tels qu'il pût vouloir absolument y échapper, il est en possession d'une faculté précieuse ; cette faculté, c'est l'affranchissement immédiat et possible *devant le roi, par le denier* (ante rege per dinario).

Et, en effet, le titre **XXVI** de l'ancienne loi salique est formel (1) sur le droit d'affranchissement du Lète, devant le roi, par le denier. « Si quis alienum *letum*, extra consilium
« domini sui, ante rege per dinario, ingenuum dimiserit, et si
« fuerit approbatione, hoc est 4000 dinarios qui faciunt
« solidos 100, culpabilis judicetur. (Merkel, 1850, p. 14). »
Nous avouons avoir même cru un instant que, d'après le texte précédent, la faculté de rachat par le denier était exclusivement réservée au *Lète* et nous pensons encore que, quand la loi fut promulguée, elle n'était point applicable au *Lite* que nous considérons comme *affranchi* ou *descendant d'affranchis* et qui aurait seulement pu dans la suite en profiter par extension ; notre opinion se basait sur ce que un tel droit concédé au Lite, *considéré comme affranchi*, eut autorisé, ce nous semble, une intervention du roi dans le contrat passé entre le maître et son esclave ; or une intervention de ce genre paraissait peu compatible avec les mœurs des anciens très-chatouilleux sur leur autorité absolue à l'égard des esclaves. La faculté de rachat était au contraire fort logique pour le *Lète* dont, à notre point de vue, les auteurs avaient quitté *volontairement* l'*ingenuitas* pour la demi-liberté : leur postérité devait donc pouvoir, à volonté, rentrer dans l'*ingenuitas* par un sacrifice pécuniaire que la législation posait en principe.

Mais le recueil Merkel (1850) renferme, à sa p. 96, une édition spéciale du texte ci-dessus, et où le mot *Letum* est remplacé par le mot *Liddum* : un certain nombre d'années sépare la promulgation distincte des deux textes, mais il s'ensuit finalement que la faculté de rachat fut, à peu de distance, accordée au *Lite* comme au *Lète*. — Remarquons toutefois que, quelque

(1) M. Deloche. De l'*Ansfrutionat*, p. 333.

faible que puisse être l'espace réel qui a pu séparer les deux textes, il laisse complètement ouverte la probabilité que la mo-dification faite fut obtenue par les sollicitations ardentes des *Lites* demandant à être mis sur le même pied que les *Lètes* puisque les uns et les autres avaient droit au même Wehrgeld sur le tarif légal des existences. Qu'on nous permette d'insister ici sur le point de vue nouveau que nous venons encore d'ou-vrir, attendu que l'introduction dans la législation et dans les mœurs du droit de rachat par le denier, accordé au LITE sous les mérovingiens, nous apparaît comme une *révolution* réelle dans les mœurs publiques habituées à voir les *Lites* assujétis forcément au *stage* pendant trois générations avant de devenir *fulfréates* (p. 209); or, désormais, le *Lite*, assimilé au *Lète*, put franchir d'un bond la distance qui le séparait de *l'ingenuitas*. Il dut lui suffire d'amasser un pécule suffisant et que les *Lites*, comme les *Lètes*, étaient parfaitement aptes à posséder. Il y avait là, comparativement à la législation Romaine, un progrès humanitaire notable et qu'il est très-essentiel de faire ressortir. Et en effet, à part la férocité des mœurs propre à des races Barbares et surexcitées dans des guerres de succession in-cessantes, les rois Mérovingiens nous semblent avoir montré en bien des occasions que nous relèverons, un esprit libéral tout à fait inattendu de leur part. La loi précédente sur les *Lites* put devenir, dès lors, comme la charte principale des *affranchis*, leur donner un droit d'assimilation aux *Lètes* dont la situation morale était supérieure et en assurant dans un court avenir, la fusion des *Lites* et des *Lètes*, préparer dans la nation la formation d'une classe unique demi-libre, et rachetable à volonté, les *Vassi*, ce qui dut constituer alors une véritable révolution humanitaire et un grand bienfait national.

Toutefois, disons ici que, pour le rachat par le denier, l'avis (consilium) du *maître* devait être pris, ce qui était évidemment indispensable pour les simples convenances et pour le bien de

la discipline (1); néanmoins le *droit* était tellement sérieux
que non seulement le roi pouvait passer outre à un avis contraire, mais que si une fraude se manifestait dans quelques
cas de forte opposition légitime et *prévue*, le coupable était
condamné à une forte amende, et toutefois la libération n'en
était pas moins valable et acquise (2).

(1) Récemment, CHEZ NOUS, l'exonération, *par le denier*, du service militaire était un *droit* dont on pouvait faire usage, sans réserve, avant l'im-
matriculation d'un soldat. Mais dès que l'autorité militaire avait été exercée
sur le soldat, le droit d'exonération, bien qu'existant toujours formellement,
était soumis à l'avis préalable des chefs, ce qui était de toute nécessité pour
sauvegarder la discipline.

(2) Du reste les deux positions respectives des *Lites* et des *Lètes* se trouvant sans cesse en contact, depuis la conquête des Francs, nous semblent
expliquer suffisamment la situation réelle des habitants de nos campagnes,
des *paysans* proprement dits, depuis cette conquête : cette situation fut
constamment *demi-libre*, c'est-à-dire libre au point de vue civil, mais toujours subordonnée au point de vue administratif ou politique, soit qu'on
envisage le premier état des Lètes (tant d'origine Franque et ayant accompagné
les Francs, que d'origine Germaine et ayant été installés d'avance par les Romains dans les Gaules), soit qu'on envisage le second état de ces mêmes Lètes
quand, sans changer de condition, ils changèrent le nom de Lètes en celui de
vassaux (vassi), ce qui eut lieu lorsque le vasselage se généralisa et s'étendit
aux rapports des chefs entr'eux. Les Lètes étaient déjà antérieurement de
véritables *vassi* du premier degré, *liés* depuis longtemps à leurs *maîtres*
(domini) ; ils prirent leur nom définitif et désormais hiérarchisé du mot allemand *wassen* qui signifie *lier*. (Deloche, p. 365). Mais, soit comme *Lètes*,
soit comme *vassaux* la position était *la même* et ne nous semble pas s'être
notablement modifiée jusques en 1789.

Il est bien entendu que nous ne tenons aucun compte, dans ce qui précède,
des serfs, c'est-à-dire des esclaves que nous avons vu (p. 208) ne compter
pour rien dans le mouvement actif de la société Romaine et qui ne comptaient pas beaucoup plus dans la société du Moyen âge. Soumis à la *main-
morte*, taillables et corvéables à merci, cette classe reçut, à la vérité, des
adoucissements successifs dus à l'influence de l'Evangile et qui se traduisi-
rent progressivement par la suppression des marchés publics d'esclaves, par
la publication, sous les rois, d'édits et de capitulaires protecteurs, enfin et
surtout par l'attachement du serf à une glèbe déterminée. Tant que des
oppositions tranchées et absolues basées sur les degrés de l'*ingenuitas* servirent de règle pour les classifications sociales, la seule participation du
serf à la vie sociale consiste à servir de pépinière pour recruter les *vassaux*
au moyen des Lites qui, presque toujours, n'ayant pas le moyen de se racheter
par le denier, préféraient la position du vassal au lieu d'attendre celle du
fulfréate, dont la pleine liberté d'ailleurs leur eut été alors un embarras.

Mais il arriva un moment où l'affranchissement général des serfs sous
Louis VI et Louis VII, détermina une forte crise sociale en lançant d'aussi fortes

En définitive, les Lètes n'ont pas seulement donné naissance par eux-mêmes à un problème historique assez obscur; ils ont encore contribué à la confusion de la société Mérovingienne ; car, versés à flot, pendant deux siècles, sur le

masses dans les villes délaissées, en créant de la sorte une nouvelle classe bourgeoise et en amenant çà et là l'image du rétablissement des anciens municipes romains sous forme de *commune*. Dès lors la disparition des serfs tarit la source d'un nouveau recrutement de vassaux du premier degré et ceux ci n'ayant plus de points de comparaison autour d'eux virent s'effacer insensiblement la trace des différences sociales fondées sur les degrés de l'*ingenuitas*. Les vassaux continuèrent bien d'exister, mais sans avoir la même importance politique : car, à mesure que le pouvoir central reprenait son empire, à mesure que les armées se régularisèrent et tendirent à devenir permanentes, les vassaux de tout ordre sentirent au contraire que leur rôle s'amoindrissait, et que le devoir du vassal de premier degré ne tarderait pas à se changer en un vulgaire appel au tirage pour la milice. Adieu donc les nobles chevauchées en compagnie du maître ! adieu la bannière de la vieille famille traditionnelle pour laquelle les non moins vieilles familles de vassaux ne trouvaient pas assez de sang à répandre ! adieu les aventures chevaleresques dont les récits fantastiques faisaient la joie des veillées du foyer ! adieu la race touchante des Caleb, si bien décrite par Walter-Scott ! le prosaïsme a pris naissance et il va falloir se contenter, sans autre compensation, de la liberté civile ; car, malgré l'exemple de Jaux, page 109, les *droits de cité* furent rarement accordés aux communes rurales. Vienne alors quelques prédicants nouveaux, on voudra aussi des compensations nouvelles, et.... la Révolution sera faite.

Les vassaux du premier degré, unis à leurs maîtres, eurent quatre phases que l'on peut distinguer pour se remémorer le rôle que nos paysans eurent, nous le pensons, à jouer successivement.

1° De *Clovis* aux Carlovingiens, on les voit, sous le nom de Lètes, constituer la *Leute* des compagnonnages Francs ou Germains et y remplir les engagements que nous croyons avoir été pris librement par eux, à l'origine. Ces différentes *Leute* formaient la force réelle des *Leudes* envers lesquels ils étaient engagés, de ces chefs qui, pour leur compte, n'avaient alors aucun *lien* entr'eux. Les *Leudes* pendant cette période, s'essaient : ils profitent de leur liberté pour passer d'un camp à un autre avec leurs *Leute* respectives (p 217) et finissent par reconnaître la nécessité d'établir aussi entr'eux un lien de dépendance analogue à celui qui *lie* leur *Leute* avec eux. Les Lètes sont ainsi appréciés par les Leudes comme base de leur puissance et comme un élément qu'ils ne sauraient trop soigner et ménager. C'est la phase du *compagnonnage* proprement dit.

2° Des Carlovingiens à la déposition de Charles-le Gros en 888, les *Leudes* ont constitué leur hiérarchie propre dans un ensemble qui produit le *vasselage* dont les *Lètes* forment le premier échelon sous le nom de *vassaux*, *vassi*. L'importance de ces vassaux du premier degré s'accroît encore par cette nouvelle institution ; car ils formaient ainsi le fondement de véritables armées, à convoquer par les GRANDS *vassaux*. Aussi, ces grands vassaux deviennent-ils promptement les arbitres de la situation ; ils servent d'instru-

sol des Gaules, lors des grandes luttes des Barbares avec les Romains qui les cantonnaient dans le pays, ils y sont devenus un élément très-notable de la population existante lors de l'arrivée des Francs, et se trouvèrent mêlés à toutes les

ments de destruction pour le pouvoir central, tandis que la féodalité s'insinue et s'installe partout au gré de ses caprices. C'est la phase du *vasselage* qui perfectionne et complète le compagnonnage, et qui, une fois constitué fortement, prend la place dominante

3° De Charles-le-Gros à Louis VI, c'est le pouvoir féodal qui règne, et on pourrait ajouter, qui gouverne, si l'anarchie ne s'était réellement substituée presque partout à l'autorité centrale défaillante, sans gouverner réellement nulle part.

Dès lors un seul pouvoir reste debout, c'est la *force* brutale. Cette force est entre les mains des *vassaux* du premier degré qui obéissent à des maîtres désormais sans frein et se livrant à leurs appétits de tout genre sans contrôle comme sans limites. C'est cette triste époque qui fut témoin des excès d'une féodalité effrenée faisant trop souvent des vassaux du premier degré l'instrument de ses rapines et de ses exactions de toute nature. C'est la phase de la *féodalité pure* et triomphante.

4° La quatrième phase commence à Louis VI jusqu'à 1789. Nous l'avons appréciée plus haut en quelques mots. On sait tout ce qu'il fallut à la troisième race de patience et de finesse pour retrouver les prérogatives disparues du pouvoir central et pour rétablir celui-ci sur ses bases. C'est la phase de la civilisation moderne et progressive, prenant son cours sous la direction des rois de la troisième race et conduisant à l'époque actuelle.

Ces explications répondent aux opinions légèrement émises qui font considérer souvent l'époque du Moyen âge comme ayant été signalée par les fréquents excès des seigneurs (des maîtres, *domini*), contre leurs *vassaux du premier degré*. Nous croyons cette opinion tout-à-fait erronée et pensons que les susdits vassaux furent au contraire, pendant le Moyen âge, traités avec les plus grands ménagements par leurs seigneurs guidés par l'intérêt ; car là était leur *armée* dont ils disposaient alors en souverains absolus ; là était pour eux la FORCE, base unique de leur puissance, et ils ne rendirent que trop souvent ces petites *armées*, disséminées de toutes parts, complices de leurs déprédations diverses. Quant aux abus de pouvoir que les seigneurs purent en effet souvent commettre dans leurs domaines surtout lors de la troisième phase, ils pouvaient atteindre les *ingenui* des villes placées sous leur domination et qu'ils pressuraient sans scrupule, ou bien encore les serfs livrés autour d'eux à leur complète discrétion (1) ; mais historiquement parlant, et pour l'appréciation de la conduite des seigneurs, la distinction est importante à établir, au Moyen âge, entre les *ingenui* pleinement libres, mais désarmés et par

(1) Les serfs, pépinières des LITES et des VASSI, au Moyen âge, et cultivateurs effectifs des terres, ne paraissent point, en général, avoir été ce qu'on appelle maltraités, puisqu'ils résistèrent, quand le moment en fut venu, au décret d'affranchissement des serfs. Nous citerons plus tard à ce sujet, le travail de M. A. Lefèvre sur les finances de la Champagne avant sa réunion à la Couronne (Bibliothèque de l'Ecole des Chartes, tome IV, 4e série, p. 434).

races qui se croisèrent dans les Gaules sous les Mérovingiens, et pour l'appréciation desquelles on n'a d'autre lumière que l'étude des lois qui tarifaient (1) les existences sociales et four-

suite opprimés impunément, puis les *vassaux* libres au point de vue civil seulement, mais armés, possédant la *force*, et devant être ménagés, puis les *serfs, morts civilement* et ne possédant rien, pas même leur propre personne ; celle-ci put en effet donner lieu à beaucoup d'excès qui, il faut bien le dire, n'étaient pas toujours considérés par les serfs comme des sévices.

Il ne faut pas exagérer non plus l'absence de vie sociale extérieure signalée, pour le Moyen âge, par divers auteurs qui ne voient dans les domaines ruraux, habités exclusivement par les maîtres du jour, que des serfs qui ne bougeaient point de place ou des *hommes de poète*, manants qui en bougeaient peu. Et cependant il est fait mention partout d'un grand mouvement de circulation produit à cette époque par les foires et marchés établis de toutes parts : puis un autre mouvement circulatoire presqu'incessant provenait alors des *Pélérinages* entrepris par quelques-uns au loin, par presque tous dans leurs contrées respectives où les étapes étaient marquées.

Où auraient donc été les éléments nécessaires à de telles locomotions s'il n'y avait eu dans les domaines ruraux que des *serfs* et des *manants*, dont la liberté personnelle eut été incomplète ? Mais il y avait les VASSAUX *libres civilement :* c'étaient eux qui formaient le fond de la population rurale et c'étaient eux qui formaient aussi le principal et, relativement, presque le seul élément de la circulation active.

(1) L'éminent M. Tardif, dans son *Cours de droit historique*, penche vers l'opinion que les *Lètes* ou *Lites* ne sont autre chose que les Lètes de l'empire Romain, tribus Germaines établies dans l'empire, et dont les propriétés étaient désignées sous le nom de terres Létiques, *terræ leticæ*. M. Tardif dit que cette opinion ne manquerait pas de vraisemblance si on pouvait répondre à cette objection que les Lètes de l'empire étaient des Germains appartenant aux tribus Franques et qu'on ne voit pas pourquoi les Francs, retrouvant dans l'empire les descendants de leurs frères les ont réduits à une condition inférieure à celle du gros de la nation.

D'abord, nous nous débarrassons ici d'une difficulté en distinguant entre le Lite et le Lète et regardant le Lite comme tenant à l'ordre des affranchis.

En second lieu, il y avait des Lètes Francs ou d'origine Franque et des Lètes d'origine barbare. La distinction pouvait s'établir dans des cas particuliers, mais tous avaient le même Wehrgeld. Pourquoi alors, dit M. Tardif, un tel assujétissement en face du gros de la nation, composé d'*ingenui ?*... Pourquoi ? c'est précisément parce que là était, en principe, plutôt encore qu'en fait, la FORCE *armée* de cette nation... C'est que là était la *leute* INFÉRIEURE des chefs, des LEUDES, *leute* tantôt composée de Francs, tantôt composée de Germains d'origine Franque ou d'origine barbare. C'est qu'il y avait là la représentation de notre état militaire postérieur et moins lourd alors qu'aujourd'hui ; car tous les engagements de la *leute* devaient être volontaires à l'origine et se perpétuaient volontairement puisque les Lètes avaient la faculté d'affranchissement par le denier. Il est certain que les Lètes étaient ASSUJÉTIS à leurs *maîtres* ou chefs, les *Leudes ;* mais est-ce qu'ils ne devaient pas l'être ? Est-ce que nos soldats aujourd'hui sont libres ? Est-ce qu'ils sont autre

nissaient par ces tarifs un moyen toujours difficile et souvent incomplet de se reconnaître.

M. Deloche excelle dans ce genre de recherches et d'applications logiques.

Nous avons dit (p. 212) que pareille institution de classe générale *demi-esclave* ne fut point introduite chez les Gaulois dont la noblesse put sans doute *copier,* en la modifiant peut-être à son profit, la coutume essentiellement Romaine des *clients* (p. 211); mais la pleine qualité d'homme *libre* ne paraît pas jamais avoir été refusée au Gaulois primitif et *non propriétaire personnellement,* pas plus qu'au Gaulois devenu Gallo-Romain et *non propriétaire personnellement,* bien que le *plein droit de cité* n'ait été reconnu qu'à l'homme *libre et propriétaire* et qu'il y ait eu seulement sans doute des *restrictions à ce droit de cité* pour le Gaulois *non propriétaire* mais *libre* (1).

Du moins c'est ce qui semble résulter de la loi salique sous les Francs, laquelle privait de *tout droit de cité* le Romain (ou Gaulois) *libre,* mais fermier d'un autre propriétaire (*tributarius*), comme étant placé sous la dépendance d'un autre homme. (De l'*Anstrutionat,* p. 174). Il s'ensuit donc que le *droit de cité* ne devait pas être *entièrement refusé* au Romain ou (Gaulois) *libre* et qui n'*aliénait en rien sa liberté,* son *ingenuitas.*

Toutefois, nous l'avons déjà dit § 2, comment aurait-il vécu,

chose que des *Lètes,* des *demi-libres,* distincts, *avec intention,* du gros de la nation ? Est-ce qu'ils ne poussent pas aujourd'hui la similitude avec les anciens *Lètes,* leurs véritables ancêtres, jusques à être également privés des droits politiques, c'est-à-dire, en langage Gallo-Romain, du *plein droit de cité ?* Le service militaire l'exige ainsi et un tel assujétissement est d'autant plus rude aujourd'hui que ce service militaire est désormais universellement obligatoire. Il ne l'était point chez les Francs, comme on voit, et les *ingenui* n'y participaient pas, à moins de s'enrôler et de descendre à la *demi-liberté,* d'où ils auraient pu remonter au moyen de l'affranchissement par le denier, véritable droit d'exonération ressuscité de nos jours d'une manière fort éphémère. Tout cela nous semble clair et net. Ne soyons donc pas trop contempteurs, même en face des Mérovingiens dont les institutions ne manquent pas de rapport avec les nôtres.

(1) Deloche. De l'*Anstrutionnat,* p. 80.

sous la période Gallo-Romaine, avec les exactions Romaines et sans se mettre sous aucune dépendance? Les biens communaux eussent été sa seule ressource, et quelle ressource avec des administrateurs de *cités* à la discrétion des Romains !

C'est ce qui nous semble pouvoir expliquer les abominables corvées imposées par les Romains aux malheureux prolétaires Gaulois, à la PLÈBE devant ainsi subir la despotique volonté des dominateurs du jour.... *ne plebs esset otiosa !* (1).

C'était une cruelle ironie en présence des magnifiques déclarations sur les droits Gaulois soi-disant concédés par les empereurs.

§ 5.

Physionomie de la Gaule pendant l'époque Gallo-Romaine.

Pour donner une idée générale de la physionomie de la Gaule pendant l'époque Gallo-Romaine, nous nous contenterons d'emprunter deux courts résumés, l'un à M. Piette, pour la période croissante de ladite époque, l'autre à Velly pour sa période stationnaire et décroissante :

« La politique habile des Romains victorieux, dit M. Piette (2)
« en soumettant la Gaule à leur puissance, laissa d'abord à ses
« habitants leur religion, leurs usages, leurs mœurs, leurs pro-
« priétés, de sorte que les Gaulois, sous leurs nouveaux maîtres,
« continuèrent à vivre comme sous leur ancien gouvernement.
    « Peu à peu cependant, les Romains cherchèrent à s'assu-
« rer la soumission des peuples conquis, en les faisant par-
« ticiper aux bienfaits de la civilisation, et les successeurs de

---

(1) « On employait à la construction des grandes voies Romaines les soldats qui murmuraient souvent du genre de travaux qu'on leur imposait (Bergier, liv. V, chap. II), les esclaves, les criminels et *surtout la population du pays, dans la crainte de lui laisser trop de loisirs. (Pline*, liv. xxxvi, chap. XII. Piette, *Itinéraire Gallo-Romain*, p. 45).
(2) Piette, *Itinéraire Gallo-Romain*, p. 20.

« César réunirent tous leurs efforts pour dénationaliser la
« Gaule. Rien ne fut négligé de leur part pour arriver à ce
« but ; *les subdivisions territoriales furent modifiées, des co-*
« *lonies militaires y furent semées çà et là pour y introduire*
« *les mœurs et le langage des Romains.*

.   .   .   .

« Sous l'influence puissante de la nation conquérante, les
« *cités* gauloises changèrent de physionomie. Aux villes de
« terre et de bois succédèrent des villes de pierre et de mar-
« bre ; de toutes parts s'élevèrent comme par enchantement
« des temples, des théâtres, des thermes, des arcs-de-
« triomphe, de magnifiques chaussées. Sur tous les points la
« population s'accrut ; les besoins impérieux des produits
« alimentaires remirent l'agriculture en honneur, firent hâter
« et étendre les défrichements, et, sur l'emplacement des
« forêts, on vit s'élever de splendides villas et la charrue sil-
« lonner des campagnes fertiles.

« Une forte organisation politique, de savantes administra-
« tions civiles et militaires, des écoles célèbres firent, du
« temps de la domination Romaine dans les Gaules, une
« époque de haute civilisation, de luxe, de poésie, de mœurs
« polies et plus tard corrompues.....

.   .   .   .

Quant aux lettres, voici un extrait de l'exposé de Velly :

.   .   .   .

« Tandis que les conciles illustraient la Gaule par l'éclat de
« leurs vertus, un grand nombre de savants personnages y
« faisaient fleurir les beaux-arts et les sciences. Il y avait de
« célèbres académies à Marseille, à Lyon, à Besançon, à
« Autun, à Narbonne, à Toulouse, à Rheims, etc. On y en-
« seignait la philosophie, la médecine, les mathématiques, la
« grammaire, la poésie et surtout l'éloquence.....

.   .   .   .

« Il faut convenir cependant qu'on ne trouve point dans les
« auteurs dont nous parlons, ce goût et cette éloquence natu-
« relle qu'on admire dans les écrivains du siècle d'Auguste :
« ce qu'on ne doit attribuer à aucune négligence de la part
« des hommes. On cultivait les sciences avec autant de soin,
« on récompensait le mérite avec autant de magnificence. Les
« empereurs aimaient les gens de lettres, recherchaient leur
« commerce, les comblaient d'honneurs et de biens. Leur pro-
« fession n'avait rien que d'honorable : on passait d'une
« chaire d'éloquence ou de poésie aux plus éminentes di-
« gnités de l'empire. Mais ce qui devait le plus naturellement
« contribuer à la perfection des beaux-arts, ne servit qu'à
« accélérer leur chute. On voulut avoir plus d'esprit que les
« anciens ; on négligea la belle nature pour se livrer à ce que
« l'art a de plus compassé. On courut après les ornements,
« on donna dans de faux brillants. Pour paraître neuf, on
« devint précieux ; en cherchant à plaire, on se jeta dans
« le frivole, on imagina de nouvelles façons de parler, on
« introduisit mille nouveaux mots, qui insensiblement alté-
« rèrent la pureté du style et de la langue. Les invasions
« des Barbares achevèrent de pervertir le goût ; les écoles
« furent détruites. On relégua les sciences et les arts dans les
« cloitres, dans les monastères ou dans le palais des évêques.
   « Tel était l'état de la Gaule, lorsque les Francs tentè-
« rent de s'y établir. C'est dans cette vue qu'ils résolurent
« d'avoir toujours des rois de leur nation (1). C'est le pre-
« mier coup qu'ils portèrent à l'autorité des Romains qui
« voulaient les confondre avec leurs autres sujets. »

(1) On les vit cependant répudier Childéric pour prendre provisoirement
comme roi Egydius, général en chef Romain, et Gaulois d'origine. Mal en
prit aux Romains comme nous l'avons indiqué page 170.

TROISIÈME SUBDIVISION
Voies de communications

Ier CHAPITRE

CHEMINS PARTICULIERS DU TERRITOIRE COMPIÉGNOIS

ARTICLE UNIQUE

§ 1. *Observation générale sur les chemins Gaulois et Gallo-Romains de la contrée Compiégnoise.*

§ 2. *Position de la* Tour de César *sur le sentier de* Choisy à Compendium. *Nécessité d'une bifurcation de ce sentier vis-à-vis de la* Tour de César.

§ 3. *Bifurcation Est du chemin de* Choisy à Compendium. *Son parcours.*

§ 4. *Bifurcation Ouest du chemin de* Choisy à Compendium. *Son parcours.*

§ 5. *Recherche du tronc commun relatif aux chemins de la* Tour de César *vers Saint-Pierre, la Croix-du-Saint-Signe et Champlieu (par la Brevière).*

§ 6 *Constatations des directions sur* Saint-Pierre *et sur* la Croix-du-Saint-Signe. *Recherche et indication du tronc commun primitif relatif à ces deux directions.*

§ 7. *Constatation de la direction primitive sur* la Brevière. *Parcours de cette voie; sa bifurcation sur Choisy et sur la rue Heurtebise. Croisée remarquable sur le tracé de la* route de Noyon à Paris *par* les bacs.

§ 8. *Recherche de la suite du tronc commun des trois chemins précédents jusques à la* Tour de César. *Observations relatives à l'origine de ce tronc commun à son point de départ vis-à-vis la* Tour de César. *Fixation de la direction suivie sur ce point.*

§ 9. *Observations relatives à l'impasse de l'Epée, dans la* rue de Pierrefonds. *Probabilité, dans cette impasse, d'un angle du tronc commun. Tracé de ce tronc commun jusques à la* Tour de César.

10. *Probabilité de l'existence d'un chemin de* **Pierrefonds** *dès l'époque Gauloise. Son parcours.*

11. *Probabilité de l'existence d'un chemin de* **Béthisy** *dès l'époque Gauloise. Son parcours.*

12. *Liaison du chemin Gaulois de* **Pierrefonds** *avec le nouveau chemin Gallo-Romain de* la **Brevière**. *Raccourci de ce chemin de* Pierrefonds *par la* rue du faubourg Saint-Lazare. *Jonction du raccourci à l'impasse de l'Epée, avec le tronc commun de* Saint-Pierre *et autres buts. Union sur la* rue du faubourg Saint-Lazare *des deux chemins de* Pierrefonds *et de la* Brevière. *Influence de cette union sur les deux voies latérales.*

13. *Observations complémentaires sur le tracé effectif de la route Gauloise du* Gué de l'Oise à Soissons *par l'Allée du Faite. Observations spéciales sur l'état du* Broïlum *entre la* Tour de César *et* Compendium.

§ 1.

Observation généra'e sur les chemins Gaulois et Gallo-Romains de la contrée COMPIÉGNOISE.

Les articles et paragraphes nombreux, qui ont été consacrés, dans la subdivision précédente, aux chemins Gaulois simples ou romanisés, rendraient la subdivision actuelle superflue si quelques compléments d'indication ne nous paraissaient pas nécessaires pour venir à l'appui de plusieurs des expositions faites. D'ailleurs un autre rapprochement plus important nous semble utile à présenter et à joindre à tout ce qui précède afin de montrer les relations sensibles qui ont dû exister entre les systèmes de voies Gauloises et les tracés de chaussées Romaines, lesquelles constituent sans doute un grand progrès d'exécution sur la viabilité du peuple vaincu, mais qui montrent aussi combien il fut puisé d'inspirations dans les idées qui avaient présidé aux travaux antérieurs de ce peuple, travaux qui avaient par suite, marqué fortement l'empreinte Gauloise sur le sol. Ce sera le moyen de terminer ces longs exposés préliminaires de notre histoire locale et nationale.

Mais d'abord les compléments dont nous avons parlé doivent
trouver leur place.

§ 2.

Position de la TOUR DE CÉSAR sur le sentier de CHOISY à COMPENDIUM. Nécessité
d'une bifurcation de ce sentier vis-à-vis de la TOUR DE CÉSAR.

Nous avons déjà parlé (p. 114, 115), du premier chemin dirigé vers Paris, partant de Choisy et passant par l'emplacement de Compiègne actuel où il pénétrait par la *rue des
Minimes* et d'où il ressortait par la *rue de l'Abattoir* après
avoir suivi à peu près la *rue des Bonnetiers* et la *rue des
Clochettes.*

Consignons d'abord ici un détail d'un certain intérêt.

C'est qu'il existe, *rue des Bonnetiers,* dans la cave de
M. Laigneaux, comme nous le verrons dans la troisième division, un puits, dont l'eau est au reste de qualité supérieure,
puits qui a dû jouer, selon des présomptions que nous exposerons, un rôle à l'époque Mérovingienne. Ce puits, placé
contre le côté Ouest du sentier Gaulois, daterait-il de plus
haut encore que l'époque Mérovingienne, c'est-à-dire de
l'époque Gallo-Romaine contemporaine de la *Tour de César* ?
Daterait-il même de l'époque Gauloise encore antérieure ?
Ici nous n'affirmons rien : nous faisons une simple remarque
à titre de curiosité, eu égard à la haute antiquité possible de
ce puits qui est couvert et dont on pourrait observer le revêtement avec intérêt, s'il y a revêtement, et s'il n'est point
seulement taillé dans le roc à titre de revêtement naturel
comme il arrive au puits du fossé de la *Tour de César* dont
nous avons signalé l'existence dans la cave Duriez (1). Les

(1) Cette position de la *Tour de César* place son rez-de-chaussée à un
niveau sensiblement supérieur à celui de la rive droite, à en juger par le niveau de la plaine de Venette et de celle de Margny qui sont inondées dès que

motifs à l'appui d'une telle destination primitive ne manquent
point de probabilité.

Quoiqu'il en soit, la *Tour de César* fut établie le long du
sentier Gaulois, pour le dominer, ayant sa face Ouest qui
bordait à peu près ce sentier, à l'origine de la *rue des Clochettes*,
et à 1 mètre 50 en avant de son alignement actuel, du côté
du *Marché-aux-Herbes*, puis ayant le seuil de sa baie d'entrée
au niveau du sentier, c'est-à-dire, à 36 mètres 08 de côte
(p. 31). Les fossés Nord, Sud et Est furent creusés en arrière
du sentier, et le côté Ouest fut précédé d'une enceinte palissadée sur laquelle nous nous sommes étendus (p. 44) dans
la première subdivision.

L'ensemble de la *Tour de César*, plus haut décrit ne put,

l'étiage monte à 30 mètres ; et, de plus, la hauteur de la Tour augmentait naturellement beaucoup ce relief ; mais ce qui détermina sans doute le choix des
Romains fut que la Tour fut ainsi assise sur un terrain rocheux présentant un
plateau assez étendu (le plateau du *Marché-aux-Herbes* qui n'était pas alors
en déclivité comme aujourd'hui). Ce plateau devait former à cette époque
la partie supérieure d'une sorte de promontoire qui s'avançait primitivement
dans le lit de l'Oise, et qui, pour cette raison, avait subi, à sa base, une
lente action corrosive des eaux d'où il était résulté, contre cette partie de
la rive gauche, une sorte de petite falaise de quelques mètres de hauteur (1) :
par suite le cours du fleuve s'y infléchissait en revenant sur lui-même et en
y faisant l'angle de réflexion égal à l'angle d'incidence. La direction du fleuve
pouvait donc, à ce point, être suivie à une assez grande distance, à droite
comme à gauche.

Lors de la construction de la *Tour de César*, il est probable que le plateau offrait depuis longtemps aux voyageurs une sorte de station d'où la vue,
prise au bord de la falaise, embrassait tout le cours de l'Oise des deux côtés,
mais était arrêtée tout d'abord en face par les futaies qui couvraient l'emplacement de Margny ; puis, cette vue se prolongeait sur les dômes de ces
futaies (voir p. 111), ce qui ne manquait point de majesté. Un tel coup d'œil
sur les futaies ne se prolongea pas longtemps après la construction de la
Tour de César, car nous avons dit (p. 190) que la hache des colons militaires
ne dût point tarder à s'abattre sur les arbres séculaires à la place desquels
s'éleva dans le fond Margny et à la place desquels encore s'établit aussi,
autour du plateau défriché de ce village, une ceinture de cultures militaires
destinées à faire à la fois la sécurité et la richesse de la contrée.

(1) Nous avons essayé, sur la planche, de donner une idée PRÉSUMÉE de la topographie primitive de ces lieux au moyen de courbes successives représentant des
sections horizontales dans le terrain, à des hauteurs équidistantes d'un mètre, à
partir de la rive. Nous nous sommes basés, pour les établir, sur l'observation des
côtes IMMUABLES de la roche vive sur quelques points notables de la ville.

lors de son établissement, épouser la direction unique du sentier Gaulois, puisque l'épaisseur de cet ensemble, fossés ou enceinte compris, dépassait de beaucoup celle du sentier qu'elle interceptait. Le sentier unique dut donc, à hauteur de la Tour, être reporté, en avant comme en arrière, le long de l'enceinte de cette Tour, de manière à former deux chemins qui se rejoignaient, à peu de distance, à droite comme à gauche, sur le chemin général unique, et formaient ainsi comme un entourage qui permettait la circulation des deux côtés de la Tour.

§ 3.

Bifurcation Est du chemin de CHOISY à COMPENDIUM. Son parcours.

Le premier des deux chemins dont on a parlé dans le § 2 ci-dessus et qui passait en arrière de la Tour, devait cotoyer d'abord la contrescarpe du fossé Est de la *Tour de César* en passant dans la longueur de la cour de M. Michel par le point où fut placée plus tard l'entrée du premier palais (1) du côté Sud, ce qui intercepta alors, comme nous le verrons, la voie dont nous nous occupons.

Au sud de la *Tour de César*, c'est-à-dire du côté de Compendium et du pont de Venette, le chemin ci-dessus allait vers le bas de la *rue des Anges*, rejoindre le vieux sentier Gaulois dirigé sur Paris (2), lequel sentier, après la jonction, continuait son cours par la *rue de l'Abattoir* comme il a été dit (p. 115). La direction indiquée, oblique à la contrescarpe de la *Tour de César* coupait en diagonale la rue *actuelle du*

---

(1) Cette entrée du premier palais devint ensuite, sans changement, l'entrée de Saint-Corneille (V. le plan de Saint-Corneille en 1654).

(2) Cette jonction devait se faire non loin de l'entrée de la maison Sarot, devant laquelle, sous Charles-le-Chauve, on établit la *Porte-Saint-Germain* sur l'enceinte qui fut créée par ce monarque.

Marché-aux-Toiles. On ne juge pas bien aujourd'hui la trace de cette obliquité. Nous verrons dans les Divisions suivantes, comment ces traces furent amenées à disparaître progressivement, ou à avoir leur direction très-modifiée.

Au NORD de la Tour de César, c'est-à-dire du côté de Choisy, le même chemin se continuait droit, épousait l'*impasse de la Prison* et allait se réunir à la *rue des Minimes* vers l'origine de l'*impasse des Frères*. L'*impasse de la prison* nous semble un vestige de cette direction, vestige *unique* que nous verrons, dans la quatrième Division, avoir été réduit à l'état d'impasse par l'interruption qu'occasionna dans la voie la construction du rempart de Charles-le-Chauve. Au delà de l'*impasse* des Frères, le sentier Gaulois reprenait sa direction par la *rue des Minimes* comme il a été dit (p. 115)

§ 4.

Bifurcation Ouest du chemin de CHOISY à COMPENDIUM. Son parcours.

Le second des chemins motivés par la construction de la *Tour de César* devait passer le long du grand côté Ouest de l'enceinte palissadée précédant l'entrée de cette Tour. Il ne nous paraît pas douteux que le bord du chemin, coïncidant en partie avec la *rue de la Palette*, était de ce côté éloigné de 5 mètres au-delà de l'enceinte palissadée (V. la planche). Etait-ce pour éviter les surprises ou dégradations ? Il nous semble plus probable que cet espace notable, qui n'existe point sur le chemin opposé, dénote ici l'existence d'un fossé primitif spécial à l'enceinte palissadée. Certains indices que nous indiquerons dans la troisième Division nous confirment dans cette pensée.

Le chemin ainsi réglé devait passer par la maison Clette,

et suivre une direction T' V' parallèle à l'enceinte palissadée,
direction plus tard conservée dans le tracé du passage facul-
tatif qui fut ménagé pour le public dans l'établissement de la
Cour-le-Roi et que nous constaterons minutieusement dans
la troisième Division. Pour desservir l'entrée de l'enceinte
palissadée, placée à l'angle Sud-Ouest de cette enceinte près
du puits J (1), un embranchement R'' L' du chemin se détachait de la ligne générale à hauteur de la maison Bourson
(rue des Gourneaux) afin de venir tomber perpendiculairement sur le côté Sud de l'enceinte contre le puits J.

Au sud de la *Tour de César,* c'est-à-dire vers Compendium
et le pont de Venette, le chemin après avoir traversé la maison
Clette (2), allait encore rejoindre le vieux sentier Gaulois au

(1) Les murs T, U n'existant pas alors et le puits J pouvant rester une
construction isolée sur le bord d'une contrecarpe, il ne serait pas étonnant que le fossé de l'enceinte palissadée, ci-dessus indiqué comme possible
de N en Q^v, n'eut eu un *retour* de N U en N' F' d'une part et de Q^v en H''
d'autre part. Il aurait pu alors y avoir, soit un pont fixe, soit même une sorte
de pont à traverses mobiles à la suite du puits J.

L'état du sol ne s'oppose point ici à l'une de ces deux hyppothèses, tandis
qu'il s'opposait d'une manière absolue au creusement de l'enceinte en avant
de la façade Ouest, ce qui nous a conduit à écrire un article spécial,
(p. 42).

Il y a quelques légers indices pour ces fossés *spéciaux à l'enceinte palissadée* : nous les indiquerons à la troisième Division.

(2) Ce chemin est la continuation exacte de la deuxième section de la
rue de la Falette donnant sur le *Marché-aux-Herbes,* et, comme nous le
verrons, cette deuxième section marque ainsi la direction IMMUABLE suivie
par la population de *Compendium,* soit pendant l'époque Gallo-Romaine
pour arriver devant la *Tour de César* et sur le plateau qui la séparait
de l'Oise, soit pendant les époques de la domination des Francs qui pré-
cédèrent 1150, afin d'arriver à une place fermée dite *Cour-le-Roi,* laquelle
place fut établie alors sur le plateau précédent. Cette *Cour-le-Roi* ayant été
supprimée en 1150, le passage en question finit aussi par être supprimé en
présence d'autres issues jugées désormais plus utiles ; mais *la dernière section* de ce passage fut néanmoins conservée et reste encore aujourd'hui
comme témoin des périodes successives dont nous nous occuperons dans les
Divisions suivantes.

Notons en ce moment un détail dû aux indications de M. Peigné-Delacourt
qui, nous l'avons déjà dit (voir p. 71), s'occupe depuis longtemps de recherches sur tout ce qui se rapporte aux chasses Gauloises, Gallo-Romaines ou
Franques telles qu'elles devaient se pratiquer dans nos contrées. L'indication de M. Peigné est ici fort vague et il ne peut en résulter qu'une faible

même point du bas de la rue des Anges, là où la jonction était déjà venue se faire pour le chemin de ceinture tracé du côté opposé de la Tour. La ligne du chemin T' V', après la traversée de la maison Clette, devenait oblique à la façade de l'enceinte palissadée, coupait d'abord la ligne spéciale R'' L'

présomption ; mais comme cette indication comporte un détail qui présente un intérêt historique, nous y consacrerons quelques lignes.

M. Peigné-Delacourt, dans ses recherches, a été conduit à remarquer en général que, en fait de chasses, les procédés des Gaulois et de leurs successeurs Romains ou Francs, consistaient dans le mode dit à *la haye* ou dans le mode dit à *pleine eau*. Dans le mode à *la haye* on disposait, sur les haies ou bordures des forêts des piéges destinés à recevoir les masses de gibier qu'on parvenait à y conduire ; dans le mode *à la pleine eau*, le piége était l'eau courante elle-même d'une rivière suffisamment large et profonde, dans laquelle le gibier était contraint à se précipiter. Quel que fut le piége, il était précédé d'une double rangée de pieux, formant UNE PALÉE, dans l'intérieur de laquelle on dirigeait habilement le gibier de manière à le contraindre à s'enfourner dans *la palée*. Dès que le gibier en effet était entré dans le fatal intervalle, le résultat était immanquable : tantôt les bêtes étaient précipitées dans des piéges dissimulés et d'une grande profondeur, tantôt franchissant la rive, elles suivaient à la nage le cours du fleuve.

Quand le gibier suivait ainsi le fil de l'eau courante en nageant, on avait préparé à un point déterminé des cordes fixées sur les deux rives opposées et flottant du reste à fleur d'eau. Ces cordes arrêtaient les bêtes dans leur mouvement de natation, et les chasseurs placés au-dessus sur quelqu'estrade pouvaient, à coup de flèches, abattre autant d'animaux qu'ils le voulaient.

Dans la chasse à *la haye* des estrades analogues pouvaient aussi être disposées près des piéges, et les animaux y étaient alors également frappés.

Les *palées* étaient ordinairement préparées d'une manière fixe et sur des points reconnus favorables. M. Peigné Delacourt a constaté sur des titres authentiques qu'une *palée* existait ainsi sur les rives de l'Aisne entre le confluent et Choisy. C'est dès lors pour lui la base d'une présomption pour soupçonner l'existence de *palées* disposées sur des cours d'eaux tels que l'Oise et l'Aisne et placées à portée des établissements de quelqu'importance. A ce titre, on peut croire que Compiègne eut bien longtemps ses *palées* et notamment une *palée* à pleine eau.

M. Peigné-Delacourt, mu par cette idée, a été frappé de voir que, pendant tout le Moyen âge et même au delà, il existait à Compiègne une longue île sous les remparts faisant face à la rivière, île dite *de la palée* et sur laquelle a été établi le *cours* actuel, sous Louis XV. Il s'est demandé s'il n'y aurait pas là l'indice d'une antique *palée* jadis en activité dans le pays pour la chasse *à pleine eau*.

Consulté à cet égard par M. Peigné, nous n'avons pas hésité à répondre qu'en effet cette dénomination pouvait peut-être offrir un *rappel* historique, mais principalement le *rappel* d'un état de choses antérieur à *l'existence* même de L'ILE DE LA PALÉE.

Car, à notre point de vue, l'*île de la Palée* a été créée précisément quand

de raccordement avec la Tour, puis continuant son obliquité, elle courait d'abord parallèlement à la *rue des Gourneaux*, coupait le haut de cette rue, et entamant les maisons du côté Ouest de la *rue des Anges*, elle arrivait à destination. Nous verrons, dans les troisième et quatrième Divisions, les modi-

le cours de l'Oise fut changé par Charles-le-Chauve en 877, et, depuis cette époque, les *palées* pour chasses actives *à pleine eau* durent être à peu près impossibles à Compiègne. Mais, avant 877, ces *palées* étaient sans doute l'occasion de chasses extrêmement brillantes : en outre leur théâtre, pendant de longs siècles, dut probablement, tantôt coïncider avec *une portion de l'ile de la Palée*, tantôt être placé en vis-à-vis de cette île.

Pour bien comprendre ce que nous venons de dire, il faut se rappeler ce que nous avons exposé, plus haut sur le cours primitif de l'Oise (p. 112), et il faut aussi noter ce qui se trouve contenu dans le § 2 ci-dessus au sujet du plateau de la *Tour de César*.

A l'époque du cours primitif de l'Oise, c'est-à-dire avant 877, l'*ile de la Palée* (placée sur l'emplacement de la promenade du *Cours*) coïncidait avec le bord de la rive droite : il s'ensuit que, sous les Gaulois, quand la plaine et le plateau au-dessus de Margny étaient boisés (p. 110) une *palée* à pleine eau était des mieux conçue et des mieux assise sur la rive droite vers le centre de la promenade du *Cours* et en vue du plateau du *Marché-aux-Herbes*. Les animaux poussés dans cette *palée* étaient précipités dans la rivière, suivaient en nageant le fil de l'eau jusques au-dessous du plateau du *Marché-aux-Herbes*, point où ils rencontraient les cordes tendues pour leur mettre obstacle ; alors les chasseurs, placés sur le plateau d'où ils dominaient, comme sur une estrade naturelle, pouvaient en abattre autant qu'ils voulaient. Non-seulement de telles chasses étaient fructueuses, mais elles offraient un spectacle très-attrayant pour les populations, et nous ne serions pas étonné que le chemin de *Compendium* au plateau, chemin qui a motivé cette note, n'eut reçu dans ces temps reculés, le nom conservé traditionnellement de chemin de la *Palée*.

Dès le commencement de l'époque Gallo-Romaine, le territoire de Margny dut être défriché (p. 143); mais la rive gauche opposée resta boisée, et la *palée* put être transportée sur cette rive gauche en n'offrant que l'inconvénient d'être moins en vue du plateau de la *Tour de César* qu'elle ne l'était précédemment sur la rive droite; mais au fond les chasses durent continuer à être aussi abondantes et aussi recherchées que par le passé.

Les Francs héritèrent de la *palée à pleine eau* des Romains, sur la rive gauche et leurs chasses furent peu troublées par l'établissement d'une *Cour-le-Roi* fermée et située sur l'emplacement du plateau de la *Tour de César*. Les chasseurs royaux ou leurs hôtes n'eurent que plus de facilités pour goûter le plaisir de ces destructions prolongées sans être autant importunés par les foules.

Le véritable obstacle qui dut se présenter avant 877, fut le défrichement, sur la rive gauche, de la *culture de Charlemagne*. Nous doutons que 'es *palées* aient pu être maintenues alors en amont de la *Cour-le-Roi*, puisque tout était déboisé de ce côté jusques aux approches du Confluent. Toutefois

fications successives de ce chemin et par suite les vestiges manifestes de son existence primitive.

Au NORD de la Tour, c'est-à-dire vers Choisy, le même chemin passait *au-dessous* de la rue des Bonnetiers, ayant toujours à son côté le puits Laigneaux ; mais en se plaçant à la Tour et regardant le puits, celui-ci se trouvait alors à droite du chemin Gallo-Romain au lieu d'être à gauche comme cela avait lieu dans le principe sur le sentier Gaulois. Si ce point de vue est exact, le puits Laigneaux fournit ici le premier exemple de ces puits à l'installation desquels nos pères attachaient tant d'importance le long de leurs voies publiques.

Nous verrons plus tard que, lors de l'établissement d'enceintes qui englobèrent le puits Laigneaux et interceptèrent le chemin tel que nous venons de le placer, on en créa un autre

nous ne sommes pas assez versé dans la connaissance des procédés des chasses *à la palée* pour juger si l'on put obvier alors aux inconvénients ci-dessus signalés et conserver au palais de Compiègne l'avantage de ces royaux divertissements.

Moins d'un siècle après le défrichement de la *culture de Charlemagne*, de nouvelles entraves vinrent de nouveau s'opposer aux chasses séculaires de *la palée à pleine eau* sur leur antique emplacement. En effet, cet emplacement compris dans la *culture de Charlemagne* se trouva distrait du domaine royal et désigné pour faire partie de la dotation et de la seigneurie de Saint-Corneille. En même temps l'Oise était détournée de son lit et la *Cour-le-Roi*, refoulée dans l'intérieure de la nouvelle forteresse, n'était plus apte à jouer aucun rôle dans les chasses *à la palée*. Il eut fallu que les estrades des chasseurs fussent placées sur *l'ile elle-même de la palée* et que les animaux fussent amenés devant cette île par des moyens inconnus et plus qu'improbables.

Nous pensons donc que le nom *d'île de la Palée*, donné alors à une fraction de terrain détaché de la rive droite, ne fut plus qu'un *rappel* de l'ancien état de choses disparu désormais pour toujours de ces parages. Les nouveaux établissements de *palée* nous semblent avoir dû probablement être concentrés vers cette époque à Choisy où la rive gauche de l'Aisne devait encore rester boisée.

S'il y avait *rappel* des splendides chasses d'autrefois dans le nom *d'île de la Palée*, n'y eut-il pas encore *un rappel* du même genre dans le nom de *rue de la Palette* traditionnellement donné au débouché sur *le plateau du Marché-aux-Herbes* de l'ancien *chemin de la Palée*? Ce *rappel* n'existe-t-il pas même aujourd'hui ?

C'est une indication vague que nous posons ici......

16

en arrière, et en remplacement, sur un nouveau chemin: puis de nouvelles mutations venant à se produire, de nouveaux puits qui seront signalés en leur lieu, suppléèrent les anciens. Cette succession est, à elle seule, un trait des vieilles mœurs.

Du puits Laigneaux, le chemin allait couper obliquement le pavillon des bureaux de l'Hôtel-de-Ville et rejoignait le *chemin Gaulois* primitif à l'origine de la *rue des Minimes* : la première partie de la *rue des Minimes* jusques à l'*impasse des Frères* nous semble être encore aujourd'hui un vestige unique de cette direction primitive Gauloise et Gallo-Ro_ maine dont le reste a entièrement disparu comme nous le verrons plus tard. — Deux courtes traverses parallèles aux contrescarpes Nord et Sud devaient servir de traits d'union entre les deux chemins ci-dessus : elles étaient sans doute placées toutes deux à peu de distance des susdites contres-carpes, et l'axe de la rue Jeanne-d'Arc nous semble mar-quer à peu près encore aujourd'hui la direction de la tra-verse du côté Sud. L'autre traverse disparut dans les cons-tructions du premier palais et fut remplacée de la manière que nous indiquerons en temps et lieu (1).

(1) On peut aussi admettre que le chemin *Gaulois primitif* était celui qui continuait *droit* la *rue des Minimes*, passait par l'*impasse de la Prison* et par la cour de M. Michel, pour aller joindre le bas de la *rue des Anges*. Dans ce cas, la contrescarpe Est de la *Tour de César* aurait été créée le long de ce chemin ; puis il n'y aurait eu à exécuter qu'*une* déviation du chemin, à partir de l'*impasse des Frères*, pour établir devant l'enceinte palissadée un passage direct et propre à desservir l'entrée de la Tour.

Nous avons adopté l'opinion émise dans le texte, parce que nous croyons que le chemin *Gaulois primitif* devait se rapprocher le plus possible du plateau du *Marché-aux-Herbes* qui dominait alors l'Oise (V. la note ci-dessus p. 235) ; mais l'opinion qu'on vient d'exposer peut parfaitement être soutenue.

§ 5.

Nous avons indiqué sommairement (p. 183), qu'aussitôt la construction de la *Tour de César*, on fut forcément entraîné à la création d'une voie qui, partant de cette Tour, prenait A PEU PRÈS la direction de la rue du faubourg Saint-Lazare pour arriver à des *pattes-d'oie* d'où se détachaient d'une part un chemin vers Saint-Pierre, d'autre part un chemin vers la Brevière et Champlieu, lequel chemin rencontrait à hauteur de la Brevière la vieille route Gauloise de Soissons par l'*Allée du Faîte*. Nous avons dit aussi qu'une autre voie avait du encore être établie dès lors ; c'est un raccourci menant de la *Tour de César* au sentier de Soissons qu'on allait rejoindre à un point qui, plus tard, fut nommé la *Croix-du-Saint-Signe*. Voilà les trois chemins primitifs que nous voulons chercher à dégager, Saint-Pierre, la Croix-du-Saint-Signe, la Brevière. — Les voies dont nous parlons ont une assez grande importance à être recherchées dès ce premier abord ; car elles dépendent du *Compiègne moderne* ou de ses abords et ces premiers parcours de voies publiques notables sont nécessairement destinés à former la base de bien des mutations postérieures qui demandent évidemment à être suivies pas à pas, pour ainsi dire, afin de ne point s'égarer. Quelqu'incomplètes que puissent être les présomptions sur un sujet aussi primitif dépourvu de renseignements directs, nous pensons que c'est ici néanmoins le lieu d'émettre à cet égard quelques conjectures propres à se rapprocher de la vérité, si on ne peut se flatter de l'atteindre rigoureusement.

Mais avant d'arriver au résultat final qui fera ressortir l'im-

portance primitive de la rue du faubourg Saint-Lazare, laquelle
offre aujourd'hui une division tranchée de la ville en deux
parties, à droite et à gauche de cette rue, il nous semble
essentiel de montrer comment s'établirent les premières voies
et comment l'importance en question a pu s'imposer, en
quelque sorte pour l'avenir, dans le système de ces premières
voies.

§ 6.

Constatation des directions sur SAINT-PIERRE et sur la CROIX-DU-SAINT-SIGNE. —
Recherche et indication du tronc commun primitif relatif à ces deux directions.

Le point de départ du tronc commun aux trois chemins
précédents nous semble incontestablement avoir dû partir à
peu près du centre de la TOUR DE CÉSAR, prise vis-à-vis de sa
face de derrière sur le chemin bordant sa contrescarpe dans
la cour de M. Michel. Mais les directions des chemins eux-
mêmes nous ont paru devoir ressortir des faits acquis et non
de tracés hypothétiques. Par suite, supposons résolu le problème relatif à ces trois communications ; il est alors intéressant d'examiner sur une carte de la forêt (Bussa 1772) le
chemin de Saint-Pierre et de le rapporter ensuite sur le plan
de 1734, antérieur aux grands travaux de Louis XV..... Ce
qui ressort immédiatement de cet examen, c'est la constatation d'une ligne *droite* depuis Saint-Pierre jusques à la première barrière des Avenues (1). Aujourd'hui une partie notable

(1) Jusques au carrefour Victoire la ligne est d'une rectitude presque complète ; puis, à partir de là un léger gondolage mène au carrefour du Polygone, d'où une nouvelle ligne droite conduisait à la porte Soissons en passant par la première barrière des Avenues actuelles. Cette route, dans sa
première partie du côté de Compiègne, était dénommée chemin de Saint-
Corneille, parce que vers la moitié du chemin de Saint-Pierre, un clerc y
avait, dans le douzième siècle, bâti une chapelle dont il fit don à Saint-Cor-

de ce chemin, celle entre la première barrière des Avenues et le carrefour du Polygone, a disparu dans l'ensemble des travaux considérables dirigés, sous Louis XV, par l'architecte Gabriel qui a donné son nom au carrefour Gabriel ; mais la comparaison, faite entre l'époque actuelle et entre l'époque désignée par le plan de 1734, ne laisse aucun doute sur la continuité antérieure du *chemin de Saint-Pierre* jusques à la première barrière des Avenues ; à cette hauteur, ledit chemin se bifurquait, comme le montre encore le plan de 1734, et il lançait un embranchement sur la *Croix-du-Saint-Signe.* Il en résultait donc une *patte-d'oie* dont le tronc commun peut être recherché dans une direction à peu près moyenne entre les deux chemins précédents. Or nous trouvons précisément cette direction moyenne dans un sentier qui coupait diagonalement le massif de la gendarmerie en frôlant la clôture de la prison actuelle, seul vestige indicatif qui reste de cette voie encore tracée sur le plan de 1734 ; puis le sentier venait ressortir à l'origine de la rue Heurtebise et à la limite du jardin de M. Fossier. Le plan de 1734 nous montre cette ligne d'une manière irrécusable et dénote ainsi la primitive existence, jusques au point désigné chez M. Fossier, du tronc commun de deux lignes que nous avons vu être dirigées sur *Saint-Pierre* et sur la *Croix-du-Saint-Signe.*

neille. La chapelle devint, depuis lors, le rendez-vous des promeneurs et le chemin qui y conduisait fut fréquenté par le monde élégant de Compiègne jusques à la transformation de ce chemin par Louis XV qui établit a côté les Avenues actuelles, et engloba la première partie du chemin dans le Grand-Parc.

§ 7.

Constatation de la direction primitive sur LA BREVIÈRE. Parcours de cette voie. Sa bifurcation sur CHOISY et sur la RUE HEURTEBISE. Croisée remarquable sur le tracé de la ROUTE DE NOYON A PARIS PAR LES DACS.

Mais, au point mentionné chez M. Fossier, tout prolongement cesse ; car les nombreuses transformations dues au tracé de la troisième enceinte de la ville (enceinte dite de Philippe-Auguste) sont venues placer ici une profonde solution de continuité dans la suite de la direction primitive du chemin suivi jusqu'à la *Tour de César*. Quoiqu'il en soit de cette direction que nous reprendrons tout à l'heure, il se détachait du tronc commun, à l'origine du jardin Fossier, une direction nette, la *rue Heurtebise* (1) que l'on peut suivre sur le plan de 1734 et qui, par sa ligne suivie d'habitations, accuse une existence antérieure et assise de longue date. Le percement sous Louis XV, de l'Avenue-du-Moulin, a coupé et modifié l'ensemble de cette *rue Heurtebise* ; mais, en la suivant dans toute son étendue sur le plan de 1734, on voit d'abord qu'elle oblique sensiblement à gauche jusques au *carrefour de la Madeleine* ; puis si l'on observe les tracés qui se manifestent à *ce carrefour*, on peut signaler là une longue ligne diagonale qui est remarquable par sa rectitude ; envisagée par le bas, cette ligne redescend vers la première barrière de nos Avenues actuelles ; elle passe à la *Patte-d'Oie* du chemin de Saint-Pierre et de la Croix-du-Saint-Signe, puis, se continuant, elle va aboutir sur *l'emplacement* de la Porte-Chapelle à la croisée des sentiers dirigés vers Choisy et vers Soissons.

(1) La *rue Heurtebise* doit tirer son nom d'un seigneur de la cour.de Louis XV qui possédait une propriété sur le parcours : antérieurement elle se nommait : *chemin Berthemet conduisant à la forêt* (V. le plan de 1734). L'origine de ce dernier nom devait encore se rapporter à un propriétaire antérieur.

La même ligne, envisagée par le haut, *au-delà* du *carrefour de la Madeleine*, va couper le *chemin de Noyon à Paris par les bacs* en un point qui y formait un CARREFOUR que nous nommerons *carrefour du chemin des bacs*, lequel carrefour, se trouvait *un peu avant la croisée* qui existe encore aujourd'hui, pour la portion conservée de ce même CHEMIN DES BACS dit *chemin de Paris*, avec le prolongement *actuel* de la rue du faubourg Saint-Lazare (1). A ce *carrefour du chemin des bacs*, la ligne diagonale *droite* ci-dessus relatée ne cesse pas, mais elle change de direction ; elle remonte *à peu près* parallèlement à la prolongation actuelle du faubourg Saint-Lazare, quoiqu'en s'en écartant un peu obliquement jusques à la rencontre de la *route du Guet-du-Nid*, où elle s'infléchit de nouveau en courant encore latéralement à la route actuelle de Crépy, pour rejoindre sans doute le *carrefour du Lièvre* et se souder là au reste de la route de Crépy par la Brevière en effaçant en partie l'angle prononcé qui, dans le tracé actuel de la route de Crépy, se manifeste à ce *carrefour du Lièvre.*

Le tracé, tel que nous venons de le relever sur le plan de 1734, jusques environ à la hauteur du carrefour Godot, présenterait-il le tracé primitif de la route de la Brevière, dirigé, à partir de la *Tour de César*, non par la ligne du faubourg Saint-Lazare, mais par la ligne de la *rue Heurtebise* partant de l'origine du jardin de M. Fossier? En ce cas, cette origine offrirait le point précis d'où le chemin de la Brevière se détachait du tronc commun, et, là, ce tronc commun, dirigé vers la *Tour de César*, aurait dû subir une nouvelle déviation.

Remarquons que si ce tracé a eu lieu, notre *carrefour du chemin des Bacs* se trouvait juste au sommet d'un arc de cercle formé par le *chemin de Noyon à Paris par les bacs,*

(1) La *croisée* en question est bien marquée sur le plan de M. Guéry.

lequel fut établi également par les Romains et disposé de
façon à ce que les voyageurs allant et venant par *la Brevière*
pussent trouver leur direction toute infléchie et raccourcie, soit
vers Noyon, dont on rejoignait la direction droite près du
carrefour Bélicare (1), soit vers Paris, dont on rejoignait la
direction au point qui fut appelé depuis *la Justice.* Aussi
avons-nous dit (p. 188) que la direction de ce chemin de Choisy
à Royallieu était seulement *à peu près* droite.

§ 8.

Recherche de la suite du tronc commun des trois chemins précédents jusques à
la TOUR DE CÉSAR. Observations relatives à l'origine de ce TRONC COMMUN à son
point de départ vis-à-vis la TOUR DE CÉSAR. Fixation de la direction suivie sur
ce point.

Revenons au tronc commun arrêté chez M. Fossier : nous
avons dit tout à l'heure que, là, il a dû subir une nouvelle déviation.

Laquelle ?

Tant de transformations ont eu lieu, depuis la période
Gallo-Romaine, entre la *Tour de César* et le point marqué
par l'origine du jardin de M. Fossier sur la rue Heurtebise, qu'en l'absence de tout renseignement historique,
il est impossible de retrouver ici, avec des probabilités un peu
fortes, le nouveau parcours de notre tronc commun qui ne
doit pas avoir franchi d'un seul bond rectiligne l'intervalle entre
l'origine Fossier et la *Tour de César.* La très-forte obliquité
qui en fut résultée au point de départ de la Tour, dans la
cour de M. Michel, ne permet pas de l'admettre. Il semble
plus naturel de penser que le premier parcours, en quittant
l'emplacement de la cour de M. Michel, a suivi une direction

(1) Ce fut le nom d'un ingénieur adjoint, pour les travaux ordonnés par
Louis XV, à l'architecte Gabriel.

légèrement oblique qui a servi plus tard de ligne conductrice pour direction du fossé et du côté Sud du carré ou fut installée d'abord la *villa rustica* du premier palais, celui des rois Mérovingiens, puis postérieurement le cloître de Saint-Corneille. L'obliquité légère de cette ligne facilita évidemment le premier tracé du chemin Gallo-Romain vers *Saint-Pierre*, et elle fournit ensuite lors de l'établissement du premier palais de Clovis un moyen de flanquement avantageux par la *Tour de César* conservée, tout en profitant alors en même temps d'une direction acquise et suivie depuis longtemps

§ 9.

Observations relatives à L'IMPASSE DE L'ÉPÉE, dans la RUE DE PIERREFONDS. P.obabilité, dans cette impasse, d'un angle du TRONC COMMUN. Tracé de ce TRONC COMMUN jusques à la TOUR DE CÉSAR.

Du côté opposé, c'est-à-dire du côté de M. Fossier, nous ne trouverions aucun indice du parcours suivi si nous n'observions SUR LE PLAN CADASTRAL, le débouché excentrique, dans la rue de Pierrefonds. d'une impasse, *impasse - de l'Epée*.....

Simultanément, on peut remarquer *sur le même plan cadastral*, qu'avant les travaux récents qui ont fait disparaître l'hôtel de la Croix-d'Or, à l'angle des rues de Pierrefonds et des Domeliers, la façade antérieure de cet hôtel comportait deux sections ; l'une au coin de la rue de Pierrefonds était mise à l'alignement de la rue de Pierrefonds *moderne*; l'autre, au coin de la rue des Domeliers, conservait encore l'alignement de la rue de Pierrefonds *ancienne*, alignement qui se mariait avec celui de la maison voisine du *Lion-d'Argent* (1),

(1) Cet ancien hôtel est occupé aujourd'hui par M. Leclerc, négociant en vins.

lequel, par un pli, se met à l'alignement de la *rue du Plat-d'Etain*. — Or recherchez, avec la règle, la direction *ancienne* de la rue de Pierrefonds, c'est-à-dire recherchez avec la règle, la direction que cette *rue de Pierrefonds* devait avoir, avant qu'on ne lui ait fait prendre l'alignement *nouveau* voulu par suite de la création de la commune et des fortifications de la troisième enceinte, dite de Philippe-Auguste, vous verrez que cette direction *ancienne* et disparue passe par l'*impasse de l'Epée*.

La conservation de cette *impasse*, lors de la construction de la troisième enceinte et de la destruction de *l'ancienne* rue de Pierrefonds, donne de suite à penser que son emplacement devait jouer un certain rôle dans l'ancienne voie et nous avons incliné à croire que, là, devait se trouver un pli gondolé menant d'une part à l'origine du jardin Fossier, où la ligne *vers Saint-Pierre* formait *patte-d'oie* avec la *route de la Brevière* et menant aussi, de l'autre part, à la croisée des *rues de Pierrefonds et des Domeliers*.

Rien d'improbable dans ce fait, et il a acquis à nos yeux un nouvel élément de probabilité en considérant cette *impasse de l'Epée* comme le point de jonction où venait tomber la rue du faubourg Saint-Lazare dont nous nous occuperons tout à l'heure.

Mais d'abord, il serait bon d'en finir avec notre *tronc commun* des trois routes précitées et qui, par le fait, doit, selon nous, n'avoir fait qu'une étape depuis l'origine du jardin Fossier jusques à l'*impasse de l'Epée*. Au-delà, le chemin *primitif* dirigé sur la *Tour de César* se continuait-il droit, comme cela est possible, pour aller, par un fort pli gondolé, s'unir à la ligne prolongée que nous avons fait partir de la cour de M. Michel parallèlement au côté Sud du cloître de Saint-Corneille ? ou le tronc commun précité suivait-il l'ancienne rue de Pierrefonds jusques à la Croix-d'Or, pour delà aller

se raccorder avec la parallèle du côté Sud de Saint-Corneille
en suivant des gondolages successifs dont la trace historique
existe ?

Il serait plus commode d'admettre le premier mode qui,
pour des chemins qu'on peut très-légitimement considérer
comme disparus, est fort adoptable ; mais nous pensons que
ces manières rapides de trancher les questions de viabilité et
de transformations historiques furent rarement mises en pratique par nos pères et qu'on doit toujours se défier à ce sujet
des solutions trop radicales et *dépourvues de l'empreinte du
passé.* Cette résistance aux nouveautés radicales et à la table
rase n'était point chez eux, nous le pensons, une pure affaire
d'apathie et de routine : elle tenait aussi à l'esprit général de
conservation outrée dont la Société ancienne était animée et
qui lui faisait reporter jusques aux faits matériels le respect
du passé, des traditions, et en quelque sorte de tout ce qui
tenait à la vieillesse et à la succession des faits, comme des
familles et des individualités.

Bien donc que la direction de la *vieille rue de Pierrefonds*
et la direction de la *rue du Plat-d'Etain,* ainsi que du
commencement de la rue des Lombards jusques à M. Bouré,
soient manifestement applicables à l'époque du premier palais
d'abord, puis à l'époque de Charles-le-Chauve en suite, nous
pensons que les mesures furent prises, à chacune de ces
époques, pour conserver le parcours de notre tronc commun
primitif et Gallo-Romain, et qu'antérieurement auxdites époques, et à partir de M. Bouré seulement, la déviation s'établissait
par la seconde section de la rue des Lombards (1). — Au

(1) Lors de la création du premier Palais, dès Clovis, il a dû s'établir,
à partir de M. Bouré, une patte-d'oie ; l'une des deux directions continuait
à suivre la seconde section de la rue des Lombards pour aller rejoindre la
rue parallèle au côté Sud du palais et conduisant à la *Tour de César* ; l'autre
direction allait tomber perpendiculairement contre le côté Est du palais,
dans lequel fut percée une *Porte-de-Pierrefonds* indiquée dans la *Gallia*

delà de cette seconde section, le parcours allait rejoindre la voie qui bordait le côté Sud de Saint-Corneille en suivant ce côté parallèlement, ainsi que cela s'est pratiqué pendant le Moyen âge, comme nous le verrons par la suite.

§ 10.

Probabilité de l'existence d'un CHEMIN DE PIERREFONDS dès l'époque Gauloise. Son parcours.

Nous avons dit un peu plus haut que *l'impasse de l'Épée* nous semblait non-seulement l'emplacement d'un pli remarquable dans *l'ancienne* rue de Pierrefonds considérée comme faisant partie du tronc commun vers *Saint-Pierre*, mais qu'elle devait renfermer aussi le point de croisement avec la *rue du Faubourg-Saint-Lazare*, ce qui dut motiver le nom de *rue de Pierrefonds* donné à la section qui partait dudit croisement, pour se diriger sur la *Croix-d'Or*, car au-delà du croisement et sur la section du tronc commun allant à la

christiania (t. IX, p. 487) et le long duquel fut tracée une voie transversale dont nous parlerons en son lieu, laquelle se croisait ainsi avec la voie précédente pour tourner autour du palais.

Lors de la création du deuxième palais par Charles-le-Chauve, la *Porte-de-Pierrefonds* dut être supprimée par Saint-Corneille; mais la voie perpendiculaire, partant de M. Bouré, continua sans doute d'exister et forma l'entrée de la citadelle donnant sur la rue transversale citée tout à l'heure. La direction par la seconde section de la rue des Lombards dut être alors longtemps condamnée et servir d'intervalle entre le réduit fortifié du commandant de la citadelle et l'hôtel des Monnaies ou des Forges. Cet hôtel amena des autorisations d'établissement pour les Lombards, sans doute dans le onzième siècle, et dans l'intérieur de la citadelle, du côté de la seconde section. Le rétablissement de la circulation par cette seconde section, d'abord condamnée, dut avoir eu lieu au plus tard en 1150 lors de l'établissement de la commune et du démantèlement de la forteresse de Charles-le-Chauve. Nous suivrons ces mutations et n'en sommes en ce moment qu'à l'établissement primitif et fondamental de la voie qui partant de la *Tour de César*, passait par la seconde section de la rue des Lombards puis se continuait en détachant des branches vers la Brevière et Champlieu d'abord, la Croix-du-Saint-Signe ensuite, et enfin Saint-Pierre.

ue Heurtebise, cette appellation n'avait plus d'opportunité.
Ce nouveau point de vue demande à ce qu'il soit parlé ici
l'idées émises vaguement (p. 115) au sujet du chemin
le Pierrefonds et du chemin de Béthisy que nous soupçon-
nions avoir existé à l'état de sentiers sous les Gaulois, sentiers
améliorés sous les Gallo-Romains, mais qui, quel que pût
être leur état d'entretien au moment de la conquête des
Francs, devinrent plus fréquentés à la suite de cette conquête,
quand *Saint-Pierre* et la *ville des Gaules* étant détruits
ainsi que *Champlieu*, tout l'intérêt de la locomotion se
reporta sur les domaines royaux du Chesne (Pierrefonds) et de
Béthisy, et avec d'autant plus de raison qu'un séjour royal fut
créé à Compiègne contre la *Tour de César* : quant au chemin
le la Brevière, il continua à servir aux communications avec
a maison royale de Cuise et à relier le palais avec la *route du
Faite*.

Il suffit de jeter les yeux sur le parcours complet des
deux routes précédentes, à leur arrivée à Compiègne, pour
demeurer convaincu que toutes deux ont en effet existé dès
l'époque Gauloise et qu'elles présentaient un parcours remarquable en ce sens que leurs sections offraient dès lors tous les
éléments rudimentaires du développement de la ville, éléments qu'il ne s'est plus agi que de réunir et de combiner
progressivement pour arriver à la composition générale des
voies capitales d'abord, puis ensuite des voies secondaires
du pays.

Et d'abord prenons le chemin de Pierrefonds : nous n'avons
qu'à le suivre à peu près sans déviation dans tout son parcours attenant au territoire de Compiègne ; nous le verrons
arriver au carrefour Marigny comme aujourd'hui, continuer
droit et ne s'infléchir un peu au-delà que pour descendre
droit à la rivière par un sentier qui fut appelé plus tard du
nom significatif de *rue aux Loups*. Ce sentier, maintenant

rue Saint-Accroupy, fut interrompu, après la création de la commune, par les fortifications de la troisième enceinte; mais cette barrière n'existait pas antérieurement à la commune et le sentier traversait l'emplacement du Clos-Basile, passait aussi sur l'emplacement d'une maison particulière et arrivait au carrefour de la rue Porte-Paris, à la suite duquel il débouchait vis-à-vis la *rue des Chevaux* (maintenant rue Pierre-d'Ailly), après avoir suivi une ruelle, dite *ruelle de la Ville*, supprimée depuis lors, mais qui, en 1246, est encore positivement mentionnée (1). La *rue des Chevaux*, sous les Gaulois, devait être occupée par un ravin (2) coupé par la *rue des Anges* que nous avons vu faire partie du premier chemin de Choisy à Paris (p. 115). Au bout de la *rue des Chevaux* devait être l'OISE dont la rive gauche présentait une direction un peu oblique de manière à aller rejoindre tangentiellement la *rue des Trois-Pigeons* (3).

On le voit : le sentier Gaulois de Pierrefonds ne dévie pas : son point de départ est la vallée d'Aisne au Nord-Est de la *route du Faîte* : son point d'arrivée est le sentier de Choisy à Paris à un point intermédiaire entre le *gué de l'Oise* et *Choisy*, de manière à prendre la droite ou la gauche suivant l'occasion. On choisit pour gagner le sentier de Choisy à Paris un point rapproché de l'Oise dont les eaux roulantes offraient un spectacle toujours cher aux Gaulois et on suit, pour y parvenir, une cavée qui aboutit sûrement, à cette rivière.

(1) Nous analyserons avec soin la pièce précieuse qui renferme cette mention et qui décrit la *culture de Charlemagne* en 1246.
(2) Voir, sur la planche, la topographie primitive dont il est parlé p. 235.
(3) Ce point sera traité plus spécialement dans le troisième Division.

§ 11.

Le chemin ou sentier de Béthisy n'est pas moins clair : il arrive *à peu près droit*, à la *route du Marché-du-Puits* (pl. Bussa 1772), épouse alors tout *droit* le *chemin de la Justice* qui conduit sans dévier jusques à l'emplacement de la place de l'Hôpital ; traversant alors diagonalement la place de l'Hôpital, il continue toujours droit jusques au *carrefour de la rue Porte-Paris*, carrefour où nous a conduit d'abord le *chemin de Pierrefonds*. Ces deux chemins se réunissaient là sans doute pour suivre ensemble la *ruelle de la ville* et parvenir successivement au sentier transversal de Choisy à Paris, puis, par la *rue des Chevaux*, à la rivière d'Oise.

Le chemin de Béthisy présente, comme on peut le voir, les mêmes éléments de probabilité Gauloise que le chemin de Pierrefonds ; point de départ analogue sur l'autre versant de la forêt au Sud-Est de la route du Faîte ; même point d'arrivée humide et cher aux Gallo-Belges ; même distance calculée entre le *gué de l'Oise* et *Choisy* ; analogie dans la rectitude du parcours depuis l'entrée sur le territoire de Compiègne.

§ 12.

L'époque Gallo-Romaine arrive et nous avons vu (p. 188) et

ci-dessus encore que nous attribuions à cette époque la création essentiellement Romaine du *chemin de Noyon à Paris par les bacs*. Nous avons vu aussi que le *chemin de la Brevière* avait fait infléchir pour son profit le tracé du susdit *chemin des bacs* dit aujourd'hui *chemin de Paris*. Les deux chemins de *Pierrefonds* et de *Béthisy* furent aussi coupés par ce *chemin des bacs* et se conformèrent à cette obligation plus qu'ils n'en profitèrent, ce qui montre bien que la création de ces deux chemins était très-antérieure à l'établissement plus récent et bien coordonné des DEUX *chemins de la Brevière et de Noyon à Paris par les bacs*.

Mais c'est ici que va se dessiner un effet produit par la dissemblance dans les époques de la constitution du *chemin de Pierrefonds* et de la construction de la *Tour de César*.

Tant que le chemin Gaulois de Pierrefonds n'eut point d'autre but de communication que *Choisy* d'une part, et le *gué de l'Oise* de l'autre part, le vieux sentier plus haut signalé suffit facilement aux rares communications de l'époque ; mais quand les relations échangées entre Choisy, Saint-Pierre, Mercière et Venette, doté d'un pont, vinrent à se multiplier et à se centraliser de ce côté à la *Tour de César*, le point d'arrivée de la *rue des Anges* parut excentrique, et des besoins de *raccourci* se manifestèrent d'autant mieux que la réalisation en était facile.

Les Romains se prêtèrent peut être à ce vœu par un tracé officiel : mais, à leur défaut, il suffit aux voyageurs de Pierrefonds de quitter le chemin habituel, à peu près à hauteur de la *route des Bordures*, et, au lieu de continuer par la *rue aux Loups* (rue Saint-Accroupy), de descendre au carrefour mentionné plus haut sur le *chemin de Paris* et que nous avons nommé *carrefour du chemin des bacs*, puis de continuer encore dans la même direction jusques à la hauteur actuelle de la *rue de la Madeleine*, point où devait se trouver la limite du *Breuil* (Broïlum) (1), puis enfin de descendre ensuite, perpendiculairement à l'Oise, vers la *Tour de César*, en rejoignant, au pli de l'*impasse de l'Epée*, le tronc commun du chemin de la Brevière et de Saint-Pierre (2). Le petit changement de direction qui en résultait, à hauteur de la limite du *Breuil* (*rue de la Madeleine*), était peu sensible ; aussi, officielle ou non, la voie en question ne put manquer d'être créée rapidement par la force des choses. La voie ci-dessus prit alors le nom de la direction de Pierrefonds qui lui avait donné naissance, nom qu'elle conserva seulement depuis le pli de l'*impasse de l'Epée* jusques à la *rue des Domeliers*, car le reste du parcours supérieur reçut en **1110**, le nom de *faubourg Saint-Lazare*, en raison d'une

---

(1) Cette position de la limite du *Breuil* résulte implicitement de la pièce de 1246 sur la *culture de Charlemagne* combinée avec la charte de Louis VI sur la fondation de Saint-Lazare. Nous verrons, en discutant ainsi les limites de la *culture de Charlemagne*, que ces limites coïncidant avec celles du Breuil, durent être *droites* entre le *carrefour Bélicare*, à peu près, et Royallieu ; la déviation circulaire que le *chemin des bacs* accusait, sur cette ligne droite, par un arc qui avait son sommet au *carrefour du Chemin-des-Bacs*, devait ainsi avoir lieu, à l'origine, *sous futaie*.

(2) Le tracé tourmenté de la longue rue Saint-Lazare montre encore l'empreinte de ses variations ; au-dessus de la rue de la Madeleine, l'alignement fait un léger pli, vestige de la direction vers le *carrefour du Chemin-des-Bacs* : au-dessous de la même rue de la Madeleine, l'alignement livré à lui-même mènerait à l'*impasse de l'Epee* ; mais survint la troisième enceinte de la ville, celle de Philippe-Auguste, qui présenta la pointe d'un redan bastionné à peu près en avant de la rue Saint-Lazare. La capitale de ce redan fut prise alors pour direction d'un nouveau tracé de la rue de Pierrefonds à l'extérieur comme à l'intérieur de la ville. A l'extérieur, on effectua un gondolage qui conduisit la rue Saint-Lazare jusques à la pointe du redan, à partir de laquelle pointe cette rue se bifurquait pour produire à gauche le *chemin des fossés* bordant la branche gauche du redan; à droite la rue bordait la branche droite du redan et joignait la porte de sortie de la forteresse. Devant cette sortie une place assez étendue règnait : divers marchés y avaient été installés, et la partie du tronc commun qui était située dans cet espace disparut alors naturellement jusques à l'entrée de la rue Heurtebise.

A l'intérieur de la ville, la rue nouvelle de Pierrefonds subit un nouvel alignement réglé sur la capitale du redan, et la sortie de la place s'opéra sur la branche du redan, à peu près sur le parcours de l'ancien tronc commun qui disparut, comme nous l'avons dit, jusques à l'entrée de la rue Heurtebise, ne laissant d'autre trace que l'*impasse de l'Epée*.

17

léproserie fondée alors et d'une chapelle attenante sous
l'invocation de Saint-Lazare. Nous aurons l'occasion plus tard
de nous occuper de cette léproserie qui a une certaine
importance historique comme document à consulter pour
les limites de la *culture de Charlemagne.*

Ce qu'il y a encore de non moins remarquable dans la
nouvelle direction prise pour le chemin de Pierrefonds, c'est
que cette nouvelle direction, qui quittait l'ancien chemin à
hauteur de la *route des Bordures,* venait passer au *carrefour
du chemin des bacs,* point très-notable du chemin de la
Brevière, en sorte que tout le parcours nouveau, préparé pour
le chemin de Pierrefonds, était susceptible de servir également au chemin de la *Tour de César* à la Brevière, lequel
chemin devait bientôt être doublé du *chemin de Champlieu.*

Aussi le même effet se produisit-il rapidement des deux
parts, à savoir la fréquentation unique du tracé nouveau et
direct par les voyageurs allant de la *Tour de César* à la Brevière ou à Pierrefonds. La direction sur Choisy *par la diagonale* put être utilisée, mais celle par la *rue Heurtebise*
fut rarement suivie, en sorte que cette voie ne servit plus dans
l'avenir que de moyen secondaire pour fréquenter la forêt
en quittant Compiègne ; puis la vieille direction Gauloise par
la *rue aux Loups* eut un résultat analogue pour le trajet vers
Pierrefonds (1).

Les détails dans lesquels nous venons d'entrer au sujet des

(1) Le *carrefour du chemin des bacs* nous semble ainsi avoir dû être la
première patte-d'oie où se bifurquaient les deux chemins de Pierrefonds et
de la Brevière. Quand plus tard le chemin de la Brevière fut rectifié sans
toucher en rien au chemin de Pierrefonds, la deuxième *patte-d'oie* fut naturellement rapprochée de manière à aboutir presqu'en face de M. de Wimpfen.
Enfin les travaux de Louis XV amènent la création de l'avenue Marigny, qui
ne pouvait sans inconvénients être traversée par le chemin de Pierrefonds
rempli alors de fondrières. La *patte-d'oie* fut donc, *en troisième lieu* reportée
au carrefour Marigny et à dater de ce carrefour, la rue du Faubourg-Saint-
Lazare fut gondolée, mais unique. Le *chemin des bacs* fut lui même supprimé à partir de la *rue du Faubourg-Saint-Lazare* et sa majeure partie
fut englobée dans le parc.

chemins Gaulois ou Gallo-Romains sillonnant le territoire de Compiègne nous semblent suffisants, en les combinant avec nos articles précédents (2ᵐᵉ subd. chap. III et art. VII, chap. IY), pour fixer provisoirement les idées, au sujet de l'état de ce même territoire, aux époques en question. Nous ne poussons donc pas plus loin nos investigations en ce moment.

§ 13.

Observations complémentaires sur le tracé effectif de la route Gauloise du GUÉ A SOISSONS par l'allée du Faîte. Observations spéciales sur l'état du Broïlum entre la TOUR DE CÉSAR et COMPENDIUM.

Tout en nous bornant aux exposés qui précèdent, nous ne terminerons pas ce chapitre sans ajouter quelques indications supplémentaires sur certains points déjà traités.

Ainsi en décrivant (p. 90, 92) le tracé de la route de *Soissons* à *Compendium* par l'allée du Faîte, nous avons dit que la ligne directrice de ce tracé s'obtenait en joignant par une même ligne droite les *Sept-Voies*, le *gué* et la naissance de *l'allée du Faîte*, et qu'entre le *gué* et *l'allée du Faîte*, trois sections existaient : l'une, centrale, coïncidant presqu'avec la longue *route des Amazones* ; une deuxième section, au-dessous de la route des Amazones, section qui a, on peut dire, disparu et dont il ne reste, comme tronçon, que la *rue de la Mare-Gaudry* ; la troisième section, au-dessus de la route des Amazones, a été marquée comme passant par Saint-Jean.

Or, en examinant attentivement la troisième section ci-dessus, il nous paraît probable que le tracé *primitif* devait moins s'éloigner de la ligne directrice qu'en prenant le détour de Saint-Jean. Un tracé raccourci, et très-rapproché de la ligne directrice, quittait le *chemin des Meuniers* un peu avant le carrefour d'Adonis, passait à *Malassise*, à *l'étang*

de Saint-Jean, et, par la *route du pont Cardon*, arrivait
à *l'allée du Faite*. Un tel tracé non-seulement s'éloigne peu
de la ligne directrice, mais accuse, dans son parcours, les
traces d'une voie très-ancienne, présentant même, sur le
plan, des lacunes qui seraient propres à induire en erreur,
si on ne retrouvait à combler ces lacunes sur le terrain
même. Ajoutons qu'à la deuxième section, la *rue* ACTUELLE
de la Mare-Gaudry ne doit pas exister de longue date ;
du moins sur un plan de la seigneurie de Saint-Germain,
en 1784, exposé à l'hôtel-de-ville de Compiègne, l'emplacement de ladite rue n'est pas ouvert, mais se trouve
remplacé par un espace allongé qui remplit tout l'intervalle
et qui correspond à un lieudit : *la Mare-Gaudry*. Il nous
semble évident que ce lieudit marquait dès lors l'antique situation d'une mare bordant primitivement la voie Gauloise
du *gué* à la *route du Faite* et la bordant dans toute l'étendue
actuelle de la *rue de la Mare-Gaudry*. Il y a donc là, selon
nous, un vestige frappant de la route Gauloise et encore
plus significatif que l'existence de la *rue* ACTUELLE *de la
Mare-Gaudry* qui n'était signalée que par sa direction.

Disons que si tout le terrain à peu près resta boisé sous la
période Gallo-Romaine et sur la rive gauche, sauf l'éclaircie
de *Compendium* comprise entre la rue du port Saint-Germain
et la rue du Moulin-de-Venette, il faut en excepter les alentours
de la *Tour de César*, qui durent évidemment être déboisés
pour permettre à cette tour d'exercer sa mission de vigilance.
On peut *présumer* que, en arrière de la tour, l'éclaircie avait
lieu environ jusques *au Change*, d'où partait deux abatis en
éventail, dirigés à droite et à gauche, pour dégager la vue dans
le sens du cours de l'Oise surveillé par la Tour. L'éclaircie,
faite en amont, devait aboutir à peu près vers le *grand canal* :
l'éclaircie, faite en aval, devait se terminer vers le *Port-à-
Bateaux*.

Cet état des lieux présente une certaine importance pour l'observateur ; car la direction des éclaircies futures autour de la *Tour de César* se trouve de la sorte assez nettement indiquée. On doit voir en effet que, dès ce moment, les bois restent profonds en amont, du côté de Choisy, par rapport à la *Tour de César,* mais qu'ils ne présentent en aval, qu'une assez faible épaisseur qui sépare l'éclaircie de la Tour de l'éclaircie de *Compendium.* Aussi, quand dans l'avenir, les éclaircies nouvelles augmentèrent progressivement près de la *Tour de César*, elles s'opérèrent d'abord *en profondeur* au-delà du Change, ou bien *en amont* du côté de Choisy jusques à ce que, *de ce côté*, la *culture de Charlemagne* soit arrivée à faire entièrement disparaître le *Breuil, Broïlum compendii* ; même observation pour *Compendium* dont l'éclaircie put augmenter latéralement jusques à la *rue du Chevreuil* lors de la fondation de Saint-Germain et qui put aussi augmenter en profondeur environ jusques à la limite du *Breuil* ; mais, dans ces divers mouvements, le boisement fut *à peu près* respecté du *côté d'aval*, c'est-à-dire entre l'éclaircie de *Compendium* et l'éclaircie de la *Tour de César* telles qu'elles se trouvaient délimitées à l'origine, et il semble qu'il y ait eu résistance de la part des rois à toute tendance pour étendre les défrichements de ce *côté d'aval* et pour diminuer la faible épaisseur primitive du massif boisé séparatif. On peut croire que les rois, dont le palais était attenant à la *Tour de César*, voulurent conserver entre ce palais et Compendium une sorte d'écran boisé, *un parc* tenant audit palais et leur assurant une communication *couverte* avec les futaies et avec Royallieu. L'existence prolongée du *Broïlum*, de ce côté d'aval, résulte de la charte de donation du terrain nécessaire à la construction en 919 de l'église Saint-Clément, dont les limites du terrain concédé sont fixées par le *Broïlum*, qui devait ainsi se montrer vers le bas de la *rue des Anges* et dont une limite assez monumentale doit se trouver dans la cave de M. Sarot, comme nous le verrons. Le *Broïlum* en question nous paraît donc avoir été maintenu soigneusement de ce *côté d'aval* et il ne doit avoir disparu qu'à la formation de *la Neuville*, créée sans doute *sur son emplacement*, sous Louis VII, presqu'en même temps que ce monarque concédait une charte communale aux habitants de *Compendium* et procédait à la formation du territoire de la commune dont cette *Neuville* devint une fraction essentielle.

Bien que ce qui précède appartienne aux Divisions suivantes, il s'y trouve une idée d'ensemble qui peut aider à l'intelligence de la formation progressive des éléments du Compiègne actuel ; c'est à ce titre que nous l'avons conservé à la fin du présent chapitre.

IIᵉ CHAPITRE

RAPPORT DES CHAUSSÉES ROMAINES AVEC LE SYSTÈME
DE VIABILITÉ GAULOISE.

———

ARTICLE UNIQUE.

§ 1. *Considérations générales.*
§ 2. *Voie Romaine* raccourcie *de Soissons à Amiens par* Noyon.
Traverse de Beauvais à Royglise.
§ 3. *Voie Romaine de Soissons à Amiens par* Senlis, *s'y bifurquant
d'une part par* Creil *sur Beauvais, en continuant sur Amiens, et
d'autre part par* Pont *sur Saint-Just, Ansauvillers et Amiens.
Voie Romaine de Soissons à Saint-Quentin.*
§ 4. *Voie Romaine de* Flandre occidentale *passant par* Pont, *Estrées,
Gournay, Ressons et* Roye. *Prolongements sur* Paris *et* Meaux.
§ 5. *Remarques spéciales sur l'absence de chaussée Romaine traversant
la contrée de* Compendium. *Motifs présumés de cette absence.*
§ 6. *Voie Romaine du* strata Compendii. *Non-existence de double
chemin Gaulois pour ce cas spécial; absence de double voie Gauloise et Romaine pour les voies secondaires.*

§ 1. ˙

Considérations générales.

Toutes les voies Gauloises simples ou romanisées qui
nous ont paru de nature à avoir joué un rôle de quelqu'intérêt dans la période Gallo-Romaine ont été reprises sommairement dans le cours de ce travail. Il nous reste à essayer
de faire ressortir l'importance complémentaire qui peut résulter pour ces voies d'un fait : c'est que les grandes chaus-

sées Romaines, dont les débris sillonnent encore aujourd'hui
nos contrées, ont dû être inspirées par des pensées analogues
à celles qui avaient guidé les fondateurs du système Gaulois,
en sorte que les divisions que nous avons établies au chapitre II de la deuxième subdivision pour le classement des
lignes Gauloises, doivent se retrouver dans le système des
chaussées Romaines postérieures qui remplirent toutes les
Gaules d'étonnement et qui les auraient remplies également
d'admiration, si ce n'eut été le traitement cruel imposé aux
indigènes à ce sujet (p. 143).

§ 2.

Voie Romaine RACCOURCIE de Soissons à Amiens par NOYON. Traverse de Beauvais à Royglise.

Nous commencerons par dire que, dans le chapitre II
ci-dessus cité, le § 1ᵉʳ de l'article 2 p. 67 traite du
chemin Gaulois romanisé et *raccourci* entre Soissons et
Amiens (chemin de Barbarie), puis d'un embranchement
se détachant de ce chemin sur Ressons (à l'*Ecouvillon*),
pour traverser toute la contrée des Bellovaques jusques à
Vendeuil (Bratuspance) en joignant de là, sans aucun doute,
Beauvais d'un côté, Amiens de l'autre (p. 69).

Or, une voie Romaine magistrale, nouvelle et perfectionnée,
fut d'abord créée par les Romains *en raccourci* de Soissons à
Amiens pour être substituée à la précédente. Cette voie faisait
d'abord, pour arriver à Cuts, un détour par Vic-sur-Aisne afin
d'établir un tronc commun qui, partant de Soissons, desservait aussi la belle voie Romaine dirigée sur Senlis : mais, à
partir de Cuts, la voie, qui passe à *Noyon*, est droite uniformément jusques à Roye et de Roye à Amiens. C'est un

nouveau tracé, ce sont de nouveaux effets d'exécution; mais
c'est la même idée fondamentale.

L'embranchement qui se détachait à l'*Ecouvillon* se reliait
d'abord par le tronc principal à Royglise ; puis de l'*Ecouvillon*
il traversait tout le territoire Bellovaque jusques à Vendeuil
(Bratuspance), d'où il joignait Beauvais.

Or, de Royglise, un embranchement de chaussée Romaine se détache et se dirige droit sur Beauvais par Saint-
Just (voir la carte de l'état-major). L'analogie est palpable : le
territoire Bellovaque est donc encore ici desservi par une
traverse entre les deux mêmes points, *Beauvais* et *Royglise* ;
cette traverse que nous verrons tout à l'heure, § 4,
se continuer plus loin, avait cessé cette fois d'être longue et sinueuse ; par conséquent elle assurait d'autant
mieux la rapidité des communications ainsi que des mouvements militaires : à la vérité, elle ne desservait pas Bratuspance (Vendeuil) ; mais une ligne spéciale de chaussée Romaine fut créée de Beauvais à Vendeuil : nous verrons tout à
l'heure comment cette chaussée devait se continuer de Vendeuil sur Amiens.

§ 3.

Voie Romaine de Soissons à Amiens par SENLIS, s'y bifurquant d'une part par CREIL
sur Beauvais, en continuant sur Amiens, et d'autre part par PONT sur Saint-Just,
Ansauvillers et Amiens. Voie Romaine de Soissons à Saint-Quentin.

Le § 2, p. 70, traite du chemin de Soissons à Amiens
par le massif boisé Gaulois, en face Soissons. Le chemin
Gaulois gagnait d'abord *l'oppidum de Senlis*, puis là, il se
bifurquait sur deux directions ; par l'une, il allait passer
l'Oise à *Creil*, puis ensuite il se dirigeait sur Beauvais et
sur Amiens. L'autre direction menait à *Pont* ou *près de
Pont* ; l'Oise passée en bac, le chemin conduisait à Clermont

et de là par Saint-Just à Amiens. Chemin faisant, le trajet qui partait de Saint-Just, touchait à Bratuspance (Vendeuil) où il croisait le chemin transversal venant de Ressons et allant à Beauvais.

Comparons maintenant avec la grande voie Romaine perfectionnée allant de Soissons sur Amiens. Cette grande voie se détachait d'un tronc commun (signalé plus haut) près de Vic-sur-Aisne, passait devant la ville des Gaules pour la desservir, près du camp de Saint-Pierre, de tous les beaux établissements avoisinants Champlieu, puis à l'emplacement du camp de Champlieu lui-même. De Champlieu, elle courait *droit* à *Senlis*.

Là, imitant les chemins Gaulois, elle se bifurquait allant d'une part à *Creil* (*Litanobriga*) (1) et de l'autre part à *Pont* (2). La première voie, après avoir passé l'Oise à *Creil*, allait droit sur Beauvais (Cesaromagus), puis de là par Cormeilles à Amiens. Le trajet de Beauvais à Amiens est manifeste par ses vestiges presque continus et les mentions qui en sont faites dans les itinéraires Romains.

La seconde voie gagnait *Pont* où elle passait l'Oise sur un pont désigné dans la note ci-dessous comme existant avant Charlemagne. Les traces de cette voie sont encore manifestes jusques à Amiens, notamment aux environs de Saint-Just. Seulement cette voie ne passait point par Vendeuil (Bratuspance) comme le chemin Gaulois ci-dessus rappelé ; mais il passait à trois kilomètres à l'Est de Vendeuil : par forte compensation, une chaussée Romaine spéciale (déjà signalée plus haut § 2) doublait le chemin Gaulois de Beauvais à Ven-

(1) La découverte de la station de *Litanobriga*, par M. Houbigant, un peu au-dessous du pont de Creil, lève tout doute sur la position de ce point historique. (Graves. *Statistique du canton de Pont*, p. 65.)

(2) Le passage par Pont dut être postérieur à l'itinéraire d'Antonin et n'y est pas mentioné. M. Graves (*Notice archéologique du departement de l'Oise. — Senlis à Bavai*) ne doute pas de la traversée de l'Oise, par les Romains, sur ce point et sur un pont qui y existait avant Charlemagne.

deuil, et cette chaussée un peu prolongée rejoignait, près Paillart, le chemin direct de *Pont* et Saint-Just sur Amiens. Suivrons-nous le prolongement de cette chaussée directe d'Amiens à Soissons et se continuant sur Saint–Quentin, et au-delà? Immédiatement la comparaison s'établit comme doublure avec le chemin Gaulois de Soissons par Epagny, *Cuts* et Grandrû ; on pourrait même dire que ce chemin était encore doublé à la rigueur par le chemin de Soissons allant vers le pont de la Malemer au moyen du chemin de Barbarie ; au-delà de l'Oise, ce chemin de Barbarie était continué par Noyon et Ham sur Vermand et Saint-Quentin. Ce dernier tracé fait encore ressortir un doublement de la chaussée Romaine de Senlis à Saint-Quentin avec ce que nous avons nommé *chemin de la Flandre orientale* partant de Senlis et allant à Vermand et Saint-Quentin (p. 81) surtout avec celui qui, par le chemin Gaulois de la vallée d'Oise (p. 99), communiquait par les bacs à l'Aumône et de Belle-Rive ou par le pont de la Malemer avec la ville ci-dessus. Nous y reviendrons tout à l'heure.

Mais on le voit, partout les chaussées Romaines devaient doubler, pour ainsi dire, les chemins Gaulois romanisés dans des directions dont nous avons indiqué la présomption, p. 67 et suivantes, et ainsi que les vestiges des diverses chaussées Romaines comme des divers chemins Gaulois permettent de le juger avec de fortes probabilités.

§ 4.

Voie Romaine de FLANDRE OCCIDENTALE passant par PONT, Estrées, Gournay, Ressons et ROYE. Prolongements sur PARIS et MEAUX.

Si nous rapprochons maintenant le chemin de Flandre occidentale Gaulois et romanisé (p. 73) des chaussées Romaines analogues, nous verrons que là encore les Romains doublèrent le chemin Gaulois, mais qu'ils le firent par un tracé nouveau distinct et perfectionné que nous avons vu, p. 76, être dirigé de Senlis par Pont, puis de là dirigé probablement par Estrées, Gournay, Ressons et Roye. C'est exactement la même pensée que pour le tracé par Pontpoint, Chevrières, les Sept-Voies, Ressons et Royglise. Ici encore l'un double l'autre.

Observons toutefois que nous avons mis, dans notre exposé des chemins, une nuance entre les directions des chemins Gaulois de la Flandre *orientale* ou *occidentale*, p. 73 et 81, et que nous pensons devoir reproduire cette distinction d'ordre pour les chaussées Romaines, en relevant l'intitulé de M. Graves, quand il examine la chaussée Romaine ci—dessus dans sa Notice archéologique de l'Oise et qu'il la désigne sous le nom de *Senlis à Bavai par Pont-Sainte-Maxence.* Cet intitulé nous semble de nature à faire faire fausse route, attendu que, de même que, p. 77, nous avons mentionné le chemin Gaulois au-delà de Royglise comme tracé sur *Liancourt* pour être de là dirigé sur la Flandre occidentale, c'est-à-dire sur Péronne, Arras, etc., de même la chaussée Romaine partant de Pont et traversant *Roye* doit continuer sur Péronne (1) et avoir pour objectif la *Flandre occidentale* soit Arras, Tournai, etc., et non *Bavai*, et à la suite Cologne, bien qu'elle put y communiquer accessoirement. C'est en ce sens que nous avons dit plus haut que l'un des chemins Gaulois ou chemin romanisé, doublait l'autre.

C'est ici qu'il est bon de reprendre et de faire ressortir la différence entre la chaussée Romaine que nous venons de considérer et la chaussée Romaine exposée au § 2 entre Beauvais et Royglise. Cette chaussée se continuait sur Vermand

(1) Cette voie est indiquée au moins comme chemin romanisé sur la carte des *itinéraires* de M. A. Piette.

et est décrite par M. Piette dans ses Itinéraires Gallo-Romains
p. 73. Elle menait droit, par Vermand, à *Bavai*, puis à
Cologne (*Colonia Agrippina*) Cette chaussée Romaine doublait
donc non-seulement, comme traverse, le chemin Gaulois de
Beauvais par Ressons à Royglise, mais elle doublait aussi le
chemin de Flandre *orientale* par Beauvais, les Sept-Voies,
Coudun, Noyon et Vermand et aussi Saint-Quentin. Nos deux
chemins Gaulois de Flandre orientale, l'un par Coudun, p. 81,
l'autre par les bacs, p. 100, étaient donc doublés au-dessus
et au-dessous par les deux chaussées Romaines, l'une de Beauvais à Royglise et Vermand, l'autre de Senlis à Soissons et
Saint-Quentin, ainsi que nous l'avons dit § 3.

Pour compléter nos observations sur le doublement des
chemins Gaulois et des chaussées Romaines relatifs à la Flandre
occidentale, remarquons que les deux prolongements du chemin Gaulois sur Paris et Meaux (p. 78 et 79) trouvaient encore
ici leur doublement dans les chaussées Romaine correspondantes. Seulement comme la chaussée Romaine de Flandre *occidentale* ne passait plus par Pontpoint, il s'ensuit que la direction
Romaine sur Meaux ne partait plus de la Croix-de-Frapotel
(p. 79), mais qu'elle se détachait de la ligne de Paris après
Senlis. Nous avons déjà remarqué, p. 70, les rudiments de
cette chaussée Romaine de Senlis vers *Paris* et qu'on retrouve
à Pontarmé. On la retrouve ensuite près de Plailly et à Sur-
villers. Quant à la voie Romaine de *Meaux* elle se détachait de
la route de Paris avant Pontarmé, à la ferme de la Bigüe.
M. Graves mentionne ces deux voies dans sa *Notice archéologique de l'Oise* (Senlis vers Paris ; Senlis à Meaux). M. Valknaër
regarde aussi la voie Romaine de Senlis à *Meaux* comme faisant partie de la chaussée d'Amiens à Troyes (1).

Point de doute donc encore ici sur notre assertion émise

(1) Valknaër (*Géographie des Gaules*, t. III, n° 93 des Itinéraires).

que, dans la totalité de la direction sur la Flandre *occidentale*, l'idée Gauloise primitive dominait et que les nouveaux chemins n'étaient qu'un perfectionnement du tracé des anciens chemins, lesquels d'ailleurs subsistaient concurremment (p. 148).

§ 5.

Remarques spéciales sur l'absence de chaussée Romaine traversant la contrée de COMPENDIUM. Motifs présumés de cette absence.

Ce qui précède comprend toutes les voies Gauloises romanisées correspondantes aux chaussées Romaines importantes. Après avoir indiqué leurs points de rapprochements, nous pouvons insister sur une remarque déjà faite, p. 142, à savoir que le territoire de *Compendium*, avec ses alentours, semble avoir été alors délaissé. Sauf pour la voie toute spéciale du *strata Compendii*, le mouvement entier des grandes chaussées Romaines se concentrait dans la portion des cités éloignée de nos contrées qui paraissent avoir été évitées à dessein.

Pour les deux chemins de Flandre *orientale* en particulier, l'un par *Coudun*, l'autre *par les bacs*, nous avons montré que le premier était doublé par la chaussée Romaine de Beauvais à Royglise et Vermand, et que le second était doublé par la chaussée Romaine de Senlis à Soissons et Saint-Quentin. Mais aucun indice n'autorise à croire que jamais les Romains aient même conçu la pensée d'établir entre *Venette* et *Clairoix*, une de ces levées de terre dont ils étaient si prodigues, pour ensuite, continuer leur direction sur *Janville* et adopter dès lors le tracé d'aujourd'hui.

Nous devons regarder ici comme probable que la politique et le respect des traditions de César ne furent pas sans influence sur cette ligne de conduite incessante. César, guidé par l'expérience de ses campagnes, avait, on peut le croire, été si frappé de l'ensemble et de l'importance des positions militaires de *Compendium* et du *Ganelon* placés au double confluent de deux fleuves et des trois cités qui s'y juxtaposaient, qu'il érigea, pour ainsi dire, en axiôme militaire indiscutable, les mesures qu'il adopta tant pour COMPENDIUM que pour COUDUN et la traversée de JANVILLE : le plateau de Margny déboisé, le grand domaine militaire de *Coudun* créé, le passage de *Janville* gardé, le pont de *Venette* établi, surveillé et commandé, un système de tours fortes (1) assurant partout des communications instantanées dont le *signal du Ganelon* était l'âme et par lequel on faisait ensuite rayonner le mouvement et une vigilance continuelle dans les trois cités environnantes adossées par Soissons à la métropole de Reims ; voilà une série de mesures formant en quelque sorte un TOUT qui fut considéré comme sacré et ne devant jamais être entamé sous aucun prétexte. Personne ne s'avisa, dans l'avenir, de toucher à l'œuvre du grand maître, du conquérant des Gaules, et l'organisation de la contrée de *Compendium* était, nous le pensons, aussi intacte à la dernière heure des Romains dans la Gaule qu'elle l'était au jour de la mort de César.

A notre sens, le prestige du grand capitaine était encore tellement grand et tellement inhérent, sur place, à *Compendium* que, selon nos impressions, un tel prestige ne fut pas étranger à la détermination subite que prit CLOVIS, au lendemain de la bataille de Soissons (2), de s'assurer de *Compendium* et non seulement d'y prendre possession de cette *Tour de César* à laquelle s'attachait dans le pays une sorte de terreur mêlée de vénération, mais encore de décider qu'il fixait, là, un séjour personnel d'une certaine importance (3), séjour où seraient

(1) Eumène. *Panagerici veteres*. Eloge de Constantin.
(2) Pelassy de l'Ousle. *Introduction à l'histoire du Palais de Compiègne*, page 25.
(3) Chronique de dom *Berthau*, citée à la page 16.

conçus ses premiers plans, d'où seraient datés ses premiers actes souverains, et où il pourrait convoquer, dès la première année, une assemblée générale de son peuple, fier de son chef et de ses *compagnons* les plus braves, fier aussi de venir délibérer en maître sous l'ombre de cette TOUR à laquelle, pendant cinq siècles, s'étaient attachés les souvenirs et la renommée d'un conquérant à jamais célèbre. — Mais le développement de ces points de vue appartient à la deuxième Division.

§ 6.

Voie Romaine du STRATA COMPENDII. Non-existence de double chemin Gaulois pour ce cas spécial ; absence de double voie Gauloise et Romaine pour les voies secondaires.

Une seule chaussée Romaine n'a pas été comprise dans la revue qui précède, et doit être ajoutée ici afin de mettre à même de rechercher des comparaisons, comme ci-dessus, avec des chemins Gaulois analogues. C'est le *strata Compendii* ; mais nous avons dit qu'il semble avoir été lui-même converti en chaussée Romaine.

Quant aux autres chemins n'ayant qu'une importance à peu près locale, il paraît évident qu'ils n'engendrèrent pas de besoins suffisants pour nécessiter la création de chaussées Romaines particulières et propres à les suppléer.

Nous ne pousserons donc pas plus loin cet examen qui doit suffire pour restituer aux Gaulois, nos premiers pères, la part qui leur appartient dans la création de la viabilité Gallo-Romaine, c'est-à-dire, L'IDÉE *générale de conception des tracés*. Sans doute les Romains avaient déjà coordonné les voies Gauloises en même temps qu'ils en romanisèrent les parties essentielles ; mais les tracés d'ensemble doivent avoir été primitivement du domaine Gaulois et le mérite de ces tracés doit en revenir aux Gaulois.

Nous dirons plus en terminant ce résumé un peu long et pourtant trop court de l'histoire Gauloise et Gallo-Romaine de la contrée Compiégnoise ; nous dirons en effet que ceux qui suivront avec attention et qui saisiront bien le système des voies Gauloises romanisées trouveront là une grande facilité pour comprendre la raison d'être et la disposition des principales voies Romaines signalées dans tous nos pays et qu'ils y puiseront un moyen en quelque sorte mnémonique pour se rappeler le tracé de ces voies Romaines et la manière dont elles se raccordaient.

Nous établirons aussi en terminant nos réserves sur des modifications de détail que l'étude progressivement approfondie des Divisions suivantes, et de la deuxième Division en particulier, pourra amener sur quelques points, notamment en ce qui touche la condition des personnes, envisagée, au commencement de la monarchie, dans la note (2) de la p. 224. Bien que notre opinion générale sur les *Lètes* et les *Vassaux* soit ferme, on ne s'étonnera pas de notre réserve sur certains points originaires dans des questions si complexes.

FIN DE LA PREMIÈRE DIVISION.

TABLE DES MATIÈRES

Pages.

PRÉFACE. V

AVIS IMPORTANT. VII

INTRODUCTION. 1

PREMIÈRE DIVISION. — ÉPOQUE GALLO-ROMAINE.

PREMIÈRE SUBDIVISION. — TOUR DE CÉSAR.

Ier CHAPITRE. — CHRONIQUES ET PLANS. 15

  1er ARTICLE. — *Chroniques.*
    § unique. Chronique sur la *Tour de César.* 15

  2e ARTICLE. — *Plans.*
    § unique. Plans divers consultés 18

IIe CHAPITRE. — APPLICATION DES CHRONIQUES ET PLANS. 21

  1er ARTICLE. — *Exposition des lieux et présomptions.*
    § 1. Position détaillée du NOUVEAU et de l'ANCIEN portail de
    Saint-Corneille. 21
    § 2. Position présumée de la *Tour de César.* 23

  2e ARTICLE. — *Suite des expositions de lieux et présomptions.*
    § unique. Position présumée de l'église Saint-Maurice et de la
    chapelle Saint-Michel. Explication à ce sujet. Présomp-
    tions tirées du plan de 1654. 24

  3e ARTICLE. — *Visites de caves et position retrouvée de
  la* Tour de César.
    § 1. Visite dans les caves de M. Duriez. Portion de muraille

Pages.

remarquable ; souterrain ; probabilité de l'existence
d'une portion de la *Tour de César*. Côtes de nivellement établies pour les points essentiels.   27

§ 2. Visite dans la cave de M. Leradde. Baie de la *Tour de
César*. Certitude à peu près absolue sur la plus grande
partie du côté Sud.   32

§ 3. Visite dans la cave de M. Prévost. Constatation d'une
grande baie dépendant évidemment du côté Ouest de la
Tour de César. Doutes entièrement levés.   33

4ᵉ ARTICLE. — *Dimensions des côtés de la* Tour de César.

§ 1. Fixation approchée de la longueur du côté Sud ; côté Est
enfoui ; côté Nord rasé.   35

§ 2. Dimension semblable à peu près pour le côté Ouest.
Observations essentielles sur la disparition d'une fraction notable de ce côté.   37

IIIᵉ CHAPITRE. — FOSSÉS DE LA *Tour de César* ET SES
MOYENS D'ACCÈS   39

1ᵉʳ ARTICLE. — *Niveau du sol, profondeur des fossés et
position des contrescarpes sur trois côtés.*

§ 1. Détermination du niveau du sol naturel et de la profondeur des fossés.   39

§ 2. Indication probable des contrescarpes des fossés Nord,
Est et Sud de la *Tour de César*.   40

2ᵉ ARTICLE. — *Enceinte précédant le côté Ouest.*

§ 1. Difficultés spéciales au côté Ouest.   42

§ 2. Considérations générales sur les portes donnant entrée
dans les places fortifiées des Romains.   43

§ 3. Application actuelle au côté Ouest de la *Tour de César*.
Existence presque certaine d'une enceinte palissadée
remplaçant le fossé ; ses dimensions probables ; son
entrée latérale ; puits.   44

IVᵉ CHAPITRE. — EXAMEN D'UN CAVEAU PARTICULIER DANS
LA CAVE DE M. DURIEZ. PRÉSOMPTION SUR L'IN-
TÉRIEUR PRIMITIF DE LA *Tour de César*.   47

1ᵉʳ ARTICLE. — *Dispositions du caveau et présomptions
diverses.*

§ 1. Dispositions du caveau de M. Duriez.   47

§ 2. Existence probable d'une fraction de clôture de l'enceinte
palissadée dans la cave Duriez. Causes de l'origine de
l'alignement du côté longitudinal de l'église Saint-Corneille. Motifs de l'alignement du bouchage de la voûte
qui fait suite au caveau Duriez.   48

§ 3. Vestiges antiques correspondants au caveau Duriez. . .   50

Pages.

2ᵉ ARTICLE. — *Quelques présomptions sur l'intérieur de la* Tour *de César.*

§ 1. Vestibule probable à la suite de la grande baie d'entrée.   51
§ 2. Pièce donnant dans le vestibule en face la grande baie.   52
§ 3. Escalier probable longeant le côté Nord..........   53
§ 4. Pièce, à droite du vestibule, éclairée par la lucarne Duriez ; autre pièce dans le fond éclairée par la baie de la cave Leradde................   54
§ 5. Puits de la cave Duriez................   55

PREMIÈRE DIVISION. — ÉPOQUE GALLO-ROMAINE.

DEUXIÈME SUBDIVISION. — COMPIÈGNE PROPREMENT DIT.

Iᵉʳ CHAPITRE. — APERÇUS GÉOGRAPHIQUES ET ADMINISTRA-
TIFS....................   56

ARTICLE UNIQUE. — *Des temps Gaulois jusques aux campagnes de César.*

§ 1. État géographique de la Gaule en général et des contrées environnant Compiègne en particulier.......   56
§ 2. État de la division politique des contrées environnant Compiègne....................   59

IIᵉ CHAPITRE. — RÉSUMÉ ANTICIPÉ DES PRINCIPAUX CHEMINS GAULOIS EXISTANTS DANS LES CONTRÉES AVOISINANT COMPIÈGNE LORS DES CAMPAGNES DE CÉSAR.   65

1ᵉʳ ARTICLE. — *Données générales*

§ unique. Conditions générales de la viabilité Gauloise dans les contrées avoisinant Compiègne..........   65

2ᵉ ARTICLE. — *Double chemin de Soissons à Amiens. Double chemin de Flandre au carrefour des Sept-Voies.*

§ 1. Chemin raccourci de Soissons à Amiens par le Chemin de Barbarie, ROMANISÉ depuis lors. Embranchements.   67
§ 2. Chemin de Soissons à Amiens par Senlis se bifurquant sur Beauvais et Clermont. Allée du Faîte.......   70

Pages.

§ 3. Chemin gaulois de la Flandre occidentale. Ses affluents sur Paris (Lutetia) et sur Meaux (Jativum).. . . . 73
§ 4. Chemin Gaulois de la Flandre orientale. Sa traversée du Ganelon par Coudun.. 81
§ 5. Carrefour des Sept-Voies. Réunion aux Sept-Voies, pour les deux chemins de Flandre, des chemins venant de Clermont et de Beauvais d'une part, puis de Saint-Just de l'autre. 84

3ᵉ ARTICLE — *Route Gauloise raccourcie entre Soissons (capitale des Suessiones) et Beauvais (capitale des Bellovaques) avec adjonction d'autres communications essentielles.*

§ 1. Première partie (sur la rive gauche de l'Oise) de la route Gauloise *raccourcie* entre Soissons et Beauvais. 86
§ 2. Du Strata Compendii 88
§ 3. Complément (sur la rive gauche de l'Oise) de la première partie de la route Gauloise *raccourcie* entre Soissons et Beauvais. 91
§ 4. Deuxième partie de la route Gauloise *raccourcie* entre Soissons et Beauvais. 97
§ 5. Chemin de Jonquières et Venette à Coudun. 98
§ 6. Chemin du bas de la vallée d'Oise. Double bac établi sur l'Oise au-dessous du Ganelon. 99

IIᵉ CHAPITRE. — ASPECT DU TERRITOIRE DE COMPIÈGNE ET DE SES ALENTOURS SOUS LES GAULOIS, AU MOMENT DE LA CONQUÊTE DE CÉSAR. 104

ARTICLE *unique.*
§ 1. Importance probable de Venette pendant l'époque Gallo-Belge. 104
§ 2. Direction du *strata Compendii* déterminant la rue principale de Venette (*rue du Prêtre*), jusques au gué de l'Oise. Rue latérale (*rue d'en-bas*) conduisant au *Port. Castellum* probable du chef Gallo-Belge placé vers la croisée des deux rues. 105
§ 3. Position et nature des habitations Gauloises de Venette. Présomptions sur l'état spécial du territoire de Venette ; indications sur la probabilité d'une large éclaircie à l'origine du *strata Compendii* se poursuivant plus ou moins au-delà. Limites probables de cette éclaircie sur la rive droite de l'Oise. Embranchement probable de cette éclaircie, suivant la vallée d'Aronde, de *Clairoix* à *Baugy.* 108
§ 4. État boisé probable du plateau au-dessus de *Margny* entre Venette et Clairoix. Moment probable de son défrichement. Présomptions sur la création de *Margny.* État général probable de la rive droite depuis le Ganelon jusqu'à Venette. 110

Pages.

§ 5. État général probable de la rive gauche sous les Gaulois. Rares habitations près du gué. Sentier parallèle à l'Aisne et s'unissant à un autre sentier allant de Choisy dans le pays des Parisii par l'emplacement de Compiègne actuel, puis par *Compendium*, *Mercière*, Pontpoint et l'oppidum de Senlis. 114

IVᵉ CHAPITRE. — APERÇUS HISTORIQUES CONCERNANT LES CONTRÉES AVOISINANT COMPIÈGNE, A PARTIR DES CAMPAGNES DE CÉSAR, JUSQUES A LA CONQUÊTE DES FRANCS 117

1ᵉʳ ARTICLE. — *Campagnes de César.*

§ 1. Préliminaires des Campagnes de César. 117
§ 2. Première campagne de César contre les Bellovaques. . 118
§ 3. Intervalle pendant lequel le territoire Belge ne fut pas envahi par César.. 123
§ 4. Deuxième campagne de César contre les Bellovaques. . 124

2ᵉ ARTICLE. — PREMIER SIÈCLE (Gallo-Romain). *Après la conquête de César, jusques à Vespasien, vers 75.*

§ 1. Résolutions probables à la suite de la conquête. . . . 130
§ 2. Occupation de Beauvais. Camps permanents probables à *Catenoy* et à *Canly*. Pont de *Venette*. Villa Venitta. Occupation permanente probable à *Coudun*. Remarques sur les deux camps du Ganelou, à *Clairoix* et à *Coudun*.. 131
§ 3. Camp probable à *Saint-Pierre*. Tour de César. *Villa Maceria* (Bellum villare). Villa probable à *Choisy*.. . . 138
§ 4. Mouvement colonisateur dans les contrées autour de Compiègne. Leur territoire utilisé seulement pour l'occupation de *Compendium* et de *Coudun*, ainsi que pour le commerce de *transit* par les deux rivières. . 142

3ᵉ ARTICLE. — DEUXIÈME SIÈCLE (Gallo-Romain). *De Vespasien, vers 75, à Caracalla, vers 215.*

§ unique. Effet général de la colonisation Gallo-Romaine. Achèvement et complément des chemins Romanisés et de la constitution des cités. Commencement de la construction des grandes voies Romaines.. 146

4ᵉ ARTICLE. — TROISIÈME SIÈCLE (Gallo-Romain). *Depuis Caracalla vers 215 jusques à 300 sous Maximien Hercules.*

§ 1. Poursuite active de la construction des grandes voies Romaines. Établissement de la chaussée du *strata*

Pages.

Compendii. Dépopulation Gauloise. Pénurie des bras
à la fin du troisième siècle.   149

§ 2. Introduction du Christianisme. Persécution pendant la
deuxième moitié du troisième siècle jusques à Constantin.   150

5ᵉ ARTICLE. — QUATRIÈME SIÈCLE (Gallo-Romain).
Depuis 300 *sous Maximien Hercules, jusques
à* 420 *sous Honorius.*

§ 1. Physionomie générale du quatrième siècle. Attaque et
refoulement des Barbares.   151

§ 2 Expédition des *Lètes* par Maximien Hercules en 300
pour repeupler des contrées désertes.   152

§ 3. Distinction entre les colonies Romaines précédemment
employées et les nouveaux envois de *Lètes.* Danger de
ces introductions répétées.   153

§ 4. Suspension forcée des grands travaux dans le quatrième
siècle par suite de l'état de lutte incessante avec les
Barbares.   155

§ 5. Présomptions d'emploi de *Lètes* sur la rive gauche au
Domaine de Beaulieu. Création probable de la villa de
Beaulieu (*novum villare*). Modification qui s'ensuivit
pour le double chemin sur *Saint-Jean* et *Champlieu.*   156

6° ARTICLE. — CINQUIÈME SIÈCLE (Gallo-Romain).
Depuis 420, *sous Honorius, jusques à* 481,
*époque de la conquête par les Francs, sous
Clovis.*

§ 1. Dernière division des *Cités* identique avec celle des
Diocèses. Remarques sur le camp de *Champlieu.* . .   168

§ 2. Envahissement de l'Empire par les Barbares. Partages
partiels dans la Gaule.   169

§ 3. Destruction de *Vermand.* Remarques sur les circonstances successives qui ont amené la translation de l'é-
vêché de *Vermand* à Noyon par saint Médard.   171

§ 4. Victoire de Clovis sur les Romains. Soumission de la
Gaule *Romaine.* Commencement du royaume des Francs   173

7° ARTICLE. — *Aspect du territoire de Compiègne et de
ses alentours, sous les Romains, au moment de
la conquête des Francs.*

§ 1. Classification des domaines officiels Gallo-Romains. . .   176

§ 2. Aspect de la rive gauche. Caractère de la *tour de César.* Nécessité de sa communication directe avec Saint-
Pierre et Champlieu. Voie vers Saint-Pierre. Voie vers
Champlieu par la Brevière. Sentier direct de la *Tour
de César* sur Soissons par la *Croix du Saint-Signe.* —
Vues sur l'ensemble probable de *Bellum Villare* (Mercières). Son enceinte et ses défenses intérieures pro-

Pages.

bables. Garnison probable. Création probable de *Novum B-llare* (Royallieu). Création probable de la *route de Noyon à Paris par les bacs* et par Choisy. Trajet probable de cette route, par le haut de Compendium, devant *Novum Villare* (Royallieu) et devant le côté inférieur de *Bellum Villare* (Mercières). — Rappel des deux routes de Paris, l'une par le bac de la vallée d'Oise vis-à-vis Jaux, l'autre par le haut de Compendium. Raccordement des deux routes. Création probable du *Broilum compendii*. 182

§ 3. Aspect de la rive droite. Mutations dans Venette comme constructions. *Castellum*, résidence du préfet des Bellovaques et d'une milice Romaine. Création probable de Margny. Vues sur le rôle joué par Coudun et ses alentours. Vues sur l'*oppidum* de Coudun. Signaux possibles dans la contrée. Relations au loin avec le Ganelon. . . 189

§ 4. Mise en état des rivières d'Oise et d'Aisne. Pont de Venette. Pont de Choisy. Chemin de Halage au Petit-Margny. 198

Ve CHAPITRE. — ÉTAT SOCIAL CHEZ LES GAULOIS ET PRINCIPALEMENT CHEZ LES GALLO-ROMAINS. 201

ARTICLE *unique*.

§ 1. Aperçu des institutions politiques Gallo-Romaines. . . 201

§ 2. Aperçu général sur la condition des personnes sous les Gallo-Romains. 205

§ 3. Des Esclaves. 208

§ 4. Considérations sur la nouvelle classe Germaine des *Lètes* par les Romains dans les Gaules. 210

§ 5. Physionomie de la Gaule pendant l'époque Gallo-Romaine. 229

PREMIÈRE DIVISION. — ÉPOQUE GALLO-ROMAINE.

TROISIÈME SUBDIVISION. — VOIES DE COMMUNICATIONS.

Ier CHAPITRE. — CHEMINS PARTICULIERS DU TERRITOIRE COMPIÉGNOIS. 232

ARTICLE *unique*.

§ 1. Observation générale sur les chemins Gaulois et Gallo-Romains de la contrée Compiègnoise. 233

Pages.

§ 2. Position de la *Tour de César* sur le sentier de *Choisy* à
Compendium. Nécessité d'une bifurcation de ce sentier vis à vis de la *Tour de César*.   234

§ 3. Bifurcation Est du chemin de *Choisy* à *Compendium*.
Son parcours.   236

§ 4. Bifurcation Ouest du chemin de *Choisy* à *Compendium*.
Son parcours.   237

§ 5. Recherche du tronc commun relatif aux chemins de la
Tour de César vers Saint Pierre, la Croix du Saint-
Signe et Champlieu (par la Brevière).   243

§ 6. Constatations des directions sur *Saint-Pierre* et sur *la
Croix du Saint-Signe*. Recherche et indication du
tronc commun primitif relatif à ces deux directions. .   244

§ 7. Constatation de la direction primitive sur *la Brevière*.
Parcours de cette voie ; sa bifurcation sur Choisy et sur
la rue Heurtebise. Croisée remarquable sur le tracé de
route de Noyon à Paris par les bacs.   246

§ 8. Recherche de la suite du tronc commun des trois chemins précédents jusques à la *Tour de César*. Observations relatives à l'origine de ce tronc commun à son
point de départ vis à vis la *Tour de César*. Fixation de
la direction suivie sur ce point.   248

§ 9. Observations relatives à l'*impasse de l'Épée*, dans la
rue de Pierrefonds. Probabilité, dans cette impasse,
d'un angle du tronc commun. Tracé de tronc commun
jusques à la *Tour de César*.   249

§ 10. Probabilité de l'existence d'un chemin de *Pierrefonds*
dès l'époque Gauloise. Son parcours.   252

§ 11. Probabilité de l'existence d'un chemin de *Béthisy* dès
l'époque Gauloise. Son parcours   253

§ 12. Liaison du chemin Gaulois de *Pierrefonds* avec le nouveau chemin Gallo-Romain de *la Brevière*. Raccourci
de ce chemin de *Pierrefonds* par la *rue du faubourg
Saint-Lazare*. Jonction du raccourci à l'*impasse de
l'Épée*, avec le tronc commun de *Saint-Pierre* et
autres buts. Union sur la *rue du faubourg Saint-
Lazare* des deux chemins de *Pierrefonds* et de *la Brevière*. Influence de cette union sur les deux voies
latérales.   255

§ 13 Observations complémentaires sur le tracé effectif de la
route Gauloise du *Gué de l'Oise* à *Soissons* par l'Allée
du Faîte. Observations spéciales sur l'état du *Broilum*
entre la *Tour de César* et *Compendium*.   259

II° CHAPITRE. — RAPPORT DES CHAUSSÉES ROMAINES AVEC
LE SYSTÈME DE VIABILITÉ GAULOISE.   263

ARTICLE *unique*.

§ 1. Considérations générales.   263

§ 2. Voie Romaine *raccourcie* de Soissons à Amiens par
Noyon. Traverse de Beauvais à Royglise   264

Pages.

§ 3. Voie Romaine de Soissons à Amiens par *Senlis*, s'y bifurquant d'une part par *Creil* sur Beauvais en continuant
sur Amiens, et d'autre part par *Pont* sur Saint-Just, An
sauvillers et Amiens. Voie Romaine de Soissons à Saint
Quentin. 265

§ 4. Voie Romaine de *Flandre occidentale* passant par *Pont*,
Estrées, Gournay, Ressons et *Roye*. Prolongements sur
Paris et *Meaux* 267

§ 5. Remarques spéciales sur l'absence de chaussées Romaines
traversant la contrée de *Compendium*. Motifs présumés
de cette absence. 270

§ 6. Voie Romaine du *strata Compendii*. Non-existence de
double chemin Gaulois pour ce cas spécial. Absence de
double voie Gauloise et Romaine pour les voies se
condaires. 272

FIN DE LA TABLE DES MATIÈRES DE LA PREMIÈRE DIVISION.

COMPIÈGNE. — IMPRIMERIE ET LITHOGRAPHIE DE V. EDLFR

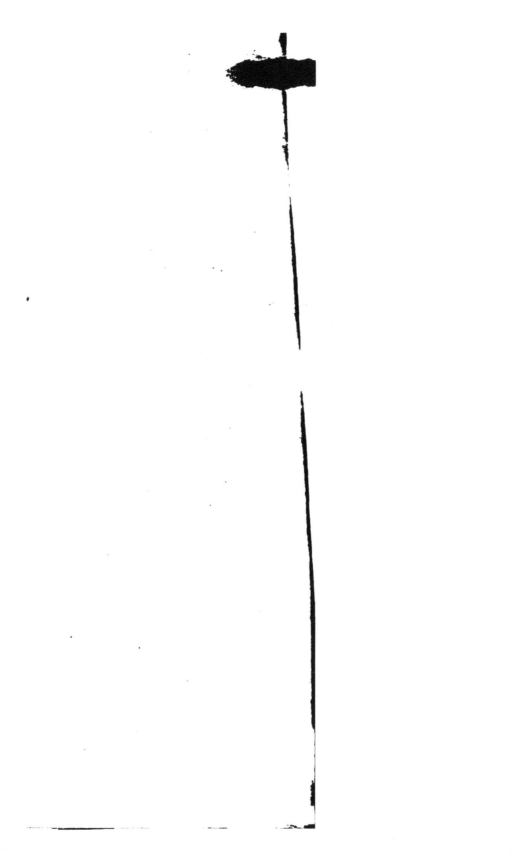

Im The Story
personalised classic books

"Beautiful gift, lovely finish.
My Niece loves it, so precious!"

Helen R Brumfieldon

★★★★★

UNIQUE GIFT

FOR KIDS, PARTNERS
AND FRIENDS

Timeless books such as:

Kids

Alice in Wonderland • The Jungle Book • The Wonderful Wizard of Oz
Peter and Wendy • Robin Hood • The Prince and The Pauper
The Railway Children • Treasure Island • A Christmas Carol

Adults

Romeo and Juliet • Dracula

Highly Customizable   Change Books Title   Replace Character Names with your's   Upload Photo into photo pages   Add Inscriptions

Visit
Im The Story.com
and order yours today!